仮説起点の営業論

セールス・スキルを磨く
たった1つの方法

鈴木眞理
Shinri Suzuki
株式会社 Datable　VP of Sales

KADOKAWA

はじめに

「人並みには売れるようになってきた。でも、ここからどうすれば更に成果が出せるようになるのか、イメージが湧かない。トップセールスになるにはどうすればよいのか？」

このようなことを考えたことがありますか？

一握りの天才を除いて、多くの営業パーソンが一度は悩んだことがあるのではないでしょうか。製品を理解して基本的な説明ができ、顧客からの問い合わせにも対応できるようになると、一定の確率で受注ができるようにはなります。しかし、トップセールスと呼ばれるような、平均を大きく超えた高い受注率を誇る営業パーソンとの間には、そのまま延長線で取り組んでいては越えられない高い壁があります。

私も天才型ではないので、若手の頃はよく悩んでいました。

世の中には営業に関する本がたくさんあります。どれも重要なことが書かれていて、私もそれらを取り入れたことで成果が出るようになりました。例えば、「顧客からの問い合わせには即返信して、期日を明確にする」とか、「顧客からのヒアリングを7割、自分が話すのは3割にする」のように、わかりやすくて比較的すぐに取り入れることができる手法があります。

このような手法は成果にも直結するので営業の基本としてとても大切です。またこのような基本すらできていない営業も実は多いので、基本を凡事徹底するだけでも一定のレベルまでは平均より速いスピードで到達できます。ただ、そこから先の成長については書いてある本が意外に少なく、どうすればより成長できるのか私も悩んでいました。

時を経て私がマネージメントする側になると、チームメンバーにも同じような悩みを持っている人が多くいることに気がつきました。

経験の浅い営業メンバーを育成する際は何をすればいいのか明確です。Ｈｏｗ（どうやるか）を身につければ一定のところまでは到達できるので、型を作ることで教えることができます。しかし、基本ができてＨｏｗを身につけているメンバーを、更に成長させることは難しく、私も苦労しました。抱えている課題がそれぞれ違う顧客に対して、〝顧客主語〟で話せるようにならなければいけないので、Ｗｈａｔ（何を）やＷｈｙ（なぜ）を自分で考えられる必要があり、こうしたことは型を作ることでは対応できないからです。

自分自身やチームメンバーの育成を試行錯誤する中で、ＷｈａｔやＷｈｙを自分で考えられるようになるために一番効果があると感じたのが「仮説を立てる」ということでした。そもそも仮説を立てること自体が「情報が足りない中で、答えを考えてみる」という行為なので、自分で考えることそのものです。

私の営業の基礎は、新卒から6年半勤めたキーエンスで型を叩《たた》き込まれたことで、作られました。その後、ＳＡＰ、オープンテキストといった外資のエンタープライズ（大企業）向けＩＴ企業でグローバルで取り入れられている営業手法を学び、freeeというスタートアップでの6年間、毎年状況が変わる中でトライアル＆エラーすることで磨かれてきたと思います。

現在は、Ｄａｔａｂｌｅという立ち上がったばかりのシードスタートアップでマーケティング、営業、カスタマーサクセスといったGo To Market（市場進出戦略）に携わる部分は全て担当させていただいています。

それぞれの企業において営業手法のＨｏｗの部分では違いがあるのですが、考え方、思考法という点では共通するところが多くあります。とくに仮説についてはどの企業においても重視していました。

営業においては様々な場面で「仮説を立てろ」とよく言われます。ところが、仮説の立て方のＨｏｗについては本もあり、上司や先輩から教えてもらうこともありますが、思考法にまで踏み込んで書いている本はほとんどありません。

この本では、私の実体験も交えながら、すぐに実践できる手法だけでなく思考法や根拠にも重点を置いて書いています。営業における最も重要なスキルである仮説を立てることについて、まずは理論を体系的に理解していただき、そのうえで実際に営業の現場でどう実践するのかについて身につけていただけるような構成にしています。

私も仮説を立てる力を身につけるまでは、顧客に合わせた提案をするのが苦手で、いきなり製品の説明をしてしまうような営業でした。この本を読んでいただくことで、昔の私のような型通りの説明しかできない営業を抜け出して、仮説をもとに顧客の課題について話すことができる介在価値の高い営業になってください。

第2章 仮説は「間違えてもいい」「完璧でなくていい」 45

第3章 この5つの視点から「仮説のアイデア」が生まれる 59

第4章

仮説を「論理的に考え、伝える」技術

207

第5章

実践！「仮説構築から交渉まで」の営業論

第1章

なぜ仮説を立てられると「成果を出せる」のか？

仮説が立てられない営業マン

先輩営業「明日のこのアポは何しに行くの？」
新人営業「新製品の説明をする約束をいただいたので、説明にいきます」
先輩営業「何のために説明するの？」
新人営業「以前購入いただいたお客様なので、新製品も購入いただけるかもしれないので説明しようと思ってます」
先輩営業「お客様はどんなことに困っているの？」
新人営業「『明日来たら話す』と言われています」
先輩営業「どんなことに困ってそうなの？」
新人営業「お客様に聞いてみないとわかりません」
先輩営業「もう一度聞くよ。何のために行くの？」
新人営業「……」

この新人社員について、みなさんはどう思いますか？
「さすがにこんなダメな営業はいないでしょ」「俺が先輩だったら諦《あきら》めるな」「昔こんなことあっ

たな」「まさに私だ……」など、人それぞれ様々な感想があるかと思います。

実は、ここでいう新人営業は、恥ずかしながら昔の私です。

私が新卒で入社したキーエンスには、外出報告書（通称ガイホウ）という仕組みがありました。

訪問の前日に、翌日訪問予定の顧客（以降、潜在顧客、見込み顧客も含めて顧客と表現します）について、上司や先輩に報告してアドバイスをもらいます。1日6～7件のアポ（アポイント）全件を報告し、その中で重要なアポについてはロープレ（ロール・プレイング：上司に顧客役をしてもらい、商談をシミュレーションする）を行います。そして、訪問先から帰ってきたら当日中に全件のアポについて結果を報告して振り返りを行うので、新人の頃は毎日1時間以上かけてガイホウを行っていました。

ガイホウは営業のスキルアップに非常に効果が高い方法だと思います。しかし、新人の頃の私はこのガイホウが大の苦手で、先輩にロジカルに掘り下げられるといつも頭が真っ白になり、言葉に詰まっていました。

なぜ、ガイホウが苦手だったのか？

今振り返って考えてみると、一番大きな要因は当時の私が何も仮説を持っていなかったことだと思います。間違ったことをガイホウして先輩に指摘されることを恐れていましたし、そもそも仮説の作り方もわからないので、事前に考えることを放棄していました。

もし当時の私が仮説を持っていたらどうだったでしょう？

仮説を持っていれば、まずはアポイントの取り方が変わります。

訪問すべきか判断するために「何を知っておかなければいけないのか?」が、仮説を持つことで明確になるので、事前に得られる情報の質も上がります。

顧客が全く手が離せないほど忙しくて事前に何も聞けていなかったとしても、顧客が何に困っているのかの仮説さえ作れていれば、仮説をもとにした訪問目的を説明し、先輩から有用なアドバイスがもらえたはずです。

訪問後には結果を元に仮説が合っていたかの答え合わせができるので、仮説の精度もどんどん上がっていきます。

世の中には〝スーパー営業マン〟と呼ばれるような営業がいます。キーエンスの同期にも、新人にして全社1位をとるような人がいました。残念ながら私はそんなタイプではありませんでした。18年の営業マン人生で多くのことを学ばせていただき、その過程の中で成長をしてきたタイプです。そんな私ですが、自分が大きく成長したと実感し、成果が出るようになったタイミングがあります。

それが提案前の仮説構築に力を入れたタイミングです。

私は過去に様々な営業に携わってきました。エンタープライズと呼ばれる大企業向け、SMB(中小企業)向けの営業。The model型(分業制)の営業組織におけるフィールドセールス(外勤型営業)、インサイドセールス、カスタマーサクセス。アポ取りからクロージング、サポートまで全て自分でこなす営業から、アライアンス、営業責任者、セールスイネーブルメント(営業組織力の強化・改善）……と法人向けの営業においては多くの役割を経験してきました。

そんな私が「法人営業に必要とされるスキルのなかで、提案の質を上げるために一番重要なのは何ですか？」と問われれば、仮説構築と答えます。営業における様々な役割を経験するなかで、仮説構築は全ての役割において役に立ったのです。

しかし、若手と話していると、みんな口を揃えて仮説を考えるのが難しいと言います。日本の営業パーソン全体のスキルを上げて、より顧客に価値を届けるためには、「なぜ仮説が必要なのか」「どうすれば仮説構築力が上がるのか」「営業の現場で仮説をどう使えばいいのか」をわかりやすく伝えることが必要だと感じたことが、本書を書くきっかけになっています。

受験偏差値が高いのに売れない営業

私は、学生時代は比較的勉強ができたほうだと思います。キーエンスにおける新卒研修のペーパーテストでも1位を取っていました。

そんな私は営業の現場に出ると思うように売れず、勉強があまり得意ではない同期のほうがガンガン売っていました。

その後、自分がマネージメントをするようになると、当時の私と同じタイプのチームメンバーにたくさん出会いました。

学生時代に勉強ができ、プロダクトの知識もあり、人当たりもいい。社内業務もそつなくこなすのですが、成果がでない。顧客のニーズが顕在化している場合にはまだいいのですが、ニーズが潜在的な顧客に対しては成果が出ませんでした。

そんなメンバーや当時の私に共通していたのが、提案の型を覚えるのは早く、基本的な提案はすぐできるようになるのですが、顧客に合わせてカスタマイズした提案をすることが苦手という点でした。

学生時代のテストには必ず答えがあります。一方、営業、ビジネスには絶対の正解はなく、どんな選択をしても必ずリスクが伴います。学生時代に勉強が得意だった人は教わった公式通りに問題を解き、上手《うま》くいった成功体験があるので、型通りにやることに固執してしまいます。

また、学校では教わった通りにやらずに失敗すると、怒られます。怒られ慣れていない人は失敗することを恐れて、教わったこと以外にチャレンジしないというクセがついてしまっているのかもしれません。


もちろん、型通りの営業をマスターするだけでも最低限の成果を出すことはできます。しかし、型を捨てて顧客に合わせて提案をカスタマイズできなければ突き抜けた成果は出せません。

当たり前ですが、顧客はそれぞれ考えていること、状況が違います。同じ提案で全ての顧客に響くわけがないからです。

株式会社セレブリックス・今井《いまい》晶也《まさや》さんの『お客様が教えてくれた「されたい営業」』（フォレスト出版）という本の中に、次のようなアンケート結果が載っています。

他社の営業パーソンから商談を受ける際、商談前のアイスブレイクで営業担当者に意識してほしい内容として最もあてはまる内容をお答えください。

どのような回答が多かったと思いますか？

結果としては、

1．仕事に関係のある話題を取り上げてほしい　24・4％
2．仕事に関係のない雑談をしてほしい　29・1％
3．アイスブレイクの時間は不要、すぐに本題へ入ってほしい　21・0％
4．アイスブレイクの有無はどちらでもよい　25・5％

だったそうです。

半分程度の顧客はアイスブレイクに必要性を感じておらず、仕事に関係のない雑談を求めている顧客は30％ぐらいしかいません。この結果を見て、私は少し驚きましたが、しばらくして「やっぱりそうだよな」と納得しました。

多くの営業が「商談はアイスブレイクから入りなさい」と教わってきたと思います。私もアイスブレイクが重要だと教わり、若手の頃は一所懸命に休日の話や趣味の話を聞いていました。ただ、「スベる」ことも多く、そのうち型通りのアイスブレイクをやめてしまいました。

そもそも、アイスブレイクはなぜ必要なのでしょうか？

多くの人は「顧客の警戒心を解いて、話を聞いてもらえる態勢を作るため」と答えるのではないでしょうか。では、その目的で都度アイスブレイクの内容を考えられていますか？

また、目的が「話を聞いてもらえる態勢を作るため」だとすると、もう話を聞く態勢になっている人に対してはアイスブレイクは不要だということになります。「課題が自分の中で明確で、解決策になり得る提案かどうか早く話を聴きたい」と思っている人に対して、休日や趣味といった関係のない話をすると、相手は「早く本題を話してくれ」とまどろっこしく感じると思います。

逆に、アウトバウンド（企業側から顧客にアプローチする）でアポイントをとり、先方が警戒心を持っている場合は、その警戒心を解いて聞いてもらえる態勢を作らなければ、素直に話を聞いてもらえないでしょう。

しかし、趣味の話をして警戒心を解こうと思っても、冷たい反応が返ってくるだけで盛り上がらないケースも多いと思います。警戒が強ければ、急にプライベートの話に踏み込むよりも、ニュース、PRから得られる先方のビジネスの状況や業界についての雑談、インタビュー記事やSNSなどから得られる先方の考えについての話など、パブリックな話題でのアイスブレイクのほうが心を開いてくれるケースもあります。

一方で、3割の人は仕事に関係ない雑談を求めており、プライベートな話を求めています。

このように、アイスブレイク一つとっても、相手が求めていることは違うのです。決まった型を繰り返すだけでは、突き抜けた成果を出すことが難しいということが理解できると思います。

型通りの提案をマスターした次のステップに進むには、顧客に合わせてカスタマイズした提案ができなければなりません。

そして、この「顧客に合わせてカスタマイズした提案ができるようになる」というスキルの習得には多くの人が苦労しているのではないでしょうか。

なぜ「教える」のが難しいのか

私も多くの営業メンバーの育成に携わってきましたが、型を覚えさせて基本的な提案ができるようにすることには、そこまで苦労しませんでした。ところが、顧客に合わせた提案ができるような営業の育成は非常に難しく、最初からセンスのある一部のメンバーだけが自力で成長している状況でした。

これはよくよく考えると当たり前で、型を覚えるという行為の延長線上にカスタマイズ提案がないからです。型を練習すれば型どおりに上手く話すことは上達しますが、どんなに練習しても顧客に合わせて自分で提案を考える力はつきません。

型をマスターしたあとに別のスキルを身につけることが必要なのです。

学生時代に勉強が得意だった人が営業では成果を出せず、苦手だった人のほうが成果をあげることが多いのは、この「別のスキルが必要だ」ということが理解されていないからです。

繰り返しになりますが、営業においても、型を覚えるということは非常に重要です。基本的なスキルを習得するための営業のＨｏｗ ｔｏ本も世の中にはあり、私も学ばせていただきました。また、そうした型で標準化することで、最小限の労力で営業メンバーを一定レベルまで育成できるので、マネージメントにも役に立ちます。

一方で、知識として学んだＨｏｗ ｔｏをそのまま真似をしても、その後のステップへ進むことはできません。自分で考えなければなりません。

よく言われることですが、型を習得したあとには、型どおりに進めることを捨てる必要があります。顧客に合わせた提案ができるためには、身につけた型を分解してパーツにし、必要なタイミングに必要な内容だけを組み合わせて使いこなせるようにならなければいけないのです。

マネージメントをする側としては、そのためには、メンバーに根拠（Ｗｈｙ）から理解してもらうよう努める必要があります。

具体的なやり方を知るだけでは不十分で、考えるための原理原則となるような思考法を習得してもらう必要があります。ただこれは、抽象化力、体系化力、言語化力が求められるため教えることが難しく、メンバーが理解して使いこなせるようになるのに時間がかかるのがネックになります。

今までの日本企業では短期的に成果を出すためには、提案の質よりも成果の上がりやすい顧客を担当して数をこなすことのほうが重要視されていました。多くの企業でマネージメントはできるだけ早く成果を出すことを求められるため、真剣に長期的な育成を考える機会が少ないのが現状です。そのため、プレイヤー時代に提案の質の向上に対しての優先順位が低く、感覚で成果は上げているが、体系化、言語化せず再現性が低いままマネージメントになったという人も多くいると思います。

結果、顧客、状況に合わせた提案ができる営業が少なく、型通りの画一的な提案しかできない営業が多いという状況が生まれているのだと思います。

営業の存在意義は介在価値

「顧客、状況に合わせた提案ができる営業になる必要があるのか？」

ここまで読んで、そう思った人はいませんか？　こう考える人もいると思います。

「型通りの提案しかできなくても、数をこなして成果が出るならそれでいいのではないか？」

営業の存在価値が売上を増やすだけだととらえ、数をこなすだけで売上が増えるのであれば間違いではありません。しかし近年、３つの理由からそれは難しくなっていると感じています。

１つ目の理由として、詳細は次の節で後述しますが、課題が複雑化してきており型通りに数をこなすだけでは、売上を上げること自体が難しくなってきています。

２つ目の理由としては、テクノロジーの進化によって、型通りに説明して数をこなすだけであれば、人による営業である必要がなくなってきています。

３つ目の理由としては、競合間でシェアを取り合う限られた市場のなかでは、顧客への提供価値を増やさずに売上だけを増やそうとしても無理が生じ、様々な市場が成熟している現代は魅力的な市場にはすぐに競合が参入してくるからです。

そもそも、読者のみなさんは営業の存在意義についてじっくり考えたことはありますか？

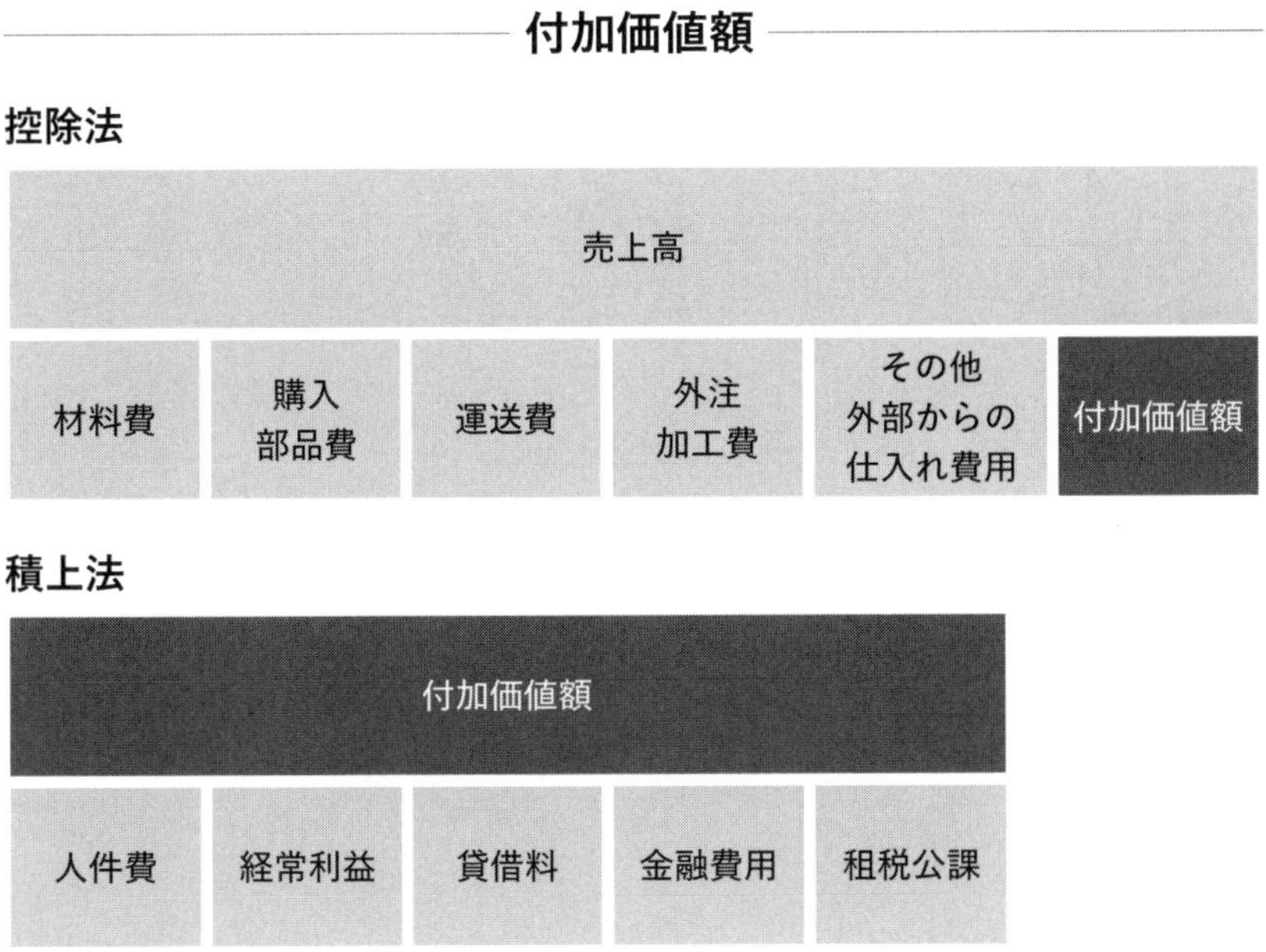

様々な物がインターネットを通して人を介することなく直接買えるようになり、ずいぶん前から営業不要論も出てきています。私も営業である以上、自分も含めた営業の存在意義が何なのかをよく考えます。

私は**営業にとっての存在意義とは〝介在価値〟をどれだけ高められるか**だと思っています。

作られたプロダクトをそのまま提供し、顧客に使ってもらうだけであれば、営業の介在価値はゼロです。ウェブサイトからそのまま注文してもらったほうが早いと思います。

キーエンスでは付加価値という言葉がよく使われますが、介在価値とは「営業が生み出す付加価値」と読み替えることができるものと考えてください。まずここで付加価値とは何かについて改めて考えてみましょう。まず岩波書店の『広辞苑　第七版』にはこのように記述されています。

生産段階で新たに付け加えた価値。生産額から原材料費などの中間投入物の額を控除したもので、人件費・利潤・利子・地代・家賃などに分配する。

また、付加価値を数値で表した「付加価値額」というものがあります。付加価値額は、控除法と積上法の2つがあり、

【控除法】
「付加価値額＝売上高－外部購入価値（材料費、購入部品費、運送費、外注加工費、外部からの仕入費用）」
【積上法】
「付加価値額＝人件費＋経常利益＋賃借料＋金融費用＋租税公課」

と計算されます。

例えば自動車メーカーはエンジン部品やシャフト、鋼材などを仕入れて、加工、組み立てして完成車を販売します。このとき、完成車の販売価格は仕入れた部品価格の合計額より高くなります。仕入れた部品（ただの鉄の塊）に対して、自動車メーカーが加工、組み立てをして完成車にすることで、「速く移動できる乗り物」という付加価値がつけ足されるので、その分高く売れるの

営業介在価値とは

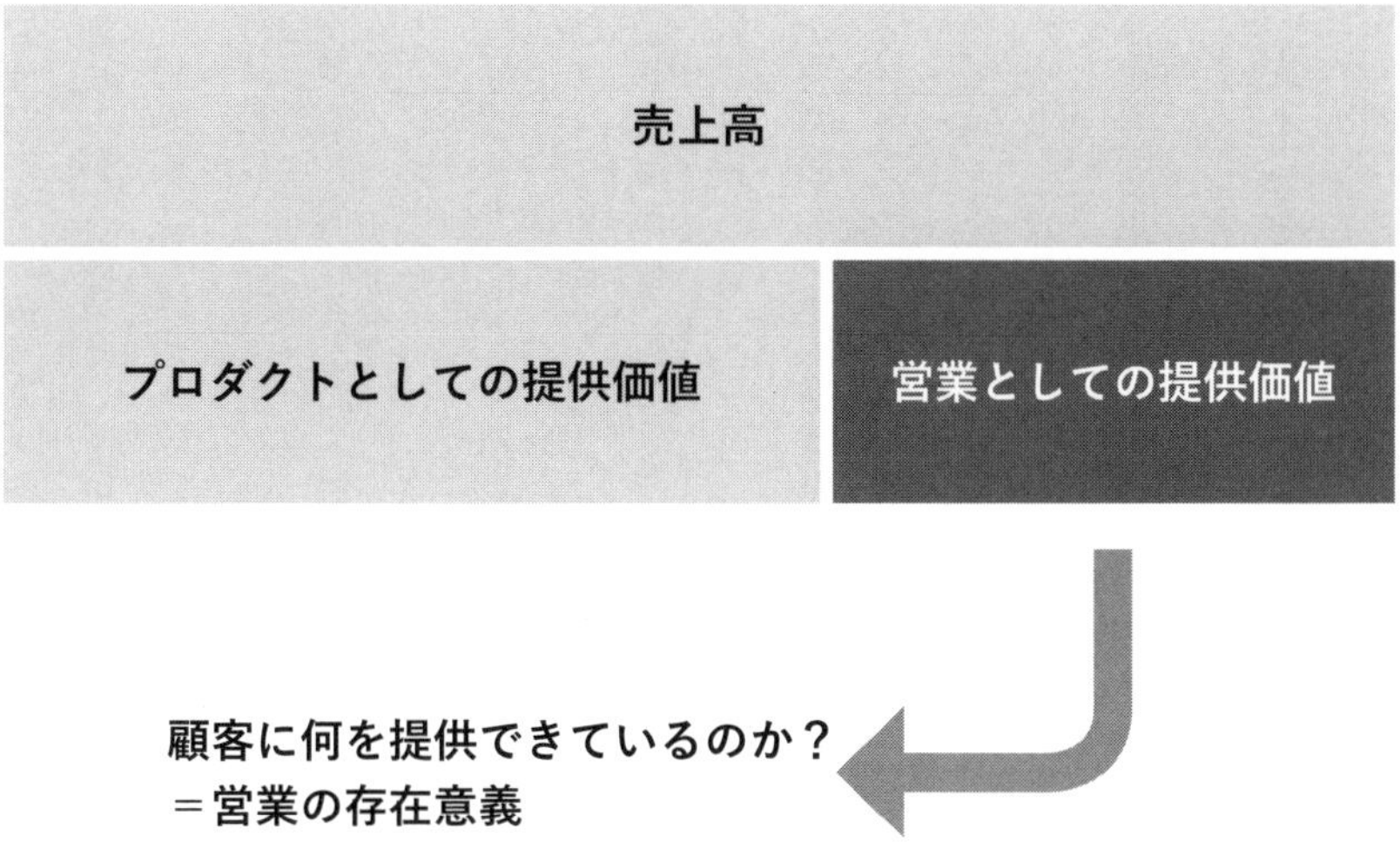

です。少し雑な言い方ですが単純化すると、この高く売れる分が付加価値額です。

キーエンスでは、営業の成績も付加価値額の考え方を取り入れており、売上で評価せずに売上から「社内仕切り」と呼ばれる原価を引いた成果額で成績を評価します。

成果額（営業の評価）＝売上高－社内仕切り
（材料費、開発費、共通費などが含まれる）

なぜなら社内仕切りは営業以外が生み出している価値であり、売上高と社内仕切りの差である成果額こそが営業が生み出した付加価値だからです。この考え方においては、社内仕切りに近い価格まで値引きをして販売すると、営業の付加価値はほとんどないということになります。

スタートアップのように初期の投資コスト

が高い赤字のビジネスモデルもあるので、必ずしも短期的な利益額だけで一概に判断することはできませんが、営業として自分が介在することでコスト（自分の人件費）が発生している以上、そのプロダクト自体が提供している価値に介在価値をつけられているかは常に意識しなければなりません。もし介在価値がないのであれば、営業などおかずにウェブから直接購入できるようにしたほうが余計なコストがかからず企業の利益が増えるからです。

介在価値を上げることが営業としての存在意義だという考え方に対して、「それは顧客のためになっているのか？」と考える人もいると思います。営業が介在することによって製品原価より高く販売されるのであれば、その費用を負担する顧客の視点からはデメリットなのではないか、という指摘です。

たしかに営業の介在価値のうち「売上高を上げる」という側面だけを見てしまうとそうですが、その売上高の裏には顧客が得る価値がセットになっています。

介在価値としての売上は結果としてついてくるもので、顧客に対して付加価値を発生させるからこそ、顧客からその分を費用としていただけるのです。

この順番を間違えると、ビジネスを永続させ、拡大していくことはできません。

「売上」を一番の目的にしてはいけない

売上を伸ばすことは企業にとって重要です。売上がなければ、プロダクトの機能向上に投資することができず、顧客に届ける価値を大きくしていくことができません。

しかし、売上を一番の目的、目標にしてしまうとビジネスは破綻《はたん》します。

売上という数字を一番の目的にしてしまうと、顧客に届ける価値を増やすことに時間を使うより、数字の上がりやすい顧客を担当すること、そのための社内政治に時間を使うことのほうが、個人の売上を伸ばすために短期的には効果が大きくなります。また、すでに契約をいただいた顧客をないがしろにしてでも新規提案にリソースを割り振ったほうが成果が上がることになります。

ところが、このような売上の上げ方は長期的には維持できません。個人としては成果を維持できることもありますが、そのシワ寄せを別の個人が負担しているので、組織としてはどこかで綻《ほころ》びがでます。売上という指標は大事ですが、その売上が顧客へのどのような提供価値から発生しているのかを考える必要があるのです。

そして、これは近年さらに重要性を増してきています。

この10年でサブスクリプションで提供されるサービスやプロダクトが大きく増えました。サブスクリプションは初期費用を抑えられ、不用になっても解約すれば費用がかからなくなることから、買い切りのプロダクトと比べて優位性があり、今後も増えていくと思います。

このサブスクリプションにおいては、すぐ解約されてしまってはコストが回収できないため、取引を開始してから終了するまでの期間に自社に対してもたらした利益の総額であるＬＴＶ(Life Time Value：顧客生涯価値）が重視されます。

そして、サブスクリプションのプロダクトは「うまい営業トークだけ」で契約に至ったとしても、提供価値に見合わなければすぐ解約されてしまいます。顧客の負担する費用に見合った本質的な価値を提供しなければ想定していたＬＴＶを得ることができず、コストが回収できないという特徴があるのです。

　また、インターネットの普及で口コミが広く速く伝わるようになったことも重要です。販売したあとに顧客が満足していなければ、口コミサイト、ＳＮＳ等に投稿され評判がすぐに落ちてしまうので、レピュテーションリスクが高まっています。

　このように、**費用に見合った価値を提供することが重要になっている**中で、営業が提供できる価値とは何なのでしょうか？

　私が考える営業の価値とは、

「取り組むべき課題に気づかせて、決断をする手助けをする」

ということです。

　インターネットで情報をすぐに集められるようになった現代においては、営業に聞かなければわからない情報は少なくなってきています。以前は、顧客が得られない製品の情報を知っているだけで、「情報の非対称性」を活《い》かして役に立つことができましたが、情報収集がしやすくなった現代では難しくなってきています。

　一方で情報が多くなりすぎていることが、顧客の課題解決を難しくしているという現状もあります。多くの解決手段が提供され情報もあふれていることにより、何から取り組むべきなのか判断がつきにくくなっているのです。結果、何にも取り組まず現状維持になってしまったり、検討ばかりに時間がかかって取り組み始めるのが遅くなり競争優位性を失っていくことになります。

スイスにあるＩＭＤ（国際経営開発研究所）が毎年発表する「世界競争力ランキング」によると、２０２２年は日本は参加63カ国・地域中34位になっています。１９８９〜１９９２年までは１位を取り、90年代前半も上位をキープしていましたが、徐々にランキングを落とし、今では競争力が弱い国になってきています。中でも足を引っ張っている項目をみると、「変化に対する柔軟性や適応性」「企業におけるデジタルトランスフォーメーション（ＤＸ）」で、63カ国・地域中63位と最下位になっています。

また同じくＩＭＤが発表している「世界デジタル競争力ランキング２０２２」では「Opportunities and threats（機会と脅威への素早い対応）」「Agility of companies（企業の敏捷《びんしょう》性）」の２つの項目で日本が63カ国・地域中最下位になっています。日本は「変化が苦手で対応スピードが遅い国」になってしまっており、それが国際競争力を落とす大きな要因になっているのです。

このような状況において、顧客が「スピード感を持って決断し、行動できる」ようお手伝いをすることこそが、営業の価値になると私は考えています。

そして、このような営業における価値を発揮したいと考えるときに重要なのが、「仮説」です。詳細は後述しますが、仮説が一番効果を発揮するのが、「余計な情報を取り除き、やらないことを決め、結論を出すまでのスピードを上げる」というところなのです。

仮説を立てるより顧客に聞いたほうが早い？

仮説の重要性について話すと、「考えても正確な答えはわからないので、最初から顧客に聞いたほうが早いのではないですか？」と言われることがあります。

これは、顧客が何に取り組むべきか既に知っている場合はその通りです。

みなさんは「御用聞き営業」という言葉を聞いたことがありますか？　定期的に顧客を訪問し、注文をもらうような営業スタイルをさします。イメージとしては『サザエさん』に出てくる三河《みかわ》屋《や》のサブちゃんです。よく訪問してくれて、顔馴染《なじ》みなので相談しやすい。注文したらすぐ届けてくれる。レスポンスよく動いてくれるので顧客にとっては非常にありがたい存在です。

私はキーエンス時代に工場に営業に行くことが多かったのですが、よく競合していたのが部品商社です。彼らは毎日足繁く顧客に通う御用聞き営業で多くの注文をもらっていました。

日本の人口が増え成長している局面ではこの営業手法は大きな効果を発揮したと思います。消費が伸びているので、需要に合わせて供給力を向上することが重要になります。供給力の向上は内向き（社内）の問題が多くコントロールもしやすいので、複雑性が低く取り組むべき課題も明確です。顧客のほうも何をすればいいのかわかっているので、営業はお願いしたことにすぐ対応してくれることが重要でした。

しかし、時代は変わりました。日本の人口は２０１１年以降完全な減少局面に入っています。供給が需要を上回ってくると、競合との競争や新たな需要を見つけるという外向きの問題に向き合うことになり、影響する要素の数も増えるので取り組むべき課題の発見、優先順位づけが途端に難しくなります。このような状況では、御用聞き営業で売上を伸ばすことは難しくなります。

事実、御用聞き営業をしていた競合の部品商社の売上高を見てみると、多くの会社が当時から横ばいか下がっています。一方、キーエンスの売上高は3倍以上に成長しています。

その理由は簡単で、仮説を持たない御用聞き営業では、顧客が自分の課題を把握して解決策の答えを持っている場合にしか注文がもらえないからです。

課題がわからない時代

「あなたの会社の課題は何ですか？」

みなさんの中で、いきなりそう聞かれて答えられる人はどのくらいいるでしょうか？

もし答えられたとしても、それは自分の個人的な思いではないですか？　客観的にそれが一番解決すべき課題だと自信を持って断言できますか？

多くの人は答えられないのではないかと思います。

前項で述べたように需要の伸びが見えないマクロ環境は取り組むべき課題をわかりにくくしますし、加えて、解決手段の多様化も、取り組むべき課題を複雑にします。

現在はテクノロジーの進化によって、解決手段の選択肢が無数に増えました。

人力では何十年かかっても終わらないような計算もスーパーコンピューターがすぐに終わらせますし、ビッグデータから相関関係を見つけるのもＡＩなら一瞬です。ChatGPTやStable Diffusionのような生成系ＡＩの進化スピードは驚異的で、この半年ですら解決手段の選択肢がどんどん増えています。

解決手段が限られている場合は、課題の多くは取り組んでも解決できないため、取り組むべき課題が明確です。一方、解決手段の選択肢が増えて取り組める課題が増えてくると、今度はどの課題から取り組むべきかが重要になります。

特に競合が激しい競争環境においては、重要度の低い時間がかかる課題に取り組んでいる間に、競合が重要かつすぐ解決できる課題に取り組んできます。すると、すぐにシェアをとられてしまいます。これは、スイッチングコストが高いWinner takes all（勝者独り占め）になるような領域で事業を行っている場合、致命的になります。

このような時代には、わかっている課題に対して解決策を答えられる営業より、取り組むべき課題を見つけられる（見つける手助けができる）営業のほうが価値を発揮できるのです。

》》顧客に「気づいていないニーズに気づかせる」ことこそが営業の介在価値

「営業を学ぶためにどんな本を読むといいですか？」とたまに聞かれるのですが、そんなとき私がいつもオススメしている『チャレンジャー・セールス・モデル　成約に直結させる「指導」「適応」「支配」』（海と月社）のなかにこんな一節があります。

「チャレンジャー」がほかの販売員と何よりも違うのは、市場での戦い方についての新しくて有益な教えを、顧客に授けられるところである。顧客ロイヤルティに関するわれわれの調査（次章で詳述：筆者註）によれば、顧客を長きに渡って惹《ひ》きつけるのは、まさにこの行為だ。

この本に書かれている、最も成果を上げる「チャレンジャー」と呼ばれるセールスタイプは、自社の製品やソリューションの話をするのではなく、顧客の市場競争力アップについて話をします。さらには顧客自身がすでに気づいている「ニーズ」を発見するのではなく、顧客が持っている〝あたりまえ〟を覆して、全く新しい顧客の「ニーズ」を教えることができる営業です。

営業トークに対して「まったくそのとおり！　そのせいで夜も眠れなかったのです」という反応が返ってきたら失敗で、「えっ？　そんなふうに考えたことはありませんでした」と言わせないといけないのです。

このような顧客自身が気づいていないニーズは、当然ですがいくら顧客にヒアリングしてもでてきません。自ら考えて仮説を作らなければならないのです。

≫VUCA時代には仮説によるスピードこそが重要

状況、環境が変われば、取り組むべき課題は変わります。

例えば、２０１９年の観光業界においてはインバウンド需要の取り込みが重要でした。日本の人口が減少して経済成長も鈍化している中、豊富な資金を持つ中国の富裕層を呼び込むことが重要で、インバウンド向けのサービスが増加していました。

それが2020年1月に新型コロナウィルス感染症（COVID-19）が発生してから状況は一変しました。海外からの渡航が制限され、取り組むべき課題も、いかに国内や近隣の旅行需要を取り込むかという方向にシフトしました。

課題が状況、環境に依存する以上、取り組むべき課題を見極めるには、将来を予測することが求められます。今解決しても来年には意味をなさなくなる課題なのであれば、今取り組むことはムダになってしまいます。

しかし、将来の予測というものは非常に難しいものです。

『バック・トゥ・ザ・フューチャー PART2』は1989年に公開された映画ですが、作中では1985年に生きる主人公が2015年の未来にタイムスリップします。そこに描かれた未来では車やスケボーが空を飛び、天気予報も秒単位で当たる世の中でした。もちろんフィクションなので未来が誇張されているのは当たり前です。

ところが、この未来にはスマートフォンは登場せず公衆電話が使われています。インターネットではなくFAXで解雇通知が送られてきます。当時、既に携帯電話サービスは開始しており、インターネットも存在していましたが、ここまで世の中に普及するとは想像できていなかったのです。

このような例を引くまでもなく、近年、予測はどんどん難しくなってきています。新型コロナ

「変動性」が大きい時代①

テクノロジーがユーザー数5000万人を突破するのにかかった時間

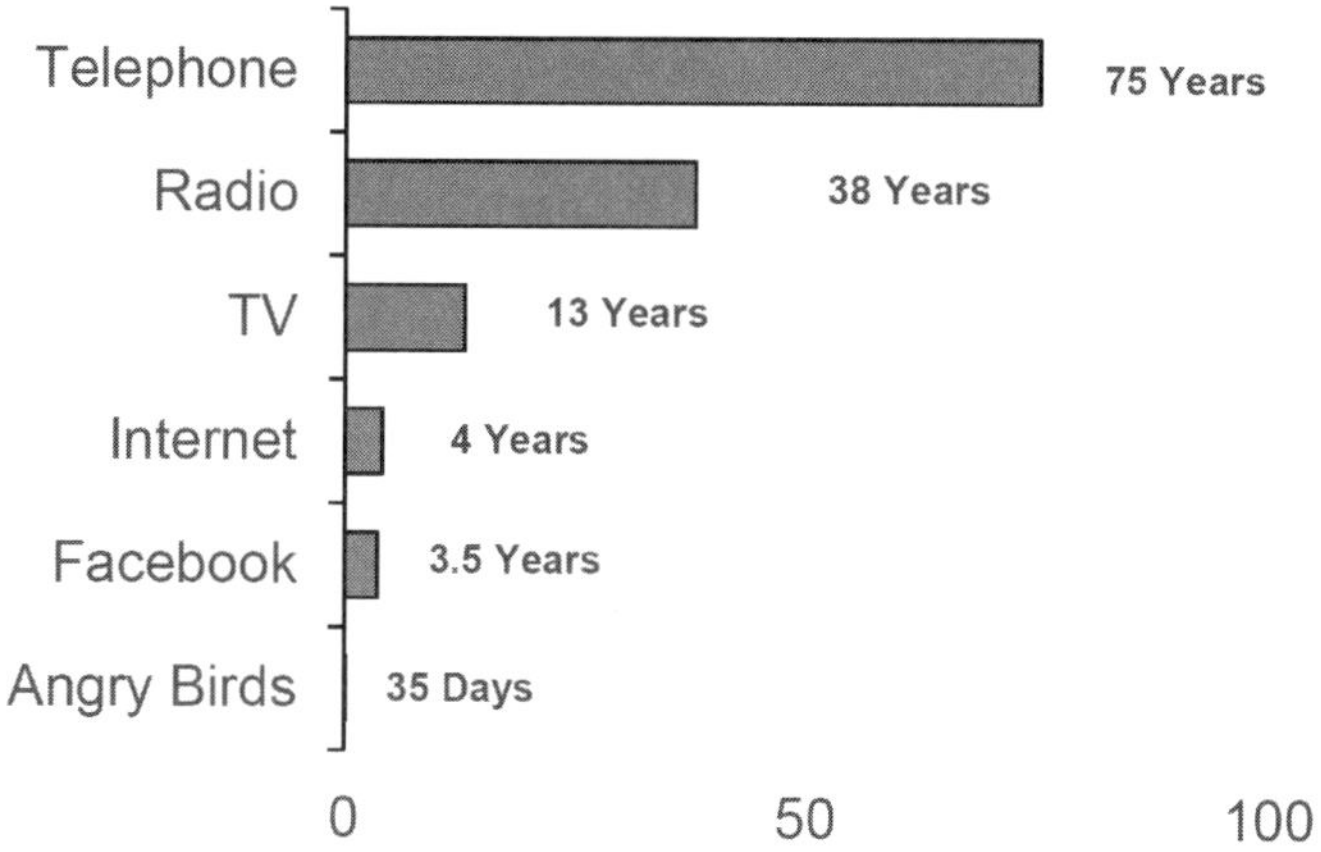

出典：Citi GPS: Global Perspectives & Solutions, "TECHNOLOGY AT WORK", Citi Digital Strategy Team, 2015年2月

ウィルス感染症の流行以降とくに、ＶＵＣＡという言葉がよく使われるようになりました。

将来が不確実で予測が難しい状態を表す言葉で、「Volatility（ボラティリティ：変動性）」「Uncertainty（アンサートゥンティ：不確実性）」「Complexity（コムプレクシティ：複雑性）」「Ambiguity（アムビギュイティ：曖昧《あいまい》性）」の頭文字をとっています。１９９０年代のアメリカで冷戦終結後の複雑化した国際情勢を意味する軍事用語として使われ始めたのが、２０１０年代にビジネスで使われるようになったものです。

新型コロナウィルス感染症はまさにUncertainty（不確実性）です。発生以前に新型コロナウィルス感染症が3年間も流行し、働き方がここまで急変することを予測していた人はいません。

Volatility（変動性）も大きくなってきてい

ます。35ページのグラフは、テクノロジーがユーザー数5000万人を突破するのにかかった時間を表したものです。電話は75年、ラジオが38年、テレビが13年に対して、インターネットは4年、Facebookが3・5年、ゲームアプリのAngry Birdsは35日と、インターネット普及後はテクノロジーの普及スピードの単位が変わっています。

一方、新しいテクノロジーが普及することにより、衰退するテクノロジーもあります。スマートフォンの普及に伴い、PCのシェアが下がり始めています。

新しいテクノロジーの普及スピードが遅い時代には、顧客の要望に合わせて高機能なプロダクトを提供することで単価が上がり、市場も広がっていきました。しかし、高機能を目指し続けると、ボリュームゾーンにいるユーザーが求める必要十分なスペックを超えていきます。結果、一部の専門家などにしか必要ではない機能を搭載した、ハイスペックで高額なプロダクトになってしまいます。

すると、ボリュームゾーンの顧客が持つ必要最低限のニーズを満たした、低価格で使い勝手のいいテクノロジーの出現で市場を奪われてしまいます。

これはクレイトン・クリステンセン教授が『イノベーションのジレンマ』で書いた有名な話です。代表例によくあげられるのが、銀塩フィルムがデジタルカメラにシェアをとられた話です。当時世界一のフィルムメーカーだったコダックは世界初のデジタルカメラを開発しましたが、利益率が高く売上も大きいフィルムを捨ててデジタルカメラに投資することができず、競合に後れをとって2012年に経営破綻しました。

「変動性」が大きい時代②

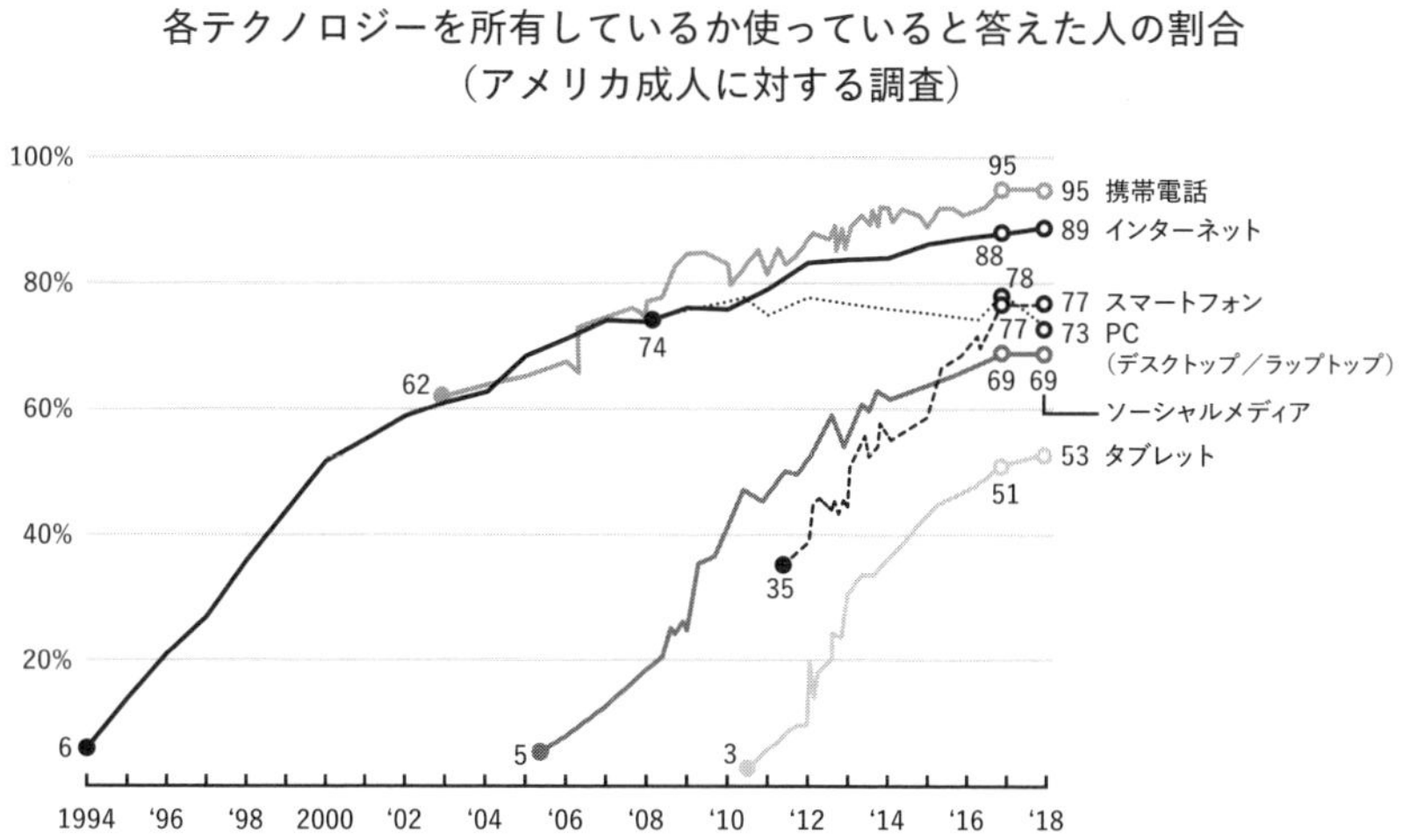

出典：Pew Research Center, "Internet, social media use and device ownership in U.S. have plateaued after years of growth", 2018年9月28日

その後現在では、デジタルカメラ自体もスマホにシェアを奪われてハイエンドの用途でしか使われなくなってきています。

新しいテクノロジーの普及が早くなることで、衰退のスピードも上がりVolatility（変動性）が非常に大きくなっているのが現代です。

Complexity（複雑性）という観点でいうと、現代は様々な問題が絡み合って複雑化しています。

例えばグローバル化が進むことで、各国の法要件に対応する必要が出てきます。IT企業で顧客がEUでもビジネスをしている場合には、GDPR（EU一般データ保護規則）で適法にデータを扱わなければならないなど、日本国内の法律に対応するだけでは不十分です。

また、インターネット、SNSの普及により様々な情報に触れる機会が増えました。

昔は直接会った人としか繋《つな》がることができ

ませんでしたが、いまは物理的な距離と関係なく、ニッチな趣味の仲間も世界中から見つけることができるようになりました。少数派であっても仲間ができることで、自分の価値観が貫きやすくなり、多様化が進んできています。

高度経済成長期においては、3種の神器（テレビ、洗濯機、冷蔵庫）をみんなが買い求めていました。同じ製品を使う人がたくさんいるので大量生産が行われていました。

しかし、生活必需品がみんなに行き渡ると、同じものが大量に売れることはなくなります。同時に、価値観が多様化したことにより、自分の好きなものにはお金をかけ、こだわらないものは安くて十分という人が増えています。

20年前から比べるとロレックスは数倍に値上がりしていますが、格安のファストファッションも普及しています。そして、それらを購入しているのは同じ消費者だったりします。

中価格帯の物が大量に売れる時代から、売れ筋が高価格帯と低価格帯に2極分化して何が売れるのか予想がつかなくなったことで、Ambiguity（曖昧性）も高まっているのです。

このような予測が困難な時代に求められるのは、変化への対応スピードです。予測が当たらないので、環境変化が起きた後にいかに競合より早く適応できるかが競争優位性の源泉になります。

例えば営業利益率55%を誇るキーエンスでは、売上高の30%が新商品によるものです。さらにそのうちの70%が世界初、業界初のプロダクトになります。環境変化を捉《とら》えて世の中にない新商

イノベーションのジレンマとは

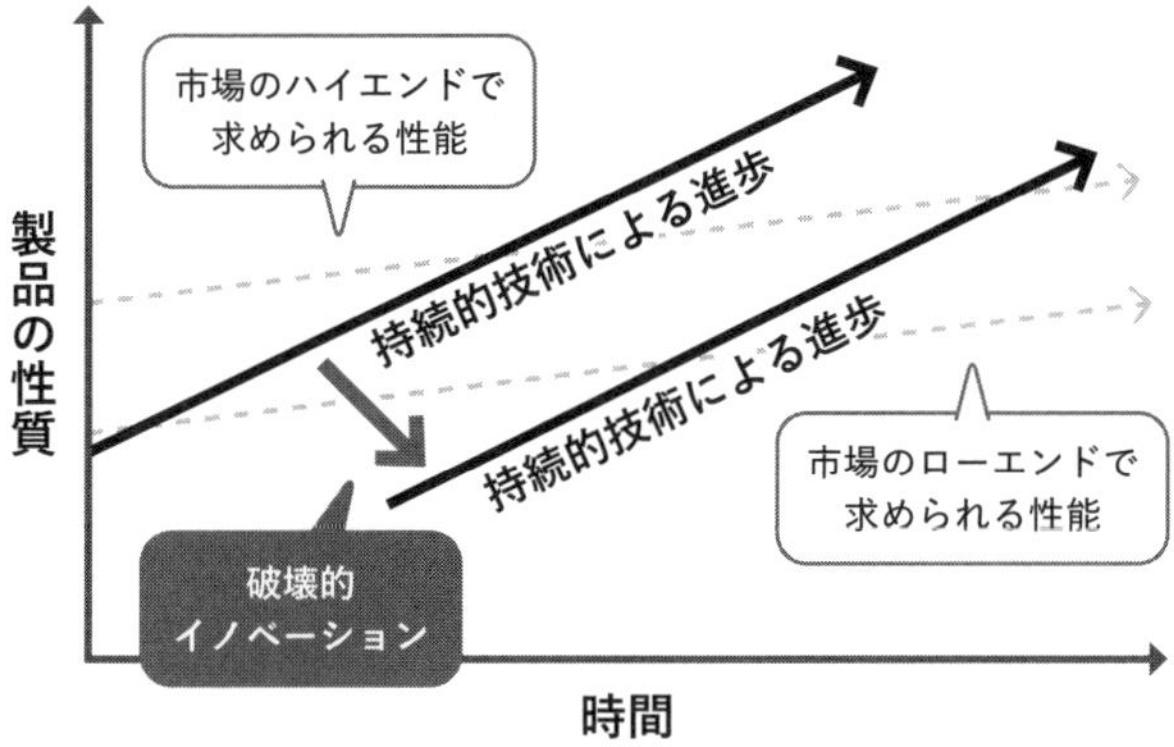

成功した企業ほど、市場を一変させる破壊的イノベーションが起こった際に**対応することができない**、という現象

出典：デジマール「イノベーションのジレンマとは？概要から事例・防止法を解説」より引用、一部改変

品を出し続けるからこそ、競合との価格勝負にならず、高い利益率を維持できているのです。

このような変化対応スピードを上げるために仮説が重要な働きをします。

なぜ仮説は変化対応スピードを上げるのか？

みなさんは何かを判断したり、購入する時にどのような手順を踏みますか？

①関連する情報を集める
②集めた情報を元に何がいいかを考える
③考えた結果を元に決断する

このような手順を踏む人が多いのではないでしょうか？　これは、「レストランに行って、メニューを最初から最後まで全部見て、何を食べようか考え、結局迷って中々決まらない」というケースと同じです。

この手順はレストランのメニューぐらいであればいいですが、ビジネスにおいてスピードが重要となる状況ではオススメしません。

なぜなら、いきなり情報を集めはじめてしまうと、どこまで情報を集めていいのかがわからず関連する情報を広く集めることになるからです。しかも、後で集めた情報から有用なものを絞り込んでいくことを考えると、最初に集めるもののなかに、重要な情報が漏れているという状況は避けなければいけません。そのためには、最初に「できるだけ広く情報を集めないといけない」ということになり、集める情報量が膨大になりキリがなくなってしまうのです。

さらには集まった情報が多すぎると、何が重要なのか考えることにも多くの時間を要します。

結論を早く出すために重要なのは、ゴールから逆算して考えることです。

「ゴールがわからないから、情報を集めて考えるんじゃないの？」と思われる人もいると思いますが、まずは今知っていることだけでゴールを考えてみましょう。

①決断結果を考える
②その結果が正しいと判断するための要素を考える
③そのために必要な情報を集める

という順番です。

ゴールがわかっていることで、集める情報も最小限で済むと共に情報を集めながらゴールが合っているかの検証もできるので、間違っていたときはすぐに方向性を修正することができます。

そしてこの情報が少ない段階から、もっとも確からしい結論を考えるのが「仮説構築」です。

調査、思考、決断を切り分ける

結論を出すスピードを上げるために、もう1つ意識すべきことが、必要なのは「調査なのか、思考なのか、決断なのか」ということです。

「調査」は世の中で答えが既にわかっているものに対しては効果がありますが、答えが出ていないものに対してはいくら調査をしても結論を出すことができません。

世の中に答えが出ていないことはいくら調べてもムダなので、自分で「思考」する必要があります（逆に世の中に既に明確に答えが出ていることを自分で考えるのは〝車輪の再発明〟になってしまいムダな労力なので、「調査」すべきです）。

見落としがちなのが、答えが存在しないこともあるということです。これは「決断」するしかありません。例えば、10枚の宝くじから1枚選ぶときにどれが当たるかを考えてもムダです。それは考えているのではなく迷っているだけです。

ビジネスの世界にも考えてもムダなことがよくあります。例えば2つのデザインがあり、どちらかを選ばなければならないような場合に、「どちらが100％売れるか」は、どんなに考えても答えがありません。調査や統計から「60％の確率でAのほうが売れそう」というところまでは考えて出せるかもしれませんが、最後は決断になります。考え尽くした状況で決断できないのは、考えているのではなく、迷っている、悩んでしまっているという状態です。

元ソフトバンク社長室長の三木雄信《みきたけのぶ》さんが書いた『孫正義「リスク」を「成功」に変える28のルール』によると、孫正義《そんまさよし》さんはソフトバンクの社員によくこんなことを言っていたそうです。「どんなことでも10秒考えればわかる。10秒考えてもわからない問題は、それ以上考えても無駄だ」

変化対応スピードが競争力を生む環境においては、「考えているつもりで、迷う、悩む」「判断に必要ない、重要性が低い情報を集める」ということに時間を使っていると、どんどん競争力が失われていきます。

「決断のために考えることを決める」「決めたことを考えるために必要な情報を集める」という順番を常に意識するようにしてみてください。

顧客は独断で決断できない

本章の最後に、仮説には「根拠」とそれを説明できる「ロジック」が必要であることを付け加えておきます。

ここまでの話を整理しますと、

- 営業パーソンは自社の売上を最優先の目的とすべきではなく、「顧客の市場競争力を上げることに貢献すること」を目的にすべきである。
- 「取り組むべき課題がわかりにくくなっている」環境では、顧客の市場競争力を上げるために必要なのは製品説明ではなく、取り組むべき課題を明確にすることである。
- 市場競争力を生むには「変化対応スピードが必要」であり、そのために最も効果を発揮するのが仮説である。

ということになりますが、どんなに素晴らしい仮説ができたとしても、顧客が決断し行動してくれなければ価値は提供できません。決断して行動してもらって初めて価値が生まれます。

このとき、決断して行動してもらうために必要なのが、仮説に対する根拠とそのロジックです。

営業が相手の心を動かすためには「熱意とロジック」の2つの要素が必要ですが、なかでもロジックのほうの重要性が近年上がってきていると私は思っています。私が営業を始めた頃と比較すると、顧客が購買する際の複雑性が上がっていると感じられるからです。

以前は、社内（顧客企業側）で力を持っている人がやりたいと思えば実行できることが多く、その人の心を動かすことが重要でしたが、近年はオリンパス、東芝、神戸製鋼、日産など上場企業による大きな不正が発覚したことで、内部統制に対する監査が厳しくなりました。執行プロセスによる職務分掌が求められ、多くの企業では社長であっても独断で何かを決めることはできません。

この傾向は今後も強まっていくと思います。

そうなると、目の前で商談をしている顧客個人だけではなく、顧客社内の幅広いステークホルダー（利害関係者）の理解が必要になるのです。

根拠が薄い仮説でも、熱意さえあれば目の前の人の心を動かすことはできるかもしれません。しかし、その目の前の人が社内の別の人を説得しようとする際には、同量の熱意を持つことは難しいため、ロジックが必要になります。また、もしその投資が妥当だったのか監査で論点になるようなことがあれば、合理的だと説明できるロジックは必須《ひっす》になります。

仮説に対する根拠とそのロジックは、車の両輪のようなもので、片方だけでは前に進みません。仮説を作った後には必ずその根拠を明確にして、説明できるロジックがあって初めて仮説が価値を発揮できるのです。

第2章

仮説は「間違えてもいい」「完璧でなくていい」

仮説を立てるのは難しい？

第1章で「仮説」が営業において重要であることは理解いただけたかと思います。

ところが、若手の営業パーソンと話していると、みんな口を揃えて「仮説を立てるのが難しい」と言います。本当にそうでしょうか？

実は意識していないだけで、私たちは日々の生活の中でも仮説を立てながら生きています。

例えば、「今日は飛行機雲が出ていて雨が降りそうだから傘を持って行こう」としているときの「雨が降りそう」というのは仮説ですし、「宿題をやらないとテストの点が下がり親に怒られるから勉強しよう」にも仮説が含まれています。

常日頃から使っている仮説が、仕事の場になるとなぜ急に難しく感じるのでしょうか？

それは、**仕事で使う仮説は間違ってはいけないと思い込んでいる**からです。

学校のテストには必ず正解があり、正しい答えを解答することが求められます。答えを間違えると悪い成績をつけられ怒られるので、間違えることは悪いことだという価値観が刷り込まれていきます。さらに、社会に出ても多くの日本の企業の評価は減点方式です。失敗することで評価が下がるような環境では、失敗する可能性があることにチャレンジしにくくなってしまいます。

幼少から社会人まで長い間刷り込まれてきた価値観は、なかなか変えられるものではありません。日本においても、減点方式から加点方式に変えるべきだという話はよく出ますが、経営層、マネージメント層に価値観として減点方式が根付いてしまっているので、評価制度を変えても実態としては減点方式のままだという企業もまだまだ多いです。

この価値観をドラスティックに変えるためにも、仮説においてはむしろ「間違えたほうがよい」と考えているぐらいがちょうどよいと思います。

≫仮説は間違えたほうがよい

そもそも100%当たる仮説はありえるのでしょうか？

「ラプラスの悪魔」という言葉を知っている人も多いと思います。フランスの数学者、ピエール＝シモン・ラプラスが次のように提唱した概念です。

もしもある瞬間における全ての物質の力学的状態と力を知ることができ、かつもしもそれらのデータを解析できるだけの能力の知性が存在するとすれば、この知性にとっては、不確実なことは何もなくなり、その目には未来も（過去同様に）全て見えているであろう。

――『確率の解析的理論』1812年

要約すると「世の中全ての物質の位置と運動量を知ることができ、それを計算する能力があれば未来を予測することができる」という考えです（私は物理学の専門家ではないので、正確な表現ではないかもしれません）。

これは現在では、量子力学の台頭により矛盾が出てきたことで、古い概念とされているそうです。ただ、「センサを通してこの世の中の全ての情報をビッグデータとして集めることができ、想像もつかないような計算能力を持つスーパーコンピューターがあれば、ＡＩで未来が予測できる」というのは誰もが一度は空想したことがあるのではないでしょうか？

このように全ての情報を集めることができるのであれば、１００％とは言わないまでも精度の高い予測をして仮説を作ることができると思います。

では、営業の場面で考えてみるとどうでしょうか？

確かに全ての情報を得ることができれば仮説の精度が上がりますが、提案の前に得られる情報には限りがあり、１００％に近い情報を集めるのは不可能です。企業ページから得られるサービスの概要、商談相手の役割、インターネットや本、知人から得る業界のトレンド、上場企業であれば中期経営計画、財務諸表ぐらいではないでしょうか？　しかしこれらも顧客が課題解決に取り組む際に、結果に影響を及ぼす情報のごく一部でしかありません。このような情報しかない中で、１００％に近い確率で当たる仮説を作ることなど不可能なのです。

仮説の精度を上げようと思うと、多くの情報を集める必要があります。多くの情報を集めるということは、多くの時間がかかります。一方で、前の章でも書きましたが、営業におけるスピードの重要性がどんどん高まっている中、時間をかけずに仮説を構築することが求められています。そして、精度が高い仮説を作ろうとするとスピードが落ちます。ではどうすればいいでしょうか。

仮説の精度とスピードはトレードオフの関係にあるので、「最初の仮説は〝間違える〟前提で、完璧《かんぺき》に作ろうとしない」ことが大切です。

とはいえ、顧客としても「精度高い仮説を持ってきてよ」と思っているんじゃないかとか、「準備してこない営業なんて信頼されないのでは」と思いますよね。確かにそうです。

そこで顧客に仮説を提示するにあたっては、次の2つの要素に留意します。

・提案の規模
・期待値のコントロール

1つ目の提案の規模というのは、自分達の提案を実行するためにどのくらいのコストがかかるのかということです。

エンタープライズ（大企業）向けの提案では、SMB（中小企業）向けの提案と比べて、金額ベースで考えると多くの改善効果が見込まれる一方、コストも多くかかり、多くの部署、担当者が判断に関わります。

このような提案では取り得る選択肢も多く、さまざまな要素が絡むため情報もたくさん集めなければならず、仮説も初回から複雑になります。

一方、SMB向けの提案や、エンタープライズでも1つの部署内で検討が完結するような規模の小さな提案であれば、関わる人や取り得る選択肢も少ないので仮説がシンプルになります。またコストも小さいので判断を誤った際の損失も小さく、決断がしやすくなります。その分、1つの契約から得られる収益は少なく、多くの提案をする必要があるため、より仮説のスピードが重視されます。

このように提案の規模によって、初回の仮説をどこまで作るかが違ってくるのですが、私個人の経験としては**エンタープライズ向けであっても、初回提案では方向性を決めるような簡単な仮説をぶつけるほうがよい**と思います。

せっかく時間をかけて仮説を作り込んでも、前提が違っていたり、事前に知り得ない重要な情報が後から出てきて、大きく方向性を修正しないといけないケースも出てきます。そこから仮説を作り直すと最終的な仮説に到達するスピードが遅くなるからです。

では、「簡単な仮説でも顧客に準備不足と思われないようにする」には、どうすればよいかというと、事前に期待値をコントロールして認識を合わせておくことです。

クリスマスに食事に誘われたときに、豪華な食事が出ると思って行ってみたところ、缶ビールと軽食しかなかったらガッカリしませんか？　でも、最初から「缶ビールと軽食で気軽に話そうよ」と誘われて行ったのであれば、ガッカリしませんよね。

営業でも同じように、顧客が期待している提案の完成度と営業が考えている提案の完成度がズレてしまっていることがよくあります。最初から完全な解決策を提示してくれると考えている顧客に対して、間違っている可能性がある仮説をぶつけると、ガッカリされてしまいます。これが、

「他社事例などをもとに、私なりに考えた御社が取り組むべき課題の仮説をお持ちさせていただきます。実現性があるかディスカッションさせてください」とアポイントを取っていたらどうでしょう？　完璧な解決策を持ってくるとは思いませんよね。

また、提案までの時間を長くとりすぎないことも重要です。情報が限られている以上、仮説の内容はかけた時間ほどよくはなりません（考えているのではなく、迷ったり悩むことに時間を使ってしまっている）。しかし準備時間が長いと、顧客はそれだけしっかりした仮説を用意してくれると期待してしまい、ガッカリされてしまう可能性があるのです。

まずは間違っていてもよいので、時間をかけずにざっくりとした仮説を顧客に提示してみることをおすすめします。

完璧な仮説では顧客の心は動かない

粗い仮説を早めにぶつけたほうがいい理由はもうひとつあります。

みなさんは学生時代に講義を聴いていて眠くなったことがあると思います。講義は基本的には「正しい情報を学ぶ」というスタンスで受けている人が多いと思います。既に正解があることについて聴き、覚えるという作業をするだけで、自分で新たに何かを考える機会は少ないため、どうしても眠くなってしまうのだと思います。

完璧な仮説を作り上げて、顧客に説明をしているときには同じような状況が発生しています。内容は素晴らしくても、聞いている人が考える余地がないと、心は動きません。当事者ではなく、傍観者になってしまうのです。

当事者として「自分の意志で選んだ」ときにこそ心が動きます。

『影響力の武器［第三版］：なぜ、人は動かされるのか』（誠信書房）の中に「コミットメントと一貫性」という原理が出てきます。これは、人は一度決定して立場を表明すると、そのコミットメントした立場と一貫した行動を取るように内面からも外部からも圧力がかかるという原理です。そして、コミットメントが効果的に影響を及ぼす条件の1つに「自分の意志で選ぶ」というものがあります（他の条件は、「行動する」「他人の目にさらす」「努力を要する」）。

人は、他人に教えられるより「自分の意志で選ぶ」ほうが印象に残り心を動かされるのです。

顧客の心を動かすために、自分で考えて「自分の意志で選んでもらう」ことが重要だとすると、最初から完璧な仮説を用意して〝講義〟をするという方法は適切ではありません。粗い仮説の段階で顧客にぶつけ、ディスカッションしながら一緒にブラッシュアップしていくべきです。

そうして自分一人で仮説を作るのではなく、顧客と共創していくことにより、顧客にも仮説の当事者になってもらえ、自分事として捉《とら》えてもらうことができます。

「リーンスタートアップ」と呼ばれる、スタートアップ企業でよく取り入れられている製品・サービス開発のマネージメント手法があります。

この方法では、最初から完成度の高いプロダクトを作り込むのではなく、仮説をもとにMVP（Minimum Viable Product）と呼ばれる必要最低限の価値、機能を備えた商品、サービスを作ります。できるだけ短期間、低コストでMVPを作って、イノベーター、アーリーアダプターと呼ばれる新し物好きの顧客にぶつけて反応を見ます。その反応をもとにプロダクトを改善しながら、市場に受け入れられていくものに改善していくという方法です。

リーンスタートアップは、早めにMVPを顧客にぶつけることで反応を見て、市場のニーズをもとに改善し、短い時間でプロダクトの完成度を上げることができます。仮にMVPが市場のニーズから外れていたとしても、早めに気づいて修正ができるので、時間をかけてニーズからズレたプロダクトを作ってしまうということがありません。

粗い仮説をぶつけて、顧客と共創していくという営業手法は、リーンスタートアップの手法と似ています。顧客の認識とズレが発生してしまっても、早めに仮説をぶつけることですぐに気づくことができるのです。

仮説を事実のように言い切ってはいけない

粗めの初期仮説をぶつけるにあたって、注意しなければならない点があります。それは、「仮説を事実と誤解させるように言い切らない」ということです。

営業の目的が、「顧客に決断させて、行動させる」ということなのであれば、「強い言葉で言い切ったほうがよいのではないか？」という意見があると思います。

強い言葉で断定すること自体はたしかに重要です。「〜と思います」「〜と感じます」といった語尾よりも、「〜です」「〜である」という断定のほうが人の心は動きます。

私もよく使ってしまいますが、「〜と思います」「〜と感じます」という表現は逃げの気持ちが入っていることがよくあります。確定した事実ではなく、自分の意見であれば１００％賛同されるということは珍しく、必ず反対意見が出ます。また、内容が予想であれば１００％正解するとは限りません。この時、誤解を与えたくないという気持ちだけではなく、反対意見が出たときや間違っていたときに「〝思う〟って書いたとおり、個人的な意見ですよ」と言い訳したい気持ちが心のどこかには存在しているはずです。

この保険をかけたい気持ちを払拭《ふっしょく》したうえで、批判や間違いを覚悟して言い切るということは、人を引っ張るリーダーには特に求められます。

「来年は事業規模を2倍にできればと思っています」という経営者より、「来年は事業規模を2倍にします！」と言い切れる経営者のほうが、人がついてきます。

こうした例のように自分の意志、思いを言い切るために断定の表現を使うのはよいのです。

問題なのは、自分の考察や意見を、事実のように言い切ってしまうことです。

例えば、「来年は景気が上がりそう」という仮説を持った際に、「来年は確実に景気が上がるので株を買いましょう」と言い切ってしまうと、景気が上がらなかったときに、嘘をついたと言われる可能性があります。

もちろん、景気の場合は確実などということはないとほとんどの人がわかっていますが、相手の解釈次第では嘘になります。

営業のマネージメントをしていたときに、「この案件は絶対に取れます」と言っておきながらよく失注するメンバーがおり、次のような出来事がありました。

メンバー：お客様が今期予算を使い切らないといけないので確実に今月中に発注がもらえます。
私：「今期予算を使い切らないといけない」というのはお客様の言葉ですか？
メンバー：そうです。
私：絶対に使い切ると言ったのですか？　正確には何と言っていたのですか？
メンバー：「今期予算がまだ余ってるから使わないとなー」と言っていました。

私：「使い切らないといけない」と言ったわけではないんですね？　今月中に発注するというのもお客様が言ったわけではないんですね？

メンバー：そうです。

このメンバーの話には、事実と解釈が混在しています。実際、報告だけでは事実なのか解釈なのかわからず、何度も失注するので、こちらから確認する必要がありました。

この話でいうと、顧客は「今期予算がまだ余ってるから使わないとなー」と言っただけなのに、「であれば予算を使わなければいけないだろう」という仮説を顧客に確認せずに事実のように話してしまっています。さらには、「その予算を自分達に使うだろう」という仮説をもとに、確実に発注すると話しています。

では、これが、

「お客様は『今期予算がまだ余ってるから使わないとなー』とおっしゃっており、お客様の中で今回の取り組みが一番優先順位が高いとおっしゃっていたので、今月発注できる可能性が高いです」

という報告であったとしたらどうでしょうか？

事実として顧客は「今期予算がまだ余ってるから使わないとなー」「今回の取り組みが一番優先順位が高い」という2つの発言をしており、これをもとに、今月発注いただけると解釈しているのが明確です。

すると、「予算は余るとどうなるのか？」を確認し、「予算は余らせてもさして問題ない」と顧客が思っているのであれば、今やる理由を作りにいったり、「商談相手とは別の人が検討している案件で重要なものはないのか？」を確認する必要があるなと考えたり、確実に発注してもらうためにはやらなければいけないことがたくさん出てきて、前に進めることができます。

こうしたやりとりがマネージメントとメンバーの間であれば、付き合いの中で傾向やニュアンスが摑《つか》めますし、スキルを持ったマネージャーであれば商談のレビューの中で掘り下げていくことで判断がつきます。しかしこれが、顧客との会話だった場合は問題になります。発言の解釈は先方にゆだねることになりますし、認識違いが発生することで、嘘をついたという話になってしまい顧客の信頼を失いかねません。

前章にも書きましたが、昨今、悪い評判はすぐに広がります。また、契約がサブスクリプションの場合には、すぐに解約されてしまいます。

間違っていたときには自ら責任をとるつもりで、言い切ることは重要です。ただし、言い切ったことにより、顧客に事実のように誤認させることはお互いにとって何もいいことがありません。「これは事実ではなく、私の意見です。しかし、私は正しいと信じています」ということが伝わるように気をつけましょう。

【コラム】 空→雨→傘

問題解決で良く使われるフレームワークに「空・雨・傘」があります。

空：西の空が曇っている（事実）
雨：このあと雨が降りそうだ（解釈）
傘：折り畳み傘を持っていこう（解決策）

という順番で事実を解釈して解決策を導き出します。

多くの人が日常的に頭の中でこのような思考プロセスを踏んでいると思います。

このとき「何が事実で」「どう解釈したのか」「そこから導き出された解決策は何なのか」をしっかり分けて考えることが重要です。

そのうえで、相手にも解釈が事実と誤解されないような伝え方をしなければいけません。

第3章

この5つの視点から「仮説のアイデア」が生まれる

仮説を作るための5つの視点

それでは営業における具体的な仮説の作り方について解説していきます。

営業において、仮説はさまざまな場面で使います。

初めての顧客に電話をするときにも受付にブロックされないように仮説を考えますし、価格交渉の場面でも仮説を使います。

様々な場面で使われる仮説ですが、営業で使う場合には共通することが1つあります。

それはここまでの章でも繰り返し述べましたが、「顧客の心を動かして行動を起こしてもらうために仮説を立てる」ということです。

どんなに素晴らしい仮説でも立てただけでは意味がありません。顧客の心を動かし行動を起こしてもらってはじめて意味があるのです。

課題がないと思っている顧客に「課題は何ですか？」と聞いても出てきません。また、当たり前にみんなが考えつくような浅い仮説を用意しても、「その通りだよ。それは考えたんだけどね。(その上で取り組まなかったんだよ)」と返されてしまうのがオチです。

心を動かすには顧客にインサイト（潜在ニーズを引き出すもの）を与える必要があります。

インサイトを与えるには、自分で仮説を考える必要があり、顧客が考えていない視点から「そんな考えもあるか！」と言われるような仮説を立てる必要があります。

インサイトを与えるような仮説を作るためには物事を正面から見るだけではなく、さまざまな角度、切り口で見る必要があります。

インサイトを与えるために私が意識しているのは次の5つの視点から見ることです。

①ゴールから見る
②遠くから引いて見る
③分解して見る
④反対から見る
⑤端を見る

この5つの視点を順番に、行き来したり組み合わせて考えることで仮説の質を上げていきます。

それでは順に見ていきましょう。

①ゴールから見る

ゴールの認識が顧客とズレていないか注意する

5つの視点の中で最も重要で、最初に行うことはゴールから見ることです。

このゴールから見るというのは、最初に「最終的な目的」「どういう状態になっているべきか」や「出すべきアウトプット」を明確にし、逆算して考えるということです。

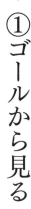

「仮説」は情報が少ない段階から「結論」を考える手法なので、ゴールである〝どんな種類の結論を出すのか〟は最初に定義が必要です。

ゴールがわからなければ辿《たど》り着くことはできません。

例えば東京タワーがゴールだとわかれば、行き方がわからなくてもどうにか調べて辿り着けると思います。しかし、東京タワーがゴールだとわからずに何となく歩いて、東京タワーに辿り着ける可能性は限りなく低くなります。

仮説も同じです。ゴールである理想状態や目的がわからなければ、何を考えて調べればいいのかもわかりません。ゴールに繋《つな》がっているかわからないことを、やみくもに調べても時間だけをムダに浪費していきます。まずはゴールを定めること、その上でそのゴールの認識が顧客とズレていないことが重要です。

顧客に東京で一番有名な観光名所に連れて行ってほしいと頼まれた際に、顧客は浅草寺《せんそうじ》をイメージしているかもしれません。自分がイメージしているのが東京タワーだとしたら、全然違うゴールに連れて行ってしまうことになります。

このゴールの認識ズレは日常生活でもよくおきます。私も、先日妻に買い物を頼まれたときに認識ズレが発生して怒られました。

妻に「味噌《みそ》を買ってきて」と頼まれたので、1食ごとに袋に入っている味噌汁（の素）を買って帰りました。お椀《わん》に入れてお湯を注ぐだけで具が入った味噌汁が手軽に飲めるので、そのほうがよいと思って買ったのです。

ところが、妻が求めている味噌は違いました。妻が欲しかったのは750gぐらいの1つの容器に入っている味噌でした。妻はその日「豚肉とナスの味噌炒《いた》め」を作ろうとしていたのです。

私は、味噌といえば味噌汁のためだろうと思い込んでいましたが、妻にとっては味噌汁だけではなくさまざまな料理に使うモノだったのです。この認識ズレは私の確認不足によって起こったものだったので、すぐに土下座で謝り、許してもらいました。

家庭においては土下座で仲直りができるかもしれませんが、仕事においてはゴールの認識がズレると顧客の信頼を失います。そして一度失ってしまった信頼は取り戻すのに時間がかかります。

少し経験を積み自分の仮説に自信を持ち始めたタイミングは、特に要注意です。過去の経験を信じすぎて認識のすり合わせを怠ってしまうと、顧客は同じ経験をしていないので、前提条件の違いからズレてしまう可能性が高くなります。例を挙げましょう。

「利益と売上ではどちらが重要だと思いますか？」

ここで、すぐに利益と答えてしまう人は注意が必要です。

どちらが重要かは状況によって変わるので、前提条件を確認しなければ答えが出せません。

一般的には利益をあげなければ手元のお金がなくなり、最終的には債務超過に陥り破綻《はたん》してしまいます。しかし、ネットワーク外部性（ネットワーク効果）が高く、大型の資金調達をしたばかりのスタートアップの場合だとどうでしょう？　ネットワーク外部性とは、そのサービスのユーザーの数が多ければ多いほど、ユーザーに対して提供する価値が大きくなるような現象です。

例えば、ＬＩＮＥは２０２２年9月末時点で月間のアクティブユーザー（その月に一度でも使ったユーザー）が日本に９３００万人います。日本においてはＬＩＮＥを使っていれば、ほとんどの人と連絡が取れるので非常に便利なツールです。では、もしＬＩＮＥのユーザーが日本に10人しかいなかったらどうでしょう？　ＬＩＮＥで連絡が取れる人はほんの一部で、ほとんどの知り合いとも連絡が取れないのでほぼ価値がないですよね。

このようにネットワーク外部性が強いビジネスにおいてはユーザー数を増やすことが重要です。さらには競合が存在する場合、シェアを押さえるスピードが重要になります。

ネットワーク外部性が強いと、ユーザー数自体が大きな価値になるので、先に競合にシェアを取られてしまうとスイッチングコスト（乗り換えコスト）が非常に高くなります。ＬＩＮＥがシェアを押さえている日本で同じようなチャットツールのビジネスを始めようと思っても、少し使い勝手がいいぐらいではＬＩＮＥをやめてまで使おうとは思わないので、ビジネスの難度が高くなります。

このようなネットワーク外部性が強いビジネスをしているスタートアップで、大型の資金調達を実施してキャッシュに余裕があるのであれば、コストを絞って利益を増やすことより、マーケティングやセールスにコストを使って売上を増やすことのほうが重視されます。場合によっては売上よりも導入数やアクティブユーザー数のほうが重視されることもあります。

PayPayという電子決済サービスが２０１８年10月5日にサービスをスタートしました。PayPayはネットワーク外部性が非常に強いビジネスです。世の中にユーザーが増えれば、店舗は顧客満足度を高めるためにPayPayに対応する必要があります。逆に対応する店舗が増えると、ユーザーはどこでも使えるようになるので利便性が高まります。ユーザー数、対応店舗数それぞれの増加が相乗効果を生むビジネスモデルです。さらに決済は、１回の支払いにおいて基本的には１つのサービスだけを使うため、一度どこかがシェアを押さえると参入障壁が高い業界です。

このようなビジネスモデルなので、PayPayはユーザー数、対応店舗数を増やすため利益度外視でシェア拡大のためのコストを投下してきました。

ユーザー向けには「１００億円還元キャンペーン」をはじめ何度もキャンペーンを実施し、店舗向けには２０２１年9月までは決済手数料無料で提供して、現在でも競合他社より安い決済手数料を設定しています。

営業にもリソースをさいています。大量の営業マンで拡販しており、地方にある私の実家の近くにあるクレジットカードが使えない飲食店でも、PayPayだけは使えるようになっていることもあり、とても驚かされました。サービスリリースから4年の2022年9月時点で登録ユーザー数が5100万人と日本人の半数近くが登録し、月間4億回も決済に利用されている巨大なサービスになっています。ではどのくらいの売上、利益損失推移になっているかみてみましょう。

2019年3月期　売上高5・95億円　営業利益－365・59億円
2020年3月期　売上高91・59億円　営業利益－822・34億円
2021年3月期　売上高299・86億円　税引前損失－726・50億円
2022年3月期　売上高574・37億円　税引前損失－604・64億円

初年度は売上の60倍以上の損失となっており、利益度外視でコストをかけてでもシェアを取りに行っているのがわかります。その後順調に売上を伸ばし、損失も徐々に減ってきており、加盟店獲得費を抑えれば黒字化できるところまできています。

その裏では、早くから二次元バーコードによる決済サービスに取り組んでいたOrigami Payが2020年6月30日にサービスを終了しています。一時は推定時価総額417億円をつけたサービスですが、最終的には259万円でメルカリが買収し、サービスを終了しました。

PayPayが利益度外視でシェアを取りにいった結果、ライバルであるOrigami Payがサービスを

PayPay株式会社の売上高推移

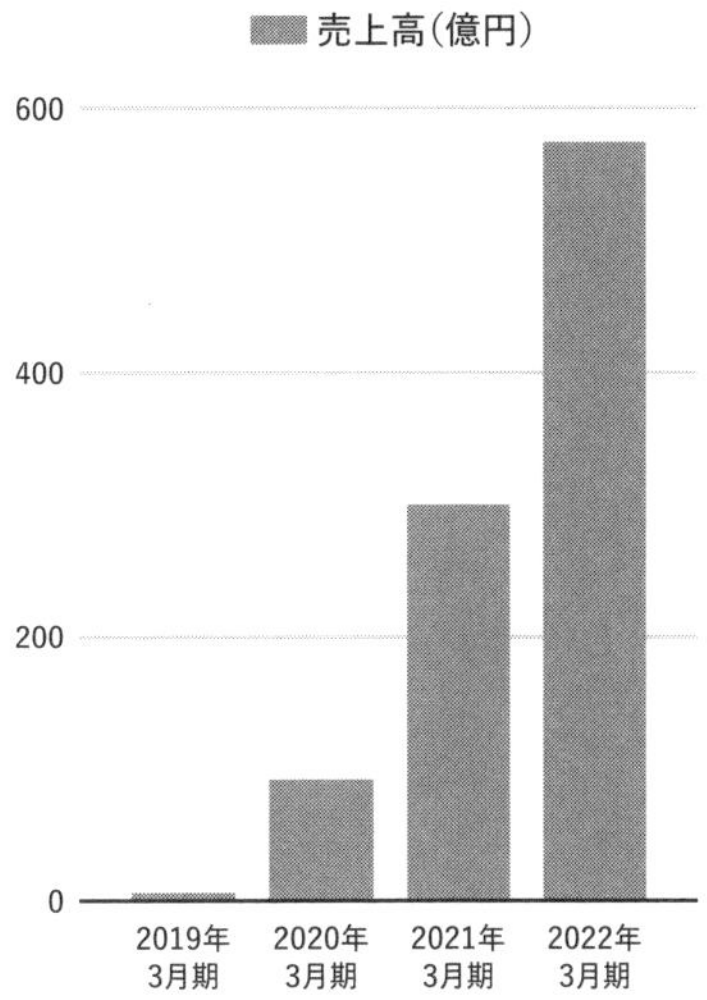

PayPay株式会社の営業利益、税引前損失

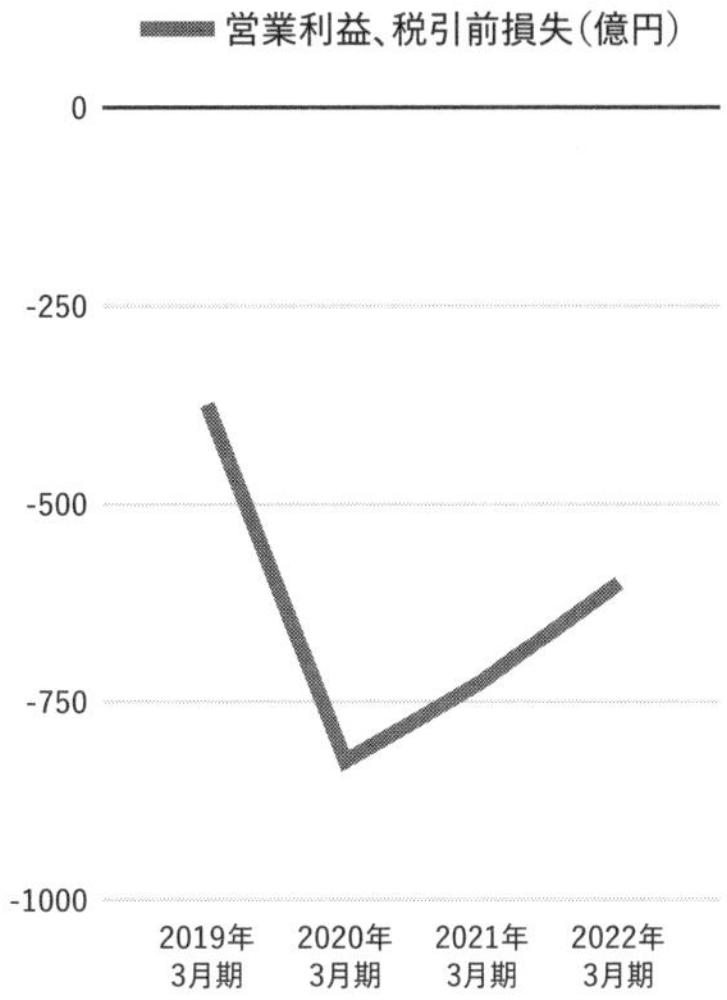

終了した構図です。その後ライバルのLINE Payを提供するＬＩＮＥを親会社のＺホールディングスが買収し、ＱＲ決済市場の大半のシェアを押さえたことで手数料の変更も行いやすくなり、利益をあげやすくなっています。

２年以上早くＱＲ決済を始めていたOrigami Payにもっと資金があり、より早くシェアを獲得できていたらPayPayの参入を防げた可能性もあります。少なくともPayPayが売上を伸ばすのにはより多くの時間がかかったはずです。このように短期的には利益より売上高、契約数、シェアを重視したほうが、長期的に大きな利益に結びつくことがあります。

そして時間軸や外部環境によってもどちらが重要かは変わってきます。

ネットワーク外部性が強いビジネスをしているスタートアップだとしても、いつまでも赤字でいいわけではありません。投資家はリターンを期待して出資しています。ベンチャーキャピタルのファンド期限は10年程度であることが多いので、VCも10年以内に投資家にリターンを返さなければなりません。将来にわたって赤字がずっと続くのであれば、企業価値が大きく評価されないので、長期的には利益を出す前提のプランを描く必要があります。

先ほどのPayPayも決済手数料を有料化して、損失を減らしてきています。当初は利益度外視でシェアを重視する戦略をとっていたとしても、5〜10年といった中長期では利益の重要性が高まってくるわけです。

また、外部環境の面では、2022年後半から景気後退の影響もあり資金調達の環境が悪くなっています。資金調達しやすい環境では、赤字になるほどのマーケティングコストをかけて売上高の成長スピードを上げる選択肢もとれます。しかし、赤字が続くとキャッシュが減っていくので、なくなる前に次の資金調達ができなければ会社は倒産します。資金調達の難易度が上がっている環境においては、損失を抑えることの重要性が増すわけです。

このように状況、条件によってゴール、目的は変わります。過去の自分の経験を過信せずに、顧客と認識を合わせることを怠らないようにしましょう。

》ゴールは「SMART」か「6W3H」で認識を合わせる

ゴールの認識を合わせるうえで、意識すべきポイントがあります。

例えば、顧客と認識を合わせたゴールが「利益を上げる」ということだけだったらどうなると思いますか？　かなりの確率で認識ズレが発生してクレームが起きると思います。もし認識ズレが発生しなかったら奇跡です。

このレベルの具体性だと、認識が合っていたとしてもそれに意味がありません。「利益を上げる」というのが「どのくらいか？」の認識が合っていないので、あなたは「5％伸ばせばよい」と思っているかもしれませんが、顧客は「50％伸ばす」つもりかもしれません。また時期も明確になっていないので、あなたは「1年後に伸びていればよい」と思っているかもしれませんが、顧客は「3カ月後には伸びている」ことを求めているかもしれません。

目標設定でよく使われるフレームワークに「SMART」というものがあります。顧客とゴールの認識を合わせる際にも、この「SMART」を意識することで、認識ズレを防ぐことができます。5つの英字はそれぞれ次のことを表しています。

S（Specific）：具体的で明確な
M（Measurable）：測定可能な
A（Achievable）：達成可能な
R（Related/Relevant）：（経営目標に）関連する
T（Time-bound）：期限が決まっている

この5つの視点から目標を意識するということです。「利益を上げる」という目標は経営のゴールに直結しているのでR（Related/Relevant）は満たしています。ただ、明確ではありますが具体的ではないので、S（Specific）は不十分です。認識ズレを防ぐためには、もっと具体的にしたほうがいいです。

例えば、利益は「売上総利益」「営業利益」「経常利益」「税引前当期純利益」と様々ありますが、今回はどの利益を指しているのでしょうか？　自分は「営業利益」だけを見ており伸びていると認識していたが、顧客が指標に置いていたのは税引前当期純利益で、そちらは落ちていたというようなことが発生する可能性があります。

【「利益」の種類】

・売上総利益：売上高から原価を引いた金額
・営業利益：売上総利益から販管費を引いた金額
・経常利益：営業利益に営業外収益を足し、営業外費用を引いた金額
・税引前当期純利益：経常利益に特別利益を足し、特別損失を引いた金額

また、「いくら利益を伸ばす」というM（Measurable）の視点も欠けているので、ここで認識ズレが発生する可能性があります。利益自体は金額で測定可能なので、利益を3億円伸ばすというように、具体的な金額に落とし込むことで認識ズレを回避できます。

T（Time-bound）も抜けています。1年後に3億円伸ばすというように時期も明確にしていき

ましょう。

A（Achievable）達成可能かどうかは、そもそも測定可能かつ期限を定めたゴールでなければ何をもって達成なのか判断がつかないので、まずMとTを満たしていることが前提です。そのうえで、「達成の難易度」についても認識を合わせます。

ゴールは〝頑張ってなんとかギリギリ達成できる〟ような難易度が好ましいです。

そのまま「なり」でいけば簡単に達成できるゴールであれば、きっちりゴールを設定する必要がありません。反対に、どんなに頑張っても絶対達成できないような高すぎるゴール設定もよくありません。未達成が続けば、達成できなくて当たり前という意識が生まれてきてしまいます。

この「達成の難易度」の認識が合っていないと、顧客は達成できて当然と思ってプランニングしているかもしれません。すると、実際には難易度が高くて達成できなかったり、達成するために大きく負荷がかかるようであれば、顧客の期待値からズレてしまいます。

目標設定をするときは、「SMART」以外に「6W3H」で考えるのも有効です。

例えば「架電数を増やす」というゴールを6W3Hで具体化してみたいと思います。

Why（なぜ）：商談数を増やして、売上を増やすため
What（なにを）：架電数を増やす
Who（誰が）：インサイドセールスチームのメンバーが

Ｗｈｏｍ（誰に、誰と）：売上高１００億円以上のＩＴ企業に
Ｗｈｅｎ（いつ）：今年1月から3月に
Ｗｈｅｒｅ（どこで）：業務時間内に営業所で
Ｈｏｗ（どうやって）：　※これを考える
Ｈｏｗｍｕｃｈ（いくらで）：50万円までの投資で
Ｈｏｗｍａｎｙ（どのくらい）：チーム全体で月５００件増やす

ゴールは顧客と認識を合わせることが大切ですが、その認識自体もこのようなフレームワークを使って、できるだけ具体的な内容まで明確にするようにしてください。

右記のように6Ｗ３Ｈで具体化して書き出してみると、ゴールを達成するためには、どうやって架電数を増やすのかの「Ｈｏｗ」について考えないといけないということがわかります。目標を具体化していくと、前提条件の認識を合わせることだけでなく、何を考えなければいけないのかも見えてくるのです。

営業が乗り越えなければいけない「4つの不」

顧客とゴールの認識を合わせることが重要なのですが、顧客自身もゴールがわかっていないことがよくあります。その場合はどうすればいいでしょうか。

皆さんは「4つの不」という言葉を聞いたことがありますか？

Salesforce出身の営業がよく使う言葉で私も彼らから教わったのですが、顧客が何かを購入するときに乗り越えないといけない4つの心理的ハードルを表しています。

4つの不というのは「不信」「不要」「不適」「不急」で、具体的には次のようなハードルです。

不信：最初のハードルとして顧客の不信の壁を突破しなければならない。顧客は信用していない人からは話を真剣に聞かないので、まずはあなたの話は聞くべき価値があると信用を得る必要がある。

不要：信用を得て話を聞いてくれても、必要がなければ購入はしない。何かしら解決しなければいけない問題があり、取り組むべき課題があるからこそ購入する。

不適：取り組むべき課題があっても最適な解決策があなたの提供するプロダクト、サービスでなければ購入しない。もっと最適なものを購入する。

不急：取り組むべき課題があり、解決策としてもあなたのプロダクト、サービスが最適だったとしても今解決する必然性がなければ購入しない。一番の競合が〝何もしないこと〟というのはよくある。

知名度がなく新規提案中心の会社で働いている人であれば、まずは「不信」を乗り越えないと話も聞いてもらえません。競合が強い市場であれば競合に対する優位性を訴求して「不適」を乗り越えることも重要です。「顧客が結局何も導入しないことが多く、どうすれば今やる必然性をつくれますか？」という相談もよく聞くので、「不急」の壁に悩む営業も多そうです。置かれている状況によって何が重要かは変わります。

しかし、この4つの「不」の中でも、顧客に価値を届けるために私が一番重要だと思っているのは「不要」の壁です。

なぜだと思いますか？

「不要」というのは顧客に課題がないという状態です。言い換えると、ゴールがない状態ということです。

ところが、課題がないという状態は実際には課題がないのではなく、課題を認識していない、ゴールがわかっていないというケースがほとんどです。

この顧客も気づいていない課題をあなたが気づいたらどうでしょう？　自分が提案される側になって考えてみてください。自分が気づいていないけれども重要な課題について、提案相手が情報を持っているとしたら、話を聞いてみたいと思いませんか？

「不信」を突破するためのテクニックは色々あるのですが、「不要」についてインサイトを与えるような仮説を持っているのであれば、それを端的に伝えることさえできれば「不信」を突破することは難しくありません。

「不適」を突破するためにも、「不要」についてじっくり考えていることが大切です。

いいプロダクトがあり、それを正確に理解してもらえれば購入してもらえると思っていませんか？

営業が乗り越えなければならない「4つの不」の壁

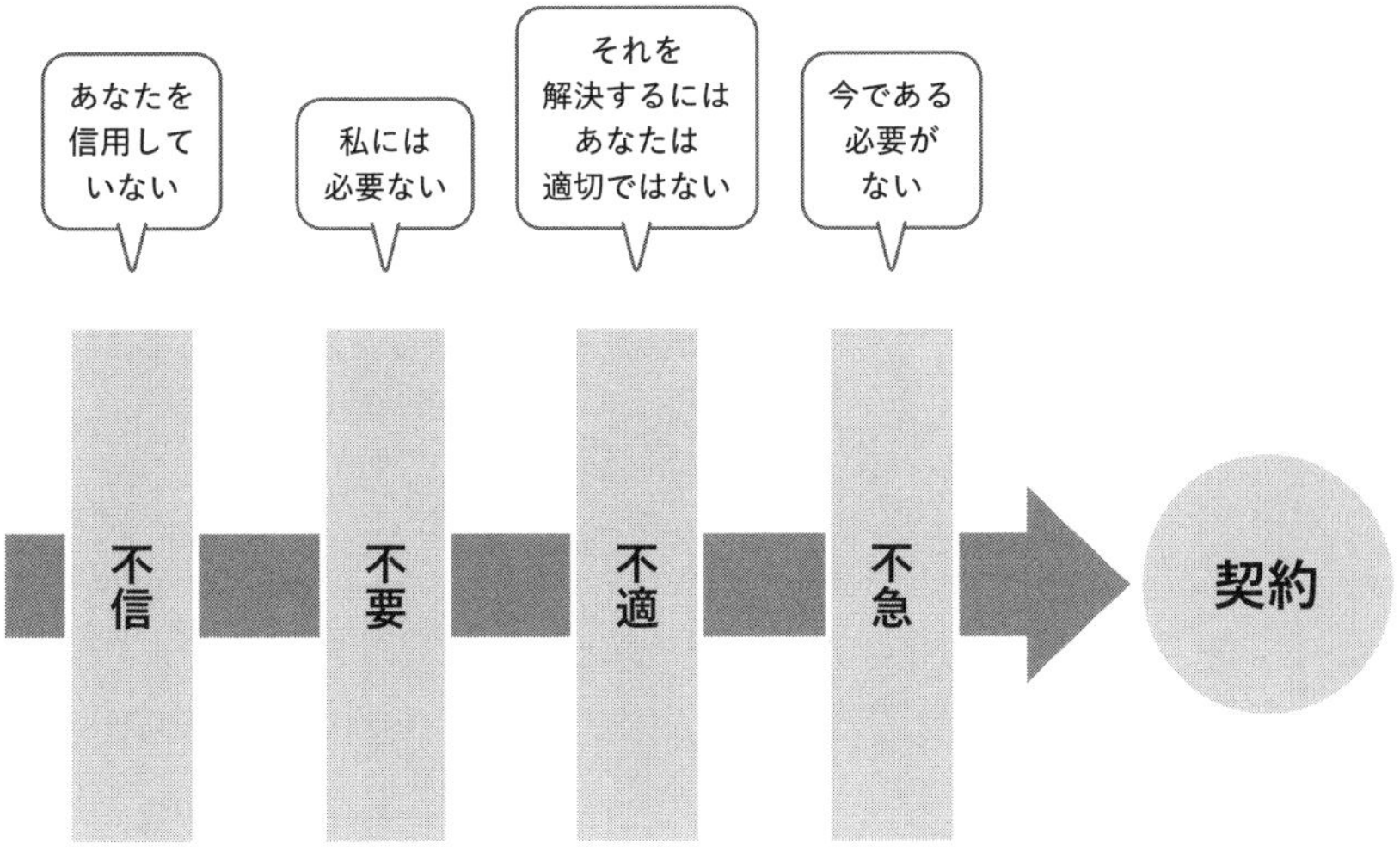

現在の日本のように成熟している市場では同じカテゴリの中で様々なプロダクトが競い合っていますし、有望な市場であれば必ず競合のプロダクトが参入してきます。事業開発の時点で、競合と比較されても選んでもらう理由を作るために、顧客が求める価値と自社が提供できる価値が一致して、競合が提供できない価値が何なのかを明確にしています。競合と競い合い、お互いに提供できない価値を足していくと様々な機能が付与されていきます。解決できる課題も1つではなく複数になっていき、プロダクトがどんどん複雑になっていきます。

　このような状況の中で、全ての面で完璧《かんぺき》なプロダクト、サービスは存在しません。機能が充実しているプロダクトであれば価格が高かったり、必ず何かしらのトレードオフがあり、いい点、悪い点が出てきます。全ての顧客においてベストなプロダクトというものは存在しないのです。存在していれば、他のプロダクトは淘汰《とうた》されて存在しなくなり完全な寡占市場になっていくはずです。

顧客の抱える課題の解決に適したプロダクト、サービスも、最適な使い方をしてこそ最大限価値を発揮します。だからこそ、取り組むべき課題を見つけることが「不適」の解決にもつながるのです。

さらには「不急」も「不要」と繋がっています。

そもそも〝今じゃなくてもいい〟(不急)というのは、その課題が重要ではないということです。その課題が重要であり、解決することにより受けられる恩恵や避けられるリスクが大きいのであれば、明確な期日がなくてもすぐに取り掛かるはずです。

「4つの不」の中で「不信」「不適」「不急」という3つの解決策を突き詰めても「不要」は突破できません。**「不要」に対する答えこそが、顧客のゴールであり目的**だからです。

》「不要の壁」を突破する方法

では、このゴールも課題もわからないという「不要」の壁を、どう突破していくのか考えたいと思います。

まず、「ゴールも課題もない」――そんな状況が本当にあるのでしょうか?

営利企業においては利益を増やしていくという目的があります。特に上場企業や、未上場でも投資を受けている企業においては、社会的な責任を果たすという前提はありつつも利益を最大化していくことが求められます。企業の成長に期待して資金を提供している投資家に還元するためにも、利益を最大化していく責任があります。

経営者が全ての資金を出している企業の中には、「成長しなくてもいいんだ」「現状維持できればいいんだ」という企業もあると思います。しかし外部環境が変わる以上、何もしなくても確実に現状を維持できるという保証はありません。現状維持するためにも取り組まなければいけない課題があるはずです。ビジネスをしていれば、何かしらの「課題」は必ずあるはずなのです。

存在するはずの「課題」が見つからないのであれば、まず「問題」について考えてみましょう。

皆さんは「問題」と「課題」の違いを意識したことはありますか？　人によって多少解釈の違いがあったり、ビジネスにおいては一般の意味と違った使われ方がされたりすることがあるので、本書における「問題」と「課題」は次の意味で定義しようと思います。

問題：理想状態と現状のギャップ
課題：問題を解決するために取り組むべきこと

例をあげましょう。

現状：定時に帰ることができず毎日20時過ぎまで働いている

理想：定時である17時に帰る

この場合に、「毎日20時過ぎまで働いている」「定時を過ぎても働いている」というのが理想と現状のギャップである「問題」です。「残業が多い」というのも「問題」です。

問題は事実としてあるだけです。

課題はこの「毎日20時過ぎまで働いている」「定時を過ぎても働いている」という問題を解決するために取り組むことです。たとえば、「残業を減らす」「残業を減らすために、ムダな作業をなくす」というのが課題です。課題は動詞で表現されることが多く、アクションを含みます。

顧客に「課題がない」という場合にはこのように、まずは問題を明確化することから始めましょう。そして問題を明確にするためには、理想状態（ゴール）から明確にしていきます。

もしかしたら、「理想がなくて現状で満足している」と言われてしまうこともあるかもしれません。この場合の要因は大体以下の3つに分類できると思います。

1．理想状態を本当に考えていない
2．理想状態は心の底にはあるが、無理だと思い言葉にすることに心のブレーキをかけている
3．警戒されていて、話したいと思ってもらえていない

1つ目の、顧客が理想状態を本当に考えていないケースは、顧客にとって良くない状態なので率

「問題」と「課題」の違い

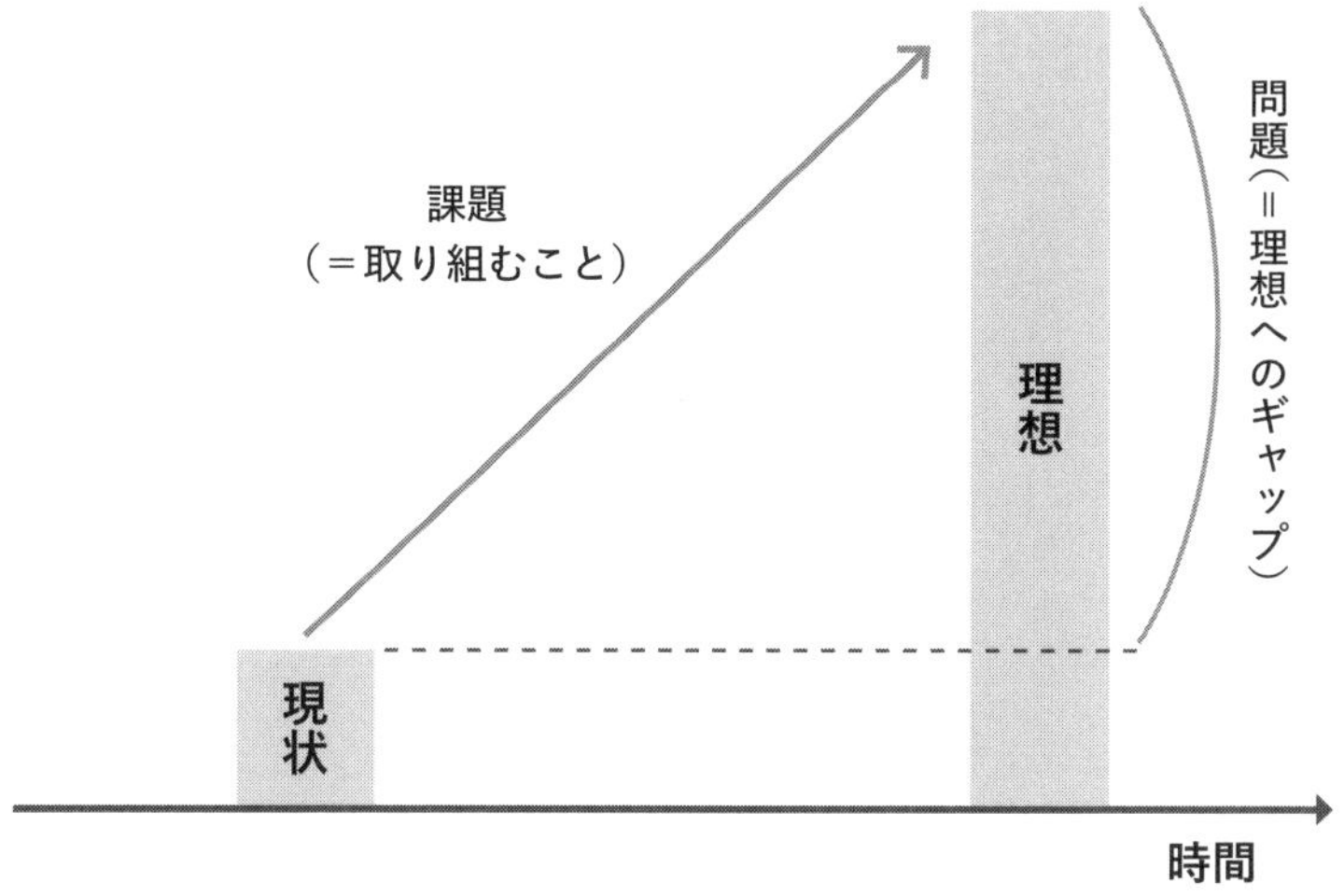

直に考えるべきだということを伝えましょう。考え方がわからないという場合には、この本で習得していただいた仮説の作り方をもとに一緒に考えてあげると、顧客に対して大きな価値を提供することができ、感謝されます。

もし、顧客が考え方がわからないのではなく、より良くしようという思いがないのであれば、その顧客への提案はやめて他の顧客に時間を使うべきだと思います。

「お客様は神様です」という有名な言葉を、お客様を神様のように上の立場として扱うという意味でとらえている人も多いかもしれませんが、この言葉を残した三波春夫《みなみはるお》氏の著書『歌藝《うたげい》の天地』（ＰＨＰ研究所）によれば、ビジネスにおいて顧客を神様のように扱うという意図はなく、舞台に立つとき、神に手を合わせるように心を昇華させる、といった意味で使った言葉だったようです。

私は、顧客と営業は対等であるべきだと思っています。

自分が顧客より下の立場だと認識していると、顧客の意見が間違っていたり、より良い選択肢があると思っていたりしても、指摘がしにくくなり、迎合するようになっていきます。しかし、顧客の価値を最大化するには、より良い方法を指摘できなければいけません。だからこそ、顧客の気づいていない仮説をぶつける〝仮説起点《ドリブン》〟の営業としては、常に対等だという意識を持つべきだと思うのです。

もちろん自分のほうが上だという意識を持つべきではありません。情報に非対称性があるビジネスだと、顧客より自分のほうが詳しいこともたしかにあるかもしれませんが、自分が上だという意識があると、自分の意見が正しいというバイアスがかかります。

そうではなく、対等だという意識があるからこそ、フラットに本質的な問題解決にフォーカスすることができるのです。

少し話がそれましたが、顧客と営業は対等なので、理想状態がなく、より良くしようという思いのない顧客（1）であれば、その顧客に時間を割く必要はありません。より良くしたいと思っている顧客は他にいるはずですので、そのような顧客に時間を割くべきです。

次に2の、本当の理想状態に対して実現できないと思ってしまっている人に対してです。

このような人に対しては、**「もしリソース（お金、人）などを全て無視して制約が何もなくなった場合の理想はどんな状態ですか？」**と聞いてみるのが有効です。

私が以前所属していたfreee社の行動指針である「マジ価値指針」の中には、「理想ドリブン――理想から考える。現在のリソースやスキルにとらわれず挑戦しつづける。――」というものがあります。

私はこの「理想ドリブン」を、マジ価値指針の中でも最も重要だと思っていました。

リソースから考えるリソースドリブンだと、現実的で当たり前な発想しか出てきません。私を含め多くの人は失敗したくないので、リソースやスキルを元に現実的なゴールを設定しがちです。また、競合がいる場合、当たり前のことは誰でも思いつくので競合と差別化ができません。

しかし、制約を無視して「理想ドリブン」で考えると、今取り組んでいることの延長線上にはないゴールが出てきます。

そして、理想からゴールを考えることで、現状とのギャップである大きな問題が明確になります。その問題に対して、現状のリソース、スキルでどうにかならないのであれば、それを埋めるための「課題」が生まれてきます。

最初からリソース、スキルを前提にした問題だと、このような「課題」が出てこないので、制約を無視して考えてもらってみるのが有効です。

最後の3つ目の、警戒されていて話したいと思ってもらえていない状態のときは、まずは「不信」を解くことを意識してみてください。

不信の解き方は相手によって変わりますが、私がよく使うのは顧客の業界トレンドの話です。

業界のトレンドについて話すと、ちゃんと調べてきていることが伝わり、信頼を得やすくなりますし、顧客も話しやすいので盛り上がります。

注意しないといけないのは顧客に業界のトレンドを教えるスタンスで話さないことです。

基本的には業界については長く働いている顧客のほうが詳しいです。自分の専門分野についてちょっと調べたぐらいの知識の人が上から説明してきたらイラッとしませんか？　しっかり調べた上で、気になったことを顧客に質問するスタンスで話すのがよいです。顧客も自分の得意なことを話すことで話しやすくなりますし、自分も最低限業界のことを調べて知っていることが認識されるので、信頼してもらえます。

「課題がない」という場合にも、実際には「課題」があるが、何かしらの理由で言葉として出てこないケースもよくあります。そんな場合にも、ここまで述べてきたように、ゴールである理想を明確にして現状とのギャップがわかれば、問題が明確になることがあります。そして、問題が明確になれば、取り組まないといけない課題が出てくるので、課題がない「不要」を突破することが可能になるのです。

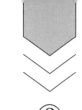

②遠くから引いて見る

全体像を把握してから細部に入る

仮説を考えるにあたっての次の視点は「遠くから引いて見る」ということです。

「木を見て森を見ず」という言葉を聞いたことがあると思います。本質的な問題を見つけるためには、まずは遠い距離から全体を見ることが重要です。

例えば、月を見ようと思ったときにいきなり望遠鏡を覗《のぞ》いて夜空の中を探す人はいないですよね。まずは目視で月を見つけ、そのあとにその方向に望遠鏡を向けてから覗くと思います。

課題を見つける場合も同じで、最初から課題の細部に入りすぎると、他の重要な課題を見落とします。まずは全体を見て、重要な課題にあたりをつけてから詳細を見ていきます。

先ほど「ゴールから見る」ことの重要性を書きましたが、ゴールの認識が顧客と合っているだけでは不十分です。なぜなら、そのゴールの目的を明確にしていくと、それが「別のゴールを構成する1つの手段」であることがあるからです。その時は、別のゴール（上位のゴール）が何なのかを、「遠くから引いて見る」必要があるわけです。

例えば、あなたが営業コンサルタントの仕事をしているとしましょう。

顧客から「アポイント数が足りないから、架電数を増やしたい」という相談を受けたとします。あなたならどうしますか？

「架電数を増やすために、テレマーケティング会社（電話によるアポイント取得代行会社）を紹介しよう」「電話のかけ先リストを購入して準備しよう」というように、いきなり解決策を考えてしまっていませんか？

では、このときのゴールは何でしょう？「架電数を増やす」ことでしょうか？残念ながらこれは手段です。では「アポ数を増やすこと」でしょうか？こちらも手段です。

ここで、「なぜ」を使って目的を掘り下げてみてください。

なぜ「架電数を増やす」のか？ ↓ アポイント数を増やしたいから

なぜ「アポイント数を増やしたい」のか？ ↓ 新規受注を増やしたいから

なぜ「新規受注を増やしたい」のか？ ↓ 売上を増やしたいから

なぜ「売上を増やしたい」のか？ ↓ 利益を増やしたいから

というように、「なぜ」を掘り下げていくと本来の目的が見えてきます。

「利益を増やす」ためには、売上を増やす以外にコストを下げるという方法もあります。また売上を増やすためには、新規受注だけでなく既存顧客からのアップセル（より上位のものを提案し、顧客の購入単価を向上させる）やクロスセル（顧客が購入を検討している商品とは別の商品を提案し、購入を検討してもらう）を増やす方法もあります。

「利益を増やす」という目的に対していくつかの選択肢を考慮したうえで、架電数を増やすのが効果的であると判断してから取り組むのであれば問題ありません。しかし、より本質的な目的である「売上を増やす」「利益を増やす」という目的を見失って、ただ架電数を増やす、アポイント数を増やすということだけがゴールになってしまうと、「売上に繋がらないような対象にもやみくもに電話をして、電話件数は増えたけどアポイント率は落ちた」「アポイント数は増えたけど受注率は落ちた」という結果になってしまう可能性もあります。

結果として、売上は伸びず、投資した分、本来の目的である利益は下がってしまうということもありえます。これがよく言われる「手段が目的になっている」という状態です。

》「なぜ」を5回繰り返すことで本当のゴールが見つかる

本質的なゴールや目的は、潜在ニーズと呼ばれることもあり、多くのケースでは最初から表に出ていません。この、本質的なゴールを見つけるために有効な手段の1つは、前項で紹介したように、「なぜ」を繰り返すことです。

キーエンスの営業では、最初に「なぜ」を「5回」繰り返すことを教え込まれます。

これはトヨタ生産方式で行われる「なぜなぜ5回」を営業に取り入れたもので、「なぜ」を繰り返すことで表面的だったニーズから本質的なニーズを見つける手法です。

ロープレや商談のレビューでも「なぜ」を繰り返し聞かれるので、習慣化されていきます。

例えば、あなたがPCの営業をしていて、顧客から「軽いPCが欲しい」と言われたとします。

ここで「弊社のPCは世界最軽量で……」と提案したとしたら、本質的なニーズを捉《とら》える前に解決手段を提案してしまっていることになります。

顧客：軽いＰＣが欲しいです。
あなた：なぜですか？
顧客：持ち運びが多くて肩がこるので。
あなた：なぜ持ち運びが多いのですか？
顧客：お客様を訪問しての打ち合わせが多くて。
あなた：なぜ訪問しての打ち合わせが多いのですか？
顧客：用件が複雑で直接話さなければいけないことが多くて。
あなた：なぜ用件が複雑だと直接話さないといけないのですか？
顧客：ウェブ会議だと認識がズレてしまい、あとから気づくことが多いので。
あなた：なぜウェブ会議だと認識がズレやすいのですか？
顧客：表情が見えにくくて場の雰囲気が摑《つか》みにくいので、質問しにくかったり、通信が悪くて聞き逃しても確認しにくかったりします。あとは話に集中できないときもあります。

ここまで深掘りしていくとどうでしょう？「認識がズレる」ことが問題であれば、必ずしも「軽いＰＣ」だけが解決手段ではないですよね？

・ｉＰａｄを使えば軽いうえにペンで図を描きながら認識合わせができるので、更に認識がズレにくくなります。また、カメラとマイク、ネット回線の質を上げれば、表情がわかりやすく聞き逃しもなくなるので、ウェブ会議でも認識ズレが少なくなり、移動時間を考えるとそのほうがメリットが大きいかもしれません。もしかしたら顧客が来社したくなるような素晴らしい環境を整えて、自分が訪問するのではなく、来てもらうという方法を取るほうがいいかもしれません。

「軽いPC」が必要というニーズだけだと、こういった選択肢は出てきません。「なぜ」でニーズを深掘りしたからこそ別の解決策が出てくるのです。そして、顧客にとって効果の高い解決策が「軽いPC」ではなかった場合、競合の提案する「iPad」や「画質の高いウェブカメラ」に負けることになります。

組織のゴールと個人のゴールの繋がりを考える

また法人向けの営業でゴールを考えるときには3つの視点から考える必要があります。

1つ目は顧客企業としてのゴール、2つ目は顧客担当者の業務としてのゴール、3つ目は顧客担当者個人としてのゴールです。

先ほどの営業コンサルタントの例で考えてみましょう。

相談してきた相手が、顧客のインサイドセールスのマネージャーだとすると、その人の目標KPI（重要業績評価指標）にはアポイント数が設定されているかもしれません。その場合、その人の業務としてのゴール（2つ目）はアポイント数を増やすことになります。

そして、その上長にあたる営業部長に与えられているミッションは売上を増やすこと、さらに上長に当たる事業部長はその事業における利益で、会社の経営者であるCEOは会社全体の利益や中長期的に事業が成長するためのプランだったりします。

そのような場合に、目の前にいる「顧客担当者の業務としてのゴール」だけを考えればいいかというとそうではありません。例えば、インサイドセールスのマネージャーと商談をする際に、その顧客個人のKPIであるアポイントを増やす方法だけを考えて提案すればいいわけではありません。それは、アポイントを増やすことによって売上が落ちる可能性もあるからです。

アポイントをどんどん増やしていくと、フィールドセールスが1件の提案にかけられる時間は減ってしまいます。そのアポイントが検討可能性の低いアポイントばかりだったらどうでしょう？　重要な提案にかける時間が短くなって失注し、受注可能性のない提案に時間をとられるようになってしまうので、売上が落ちるという本末転倒な結果になり得ます。

すると、アポイント数をKPIとするインサイドセールスマネージャーは目標を達成しますが、売上をKPIにもつ上長の営業部長は未達成になってしまいます。

法人営業においては目の前の商談相手のゴールだけを考えてもうまくいきません。そのゴールが、企業がかかえる本質的なゴールに結びついていて初めて価値を生み出すのです。そもそも法人においては一定額以上の投資をする際には稟議《りんぎ》が必要になり、1人で決断できるケースは稀《まれ》です。企業としてのゴール達成に繋がるロジックがなければ稟議も通らないので投資ができません。

では、反対に「企業としてのゴール」だけを見ればいいかというとそうでもありません。

もし、アポイント数を下げて1提案にかける準備時間を増やしたほうが売上が上がりそうだか

組織の階層におけるミッションの違いの例

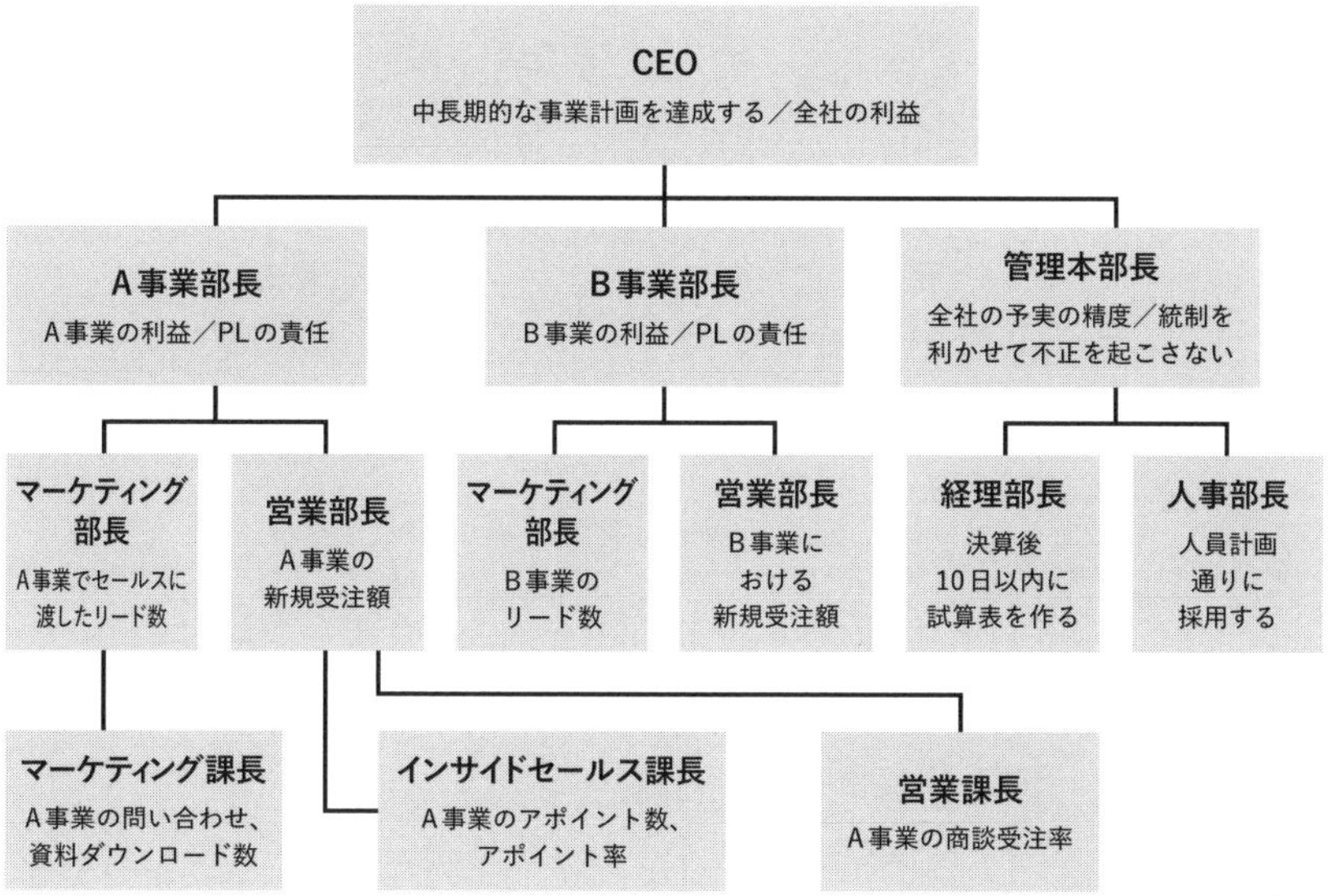

らと、いきなりインサイドセールスのマネージャーに「企業としては利益が上がるので、アポイント数を下げましょう」と提案してもなかなか受け入れられないでしょう。「商談相手の個人としてのゴール」にも気を配る必要があります。

個人としてのモチベーション、動くための原動力は様々ありますが、企業で働く多くの人は少なからず「成績を上げて評価され、出世して給与を上げる」というゴールを考えているはずです。もしあなたが「あなたの目標は達成ができなくなるので、評価は下がります。でも会社にとっては良いことなのでやりましょう」という提案をされても、わざわざ労力をかけてやろうという気にはならないと思います。

実行することによって、その人自身が評価されるなど、「個人としてのゴール」にも結

「企業としてのゴール」と「個人としてのゴール」

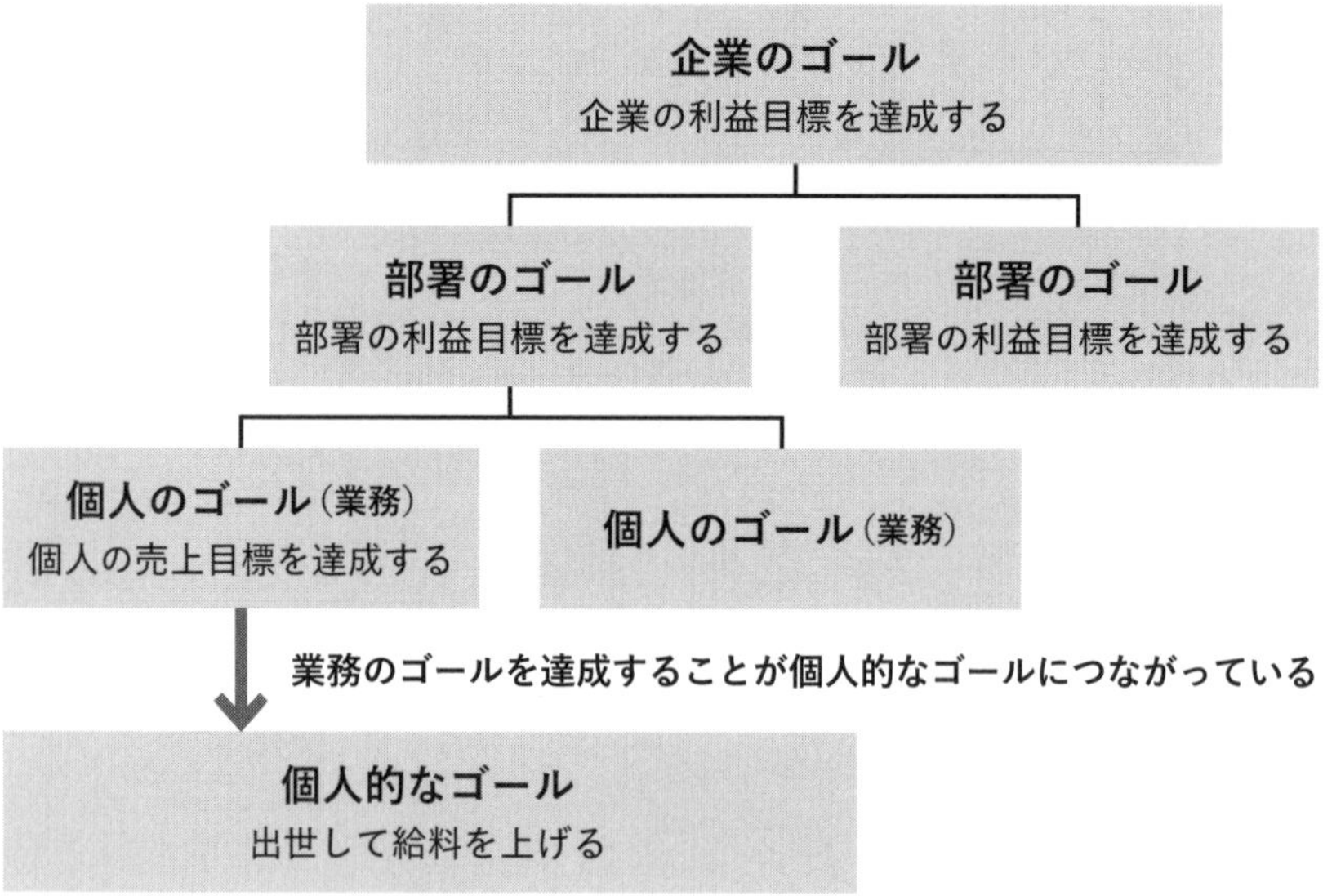

びついていなければならないのです。

会社にとっては、架電数を上げることではなく、アポイントの質を上げることが重要なのであれば、商談相手のインサイドセールスマネージャーと話して、その人のKPIをアポイントの質に直結することに変更するよう動いてもらうべきです。

するとインサイドセールスのマネージャーがKPIを達成することが、会社としてのKPI達成にも繋がるようになり、会社、個人両者にとってよい結果に繋がります。

顧客の業務としてのゴールを達成することが、企業としてのゴールの達成に結びつき、さらには顧客が評価されることで、個人的なゴール達成にも繋がるようなゴールを設定できれば成功の確率は高まります。

③分解して見る

ロジックツリーでの構造化

「遠くから引いて見る」ことで、上流のゴールに遡《さかのぼ》り、最終的に目指すべきゴールがわかりました。その次に行うことは、「分解して見る」ことです。

月を目視しても小さなクレーターまでは見ることはできません。細部を見るには目視であたりをつけたあとに、望遠鏡で絞り込んで見る必要があります。

仮説にも同じことが言えます。

「営業利益を上げる」という大きなゴールだけがあり、そのための仮説を教えてくださいと言われてもすぐには考えられませんよね。

利益を上げるために、「接待費を削る」「人を減らす」などできることを順番にあげていっても、どれだけ効果があるのかわからないですし、接待費を削ったことによって売上が減り、利益も減る可能性があります。

大きなゴールのままでは考えることができないので、考えて実行できる単位まで分解したうえで、重要な項目に絞りこんでより具体的に見ていく必要があります。

この分解にはロジックツリーを使います。

ロジックツリーは、下位の項目に分解するだけではなく、上位の項目に遡るようにして作ることもできます。また、分解する切り口によって上位の項目との関係性は変わります。

例えば、このあとに出てくる、「なぜ（理由）」で分解するＷｈｙツリーでは、上位の項目は「結果（So what）」の関係になっています。「なぜ」で分解してきちんと論理が通っているかは、上位の項目が下位の項目の「結果」になっているかで判断できます。分解したら常に上位の項目に遡ってみて違和感がないかを確認することで、論理の破綻を防ぐことができるのです。

頭の中でいつでもロジックツリーが描けるようになると、「遠くから引いて見る」に書いたような上位にある項目も、すぐにわかるようになります。「遠くから引いて見る」「分解して見る」に共通する最も重要な技術なので、様々な項目でロジックツリーを何度も作成し、上位項目と下位項目の関係性の確認を繰り返すことで、商談中に頭の中でも描けるようにしましょう。

ロジックツリーにはＷｈａｔツリー（構造理解）、Ｗｈｙツリー（原因特定）、Ｈｏｗツリー（イシューツリー）、ＫＰＩツリーなど、分解する切り口で何パターンかあります。都度最適なロジックツリーを試し、組み合わせることで最適な切り口を見つけることができます。

▼Ｗｈａｔツリー

要素を分解するために使います。上位の項目を下位の項目が構成しているため、「上位の項目

ロジックツリーで「分解する」「遡る」

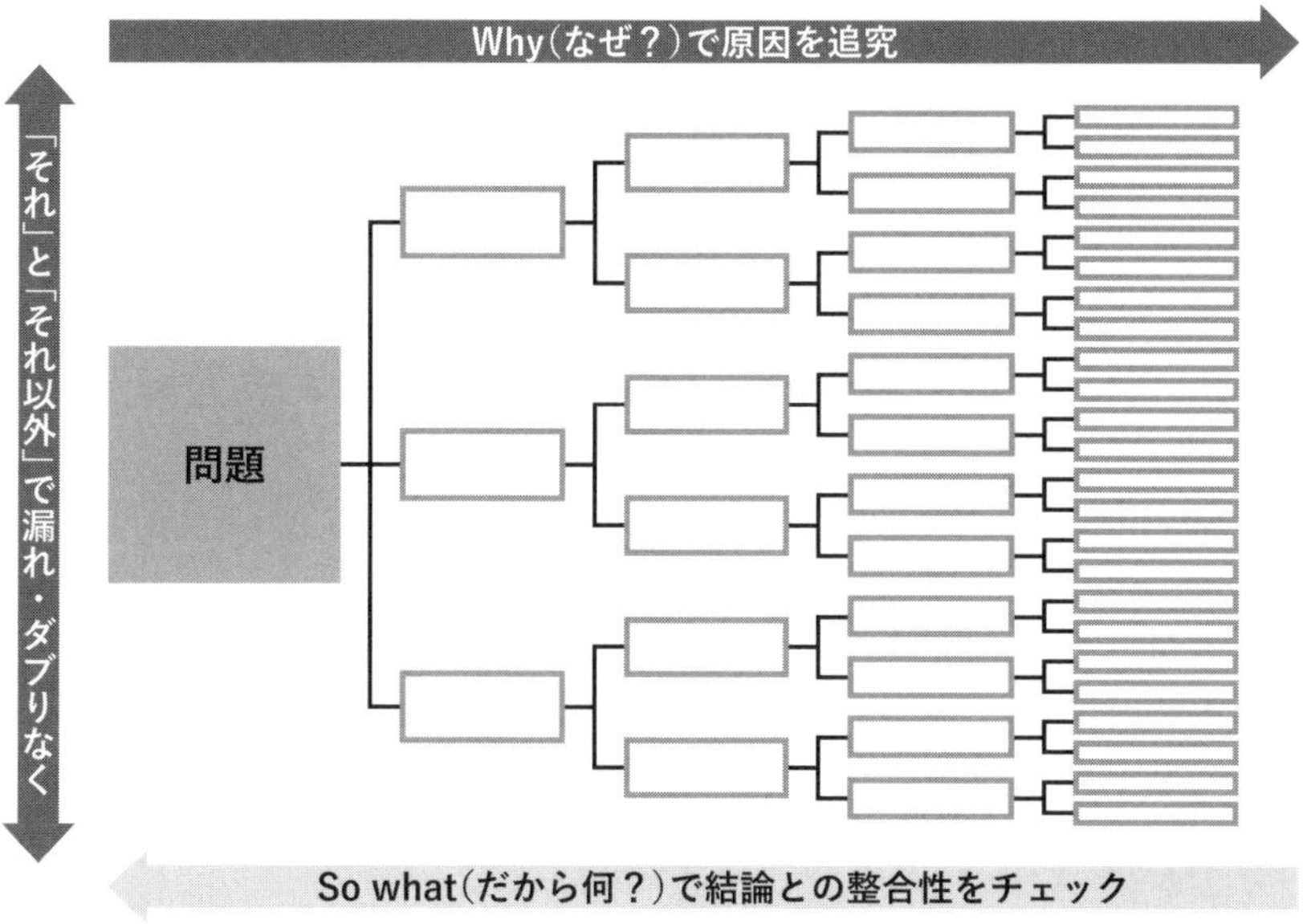

を構成している要素は何か」で分解していき、反対に上位の項目は「下位の項目をまとめると何か」で遡っていくことができます。

▼Whyツリー

根本的な要因を知るために使います。「なぜ？」（Why）なのかで分解していきます。反対に上位の項目は「だから何、結果的に何？」（So what）という、下位項目に対しての結果になっています。

例を挙げると、「売上が伸びない」のはなぜか？↓「商談数が少ない」から。それはなぜか？↓「リード（引き合い）が少ない」から。それはなぜか？↓「認知が少ない」から……というように深掘りしていきます。

反対に「認知が少ない」すると結果どうなる？↓「リードが少なくなる」すると結果どうなる？↓「商談が少なくなる」すると結果

Whatツリー

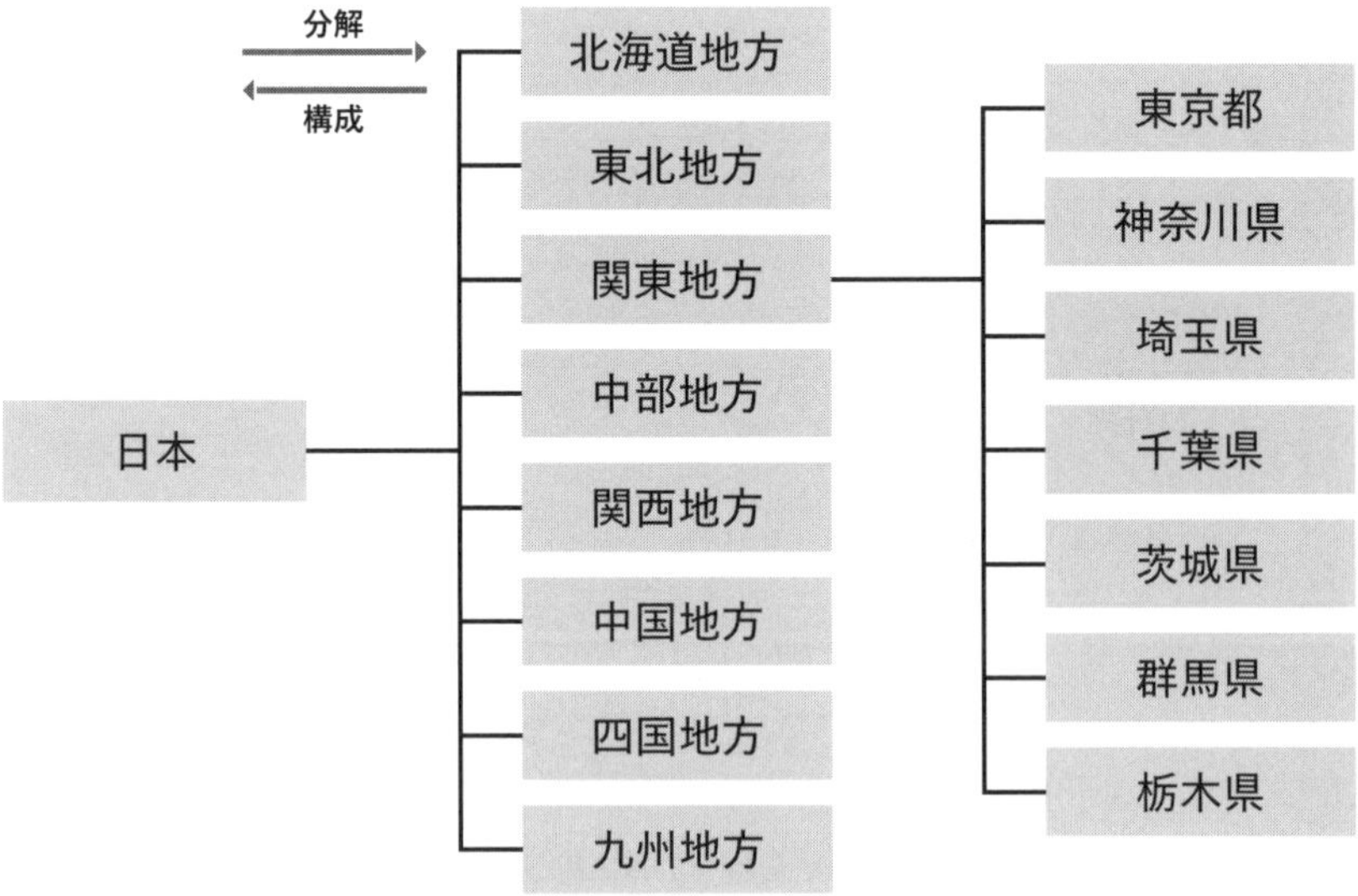

どうなる?→「売上が伸びなくなる」、というように上位項目には結果で遡ることができます。

▼Howツリー

課題を解決する方法を考えるために使います。上位の項目を「どのように」(How)解決できるかの手法で分解していきます。「認知を増やす」どうやって?→「ウェブの露出を増やす」どうやって?→「ターゲティング広告の予算を増やして」……というように方法を具体化していきます。上位の項目に対しては「ターゲティング広告の予算を増やす」すると結果どうなる?→「ウェブの露出が増える」すると結果どうなる?→「認知が増える」、というように、こちらも上位項目に結果(So what)で遡ることができます。

Whyツリー

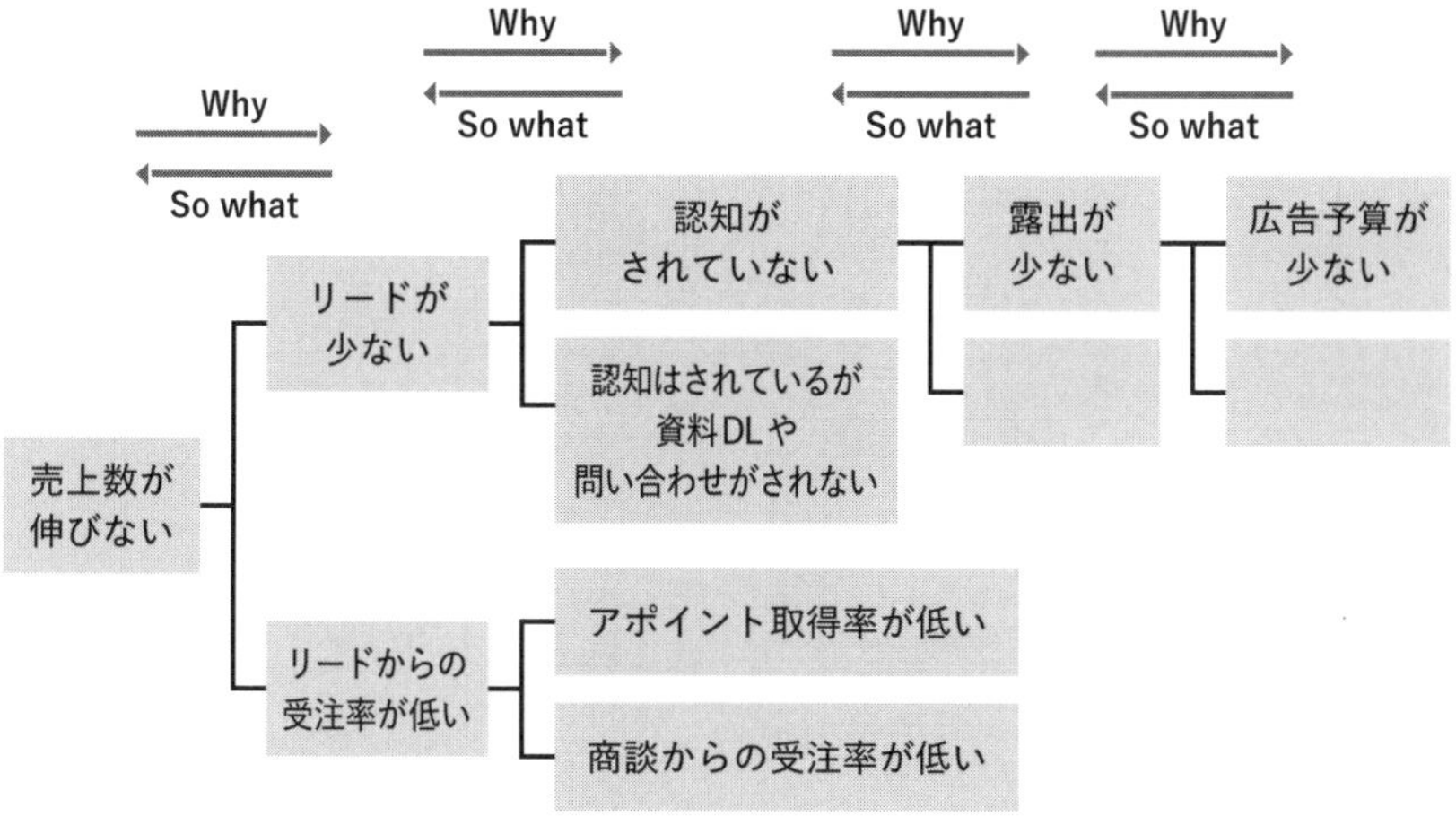

Howツリー

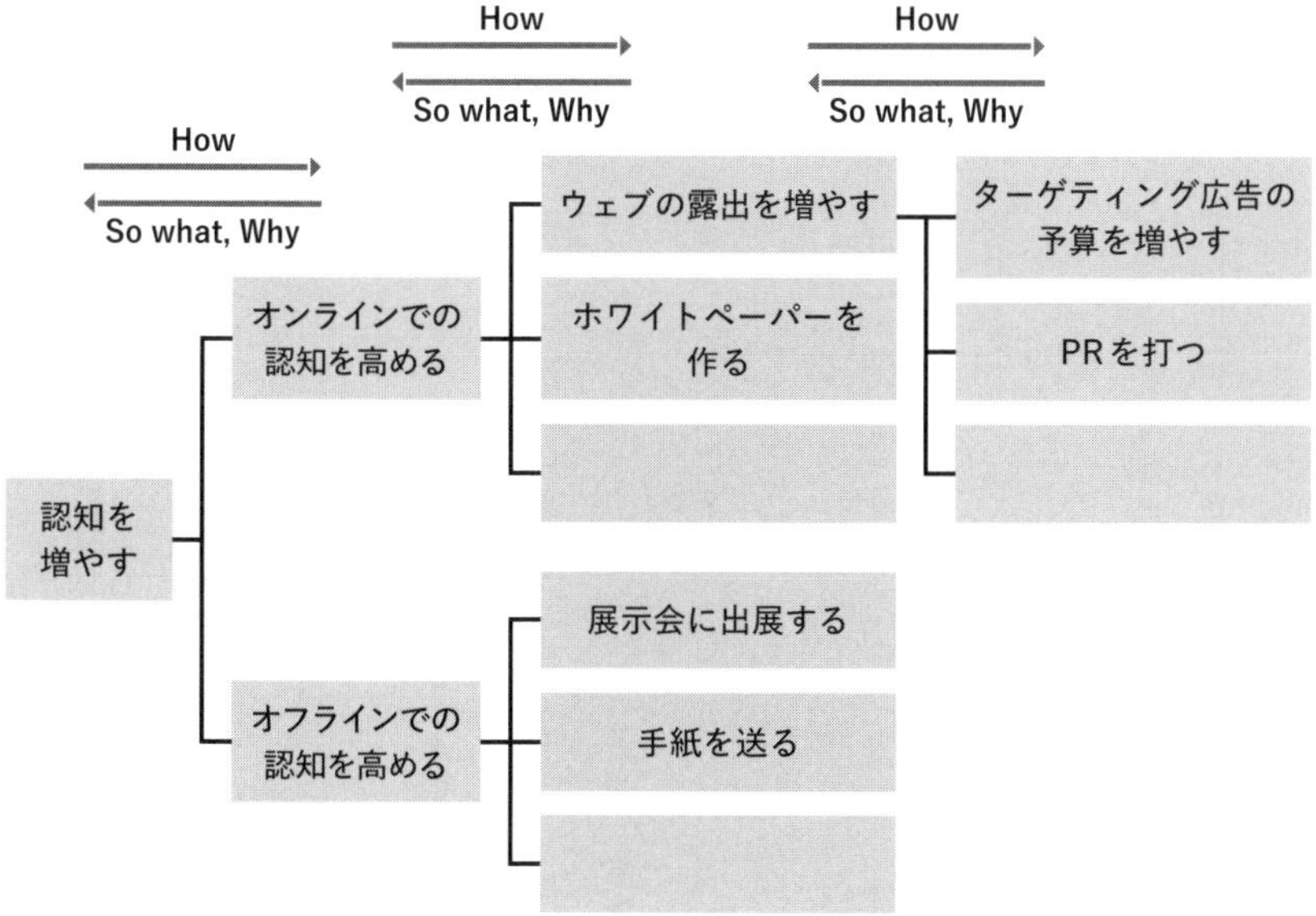

数字で表すことができます。

▼KPIツリー

Ｈｏｗツリーの一種ですが、ＫＰＩを分解することでどの数字を伸ばせばいいのかを具体的な数字で表すことができます。

「利益を上げる」ための方法は、「収入を増やす」「支出を減らす」という2つに分けることができます。

さらに「収入を増やす」は「売上を増やす」「営業外収益を増やす」に分けられ、「売上を増やす」は「新規顧客から」「既存顧客から」の2つに分けられます。「新規顧客から」の売上は「受注件数を増やす」「単価を上げる」に分けられ、「受注件数を増やす」には「提案件数を増やす」「受注率を上げる」、「提案件数を増やす」には「リードを増やす」「アポ取得率を増やす」、「リードを増やす」には「資料ダウンロード数を増やす」「セミナー参加者を増やす」……とどんどん分解していけます。

ここまでくれば「資料ダウンロード数を増やす」ために、「製品の紹介だけでなく、活用事例集を作ろう」というように具体的な施策が考えられるようになります。

分解するのには、もう1つ理由があります。それは、**やらないことを決めるため**でもあります。「戦略とは何をやらないかを決めることである」というのは、マイケル・Ｅ・ポーターによる有名な言葉ですが、企業の収益に影響を及ぼす項目は多岐にわたります。限られたお金、人といっ

KPIツリー

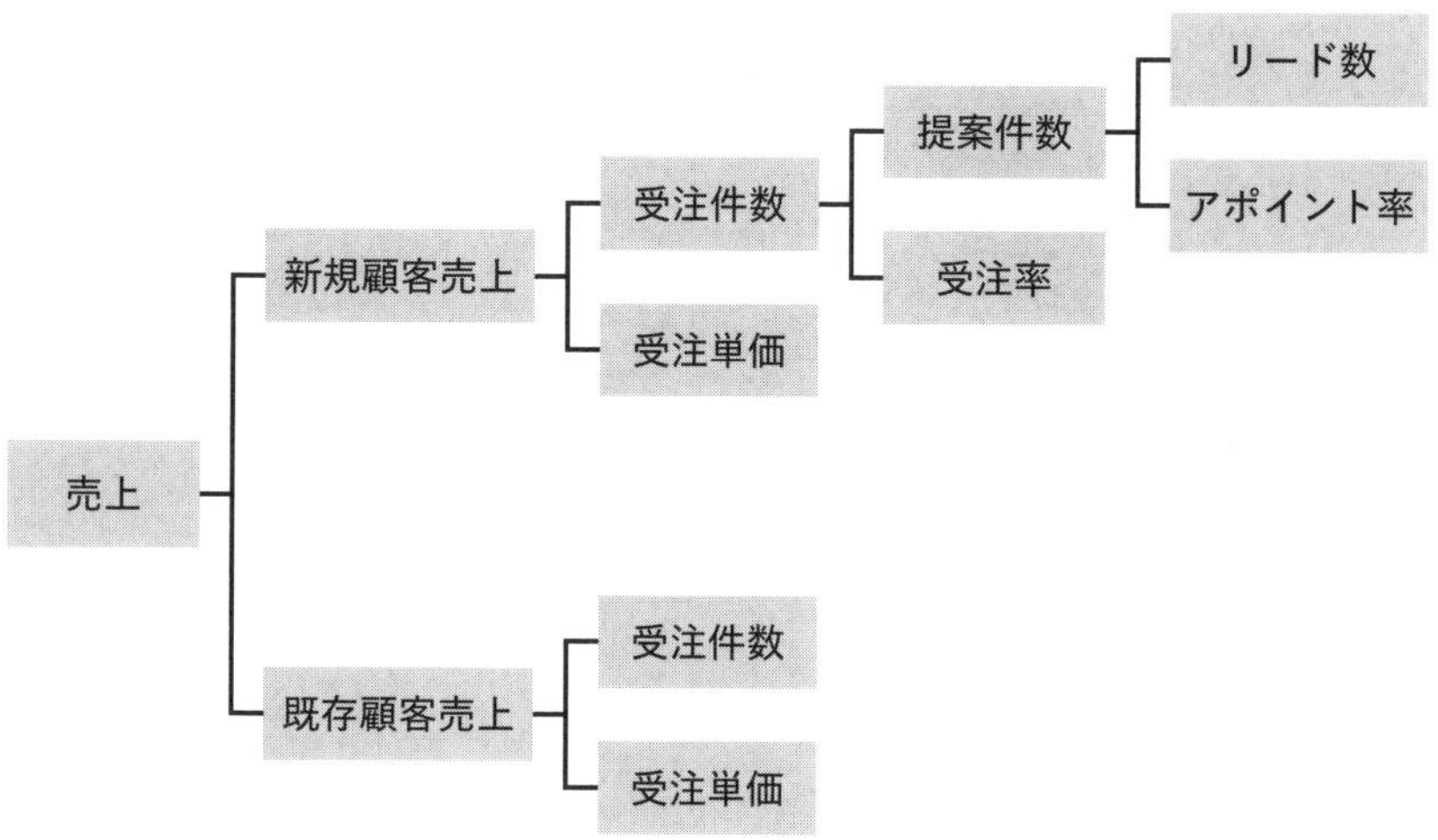

たリソースを全ての項目に薄く広く割り振ってしまうと、ほとんど効果が出ません。影響が大きいところを選択し、集中してリソースを投下することで最大限の効果を発揮します。

そのため、分解したあとには、「どこにリソースを投下して実行するのか」を決める必要があります。反対に、「どこにリソースを投下して実行するのか」は、リソースを投下せずに捨てる項目を決めることでもあります。

このとき、何を実行するかは、**「影響度が大きいか」「改善効率が高いか」「緊急度が高いか」「他項目へのマイナスの影響がどのくらいあるか」「実行可能か」という軸**で決めていきます。

まず「影響度」です。例えば「売上を増やす」という目的に対して、新規顧客からの売上が95％で、既存顧客へのアップセルが5％の企業では、新規商材の値上げとアップセル商材の値上げであれば、新規商材の値上げのほうが「売上を増やす」ことへの影響は断然大きくなります。

売上高が1億円だった場合には、新規商材を10％値上げすると950万円売上が増えますが、アップセル商材を10％値上げしても50万円しか売上は増えません。この場合「影響度の大きさ」から考えれば、新規顧客にリソースをさいて施策を実行すべきです。

次に「改善効果」が高いかどうかです。新規顧客が95％だったとしてもマーケティング、営業など改善できる項目には既にかなりのリソースを投下しており、追加で投資しても効率が悪いケースがあります。逆に既存顧客へのアップセルの売上比率が5％だったとしても、今まで何も施策を打っておらず、低コストで大きく伸ばせる余地があるのであれば、こちらに手を打ったほうがいいケースもあります。

「緊急度」についても考慮が必要です。

競合が多くスイッチングコストも高いWinner takes allに近い市場でビジネスをしている場合に、「認知度が低いので、上げなければいけない」という課題があるとすれば緊急度が高いです。前述のように、競合がマーケティングコストをかけて、市場を押さえられてしまうと取り戻すことが難しくなります。プロダクトの品質が低く、バグでクレームが多発しているような場合も緊急度が高いです。レピュテーションリスクが高く、一度悪いイメージがついてしまうと塗り替えるコストが高くつくので早急に対策が必要です。

また、見落としがちなのが「他項目への影響」です。

例えば「利益を上げる」ために、「支出を減らす」という方法があります。では支出を減らそうということで、マーケティングコストを削ってしまうと、その影響で売上が落ちることもあります。支出が減っても、それ以上に収入が減れば、利益は減ってしまいます。

このように、分解した項目同士が相互に関連し合い、それぞれトレードオフになっていることはよくあります。その項目をいじると、どこにどのくらい影響が出るのかは常に気にかけておく必要があります。

最後に、「実行可能か」どうかも重要です。最重要な問題だとしても解決方法がなければ、何も行うことができません。また解決方法があったとしても、顧客が絶対実行できない内容であれば考えてもムダです。実行可能かどうかも、判断するための重要な要素になります。

10年近く前、私は証憑《しょうひょう》と呼ばれるレシートなどを電子化して、会計ソフトの仕訳に添付するソリューションの営業をしていました。

日本には「電子帳簿保存法」という法律にスキャナ保存という要件があるのですが、当時はスマートフォンや携帯電話の写真は認められず、スキャンするまでの期日やチェックフローも厳しかったので適用が難しく、多くの顧客が電子化しても紙も残していました。

あるとき「どうすれば証憑電子化がもっと普及すると思うか?」と聞かれたことがありました。私は「ロビー活動などを通じて、法律を変えるしかないと思います」と答えたのですが、「自分達が能動的にアクションできることで教えてくれ」と言われてしまいました。

それから10年近くたち、各ベンダーのロビー活動により、法律が改正され基準が緩和されたことでスキャナ保存の普及は大きく進んだので、実行可能性を度外視すれば取り組むべき課題としては間違っていなかったと思います。

しかし、2〜3年という時間軸で法律を大きく変えることは難しく、また法律が変わるかどうかは自分達ではコントロールできません。当時求められていたのは直近の売上を伸ばすために何に取り組むべきかという意図だったので、私のこの回答は実行可能性の観点から不適当だったと思います。

分解するための切り口(MECEとフレームワーク)

ロジックツリーを作るときに、意識しないといけないのはMECE（ミーシー）であるかということです。

MECEという言葉はコンサルタントがよく使うので聞いたことがある人も多いと思います。「Mutually Exclusive（相互に排他的）and Collectively Exhaustive（全体として網羅的）」の頭文字を取った言葉で、「ダブりがなく漏れもない」という意味です。

例えばMECEの例としては「成人」と「未成年」という切り口があります。「成人」と「未成年」はダブることがなく、全ての人がどちらかには分類されます。

このとき「参政権がある」と「飲酒できない」で分けてしまうと、ダブりが発生してしまいま

MECE分析

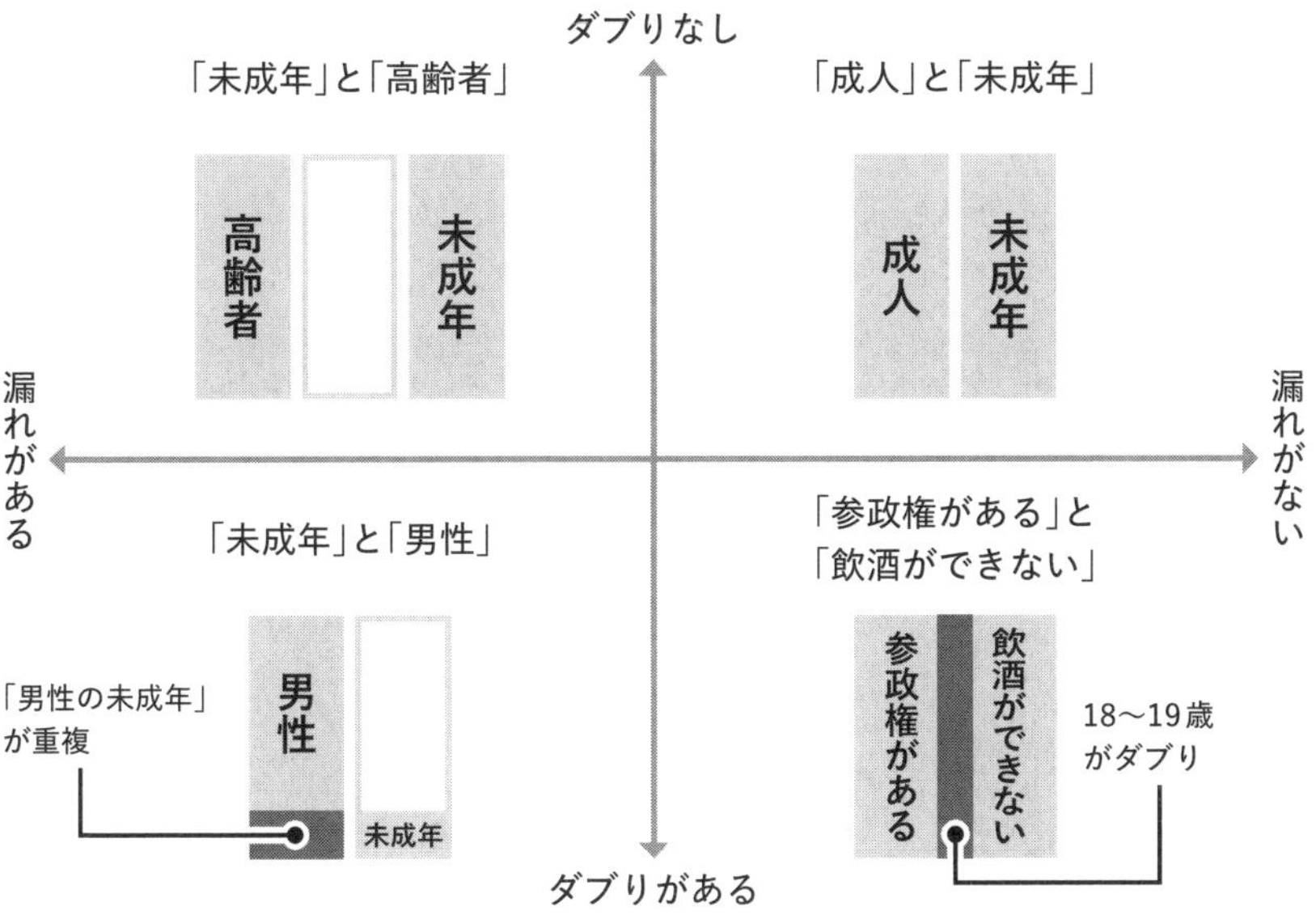

す。18歳から19歳は参政権はあるのですが、飲酒ができないので両方に含まれます。

漏れがあると、それが重要な論点だった場合に見落としてしまい判断を誤ります。ダブりがあると同じ論点を二重に考えてしまうので、ダブっている部分を実態以上に重要に捉えてしまう可能性があります。

分解した後には必ずＭＥＣＥになっているかを考える必要があります。

ＭＥＣＥに分解する場合の切り口には、「足し算、引き算」「掛け算（因数分解）」「フロー、プロセス」をよく使います。

【足し算、引き算】

・日本を北海道＋東北＋関東＋中部＋北陸＋関西＋中国＋四国＋九州に分ける

・人間を10歳未満＋10代＋20代＋30代＋40代＋50代＋60代＋70代＋80代＋90代＋1

００代に分ける

・収益を収入－支出に分ける

【掛け算（因数分解）】

・売上高を個数×単価に分ける

・受注数を商談数×受注率に分ける

【フロー、プロセス】

・商談プロセスを「マーケティング」→「インサイドセールス」→「フィールドセールス」→「カスタマーサクセス」に分ける

などです。

このとき重要なのは、最初から細かく分けすぎない、同じ階層にレベルや切り口の違う分類を交ぜない、ということです。

例えば、日本を47都道府県で分けてしまうと47都道府県全てについて考えなければいけなくなります。地方に分けるのであれば、９地方について考えればよくなります。

その上で、関東地方が重要だということがわかれば、関東にある一都六県についてのみ考えればよくなります。

また、日本を関東、関西、中部と分解している中に、神奈川という違うレベルの項目や、東京駅といった違う切り口が入ってくるとＭＥＣＥにはならないので注意してください。

そしてMECEではできるだけ「その他」を作らないようにしてください。「その他」にしてしまうと、その中身がわからなくなるので、重要な要素が入っていた場合、こちらも見落とす可能性があります。

一方、完全にMECEに分解することが難しい場合もあるので、こだわりすぎないことも重要です。分類できないその他が1割以下で、重要ではないことが明確な場合などは、そこを考えるために時間を使うより、MECEに近い切り口で分解して進めてしまったほうがよいでしょう。

MECEと言われても、「どのような切り口で分解していけばいいかわからない」という人もいると思います。何度も分解して経験を積むと、自然に最適な切り口が浮かぶようになってきますが、最初はイメージを掴むのが難しいと感じるかもしれません。

そのような場合は、フレームワークを取り入れてみてください。世の中には先人が作った、MECEに考えるためのフレームワークがたくさんあります。

次節以降で、その中でも営業が仮説を考える際に使えるフレームワークをいくつか紹介したいと思います。

自社プロダクトではなく、顧客のビジネスについて話ができるようになるためにも、フレームワークを活用して、顧客のビジネスについて仮説を考えてみてください。

仮説に使えるフレームワーク

ここからは、仮説を作るにあたって「分解して見る」の段階で使えるフレームワークを一気に紹介します。種類も多く、切り口には様々ありますので、場合に応じて使い分けられるようにしましょう。

3C

Customer（顧客）、Company（自社）、Competitor（競合）という戦略の3要素の頭文字をとって3Cです。

競争に勝つためには、顧客が求めていることを競合より優位に提供し続ける必要があります。これがバリュープロポジション（Value proposition）と呼ばれる、顧客が自社製品を買う理由です。そしてこれは、「We help (X) do (Y) by doing (Z).」、つまり、「私たちはZ（自社のサービス）によってX（顧客）がY（ペインの解決、ゲインの獲得）するのを助ける」という言葉で整理できます。

まず、バリュープロポジションを明確にするためには「顧客の本質的なニーズ」「競合が提供できず、自社が提供できること」「競合より自社が優れていること」を理解する必要があります。

そして、そのためには顧客について、「どのようなペルソナなのか」「業界ではどんなことが起きているのか」を理解する必要がありますし、自社については「経営資源、強みは何なのか」、競合については「どのようなシェア構成になっているのか」「強みは何なのか」「どのような後発が参入してくる可能性があるのか」などを考える必要があります。

3要素それぞれを考えた上で、左記の項目が埋められるように考えられれば、バリュープロポジションが明確になるでしょう。

【顧客】は、
【特定の状況】で、
【課題】がしたいであろう。
【自社のソリューション】は、
【競合のソリューション】と違い、
【競争優位性】ができるので、
顧客が、
【顧客の価値】を得られる。

バリュープロポジション

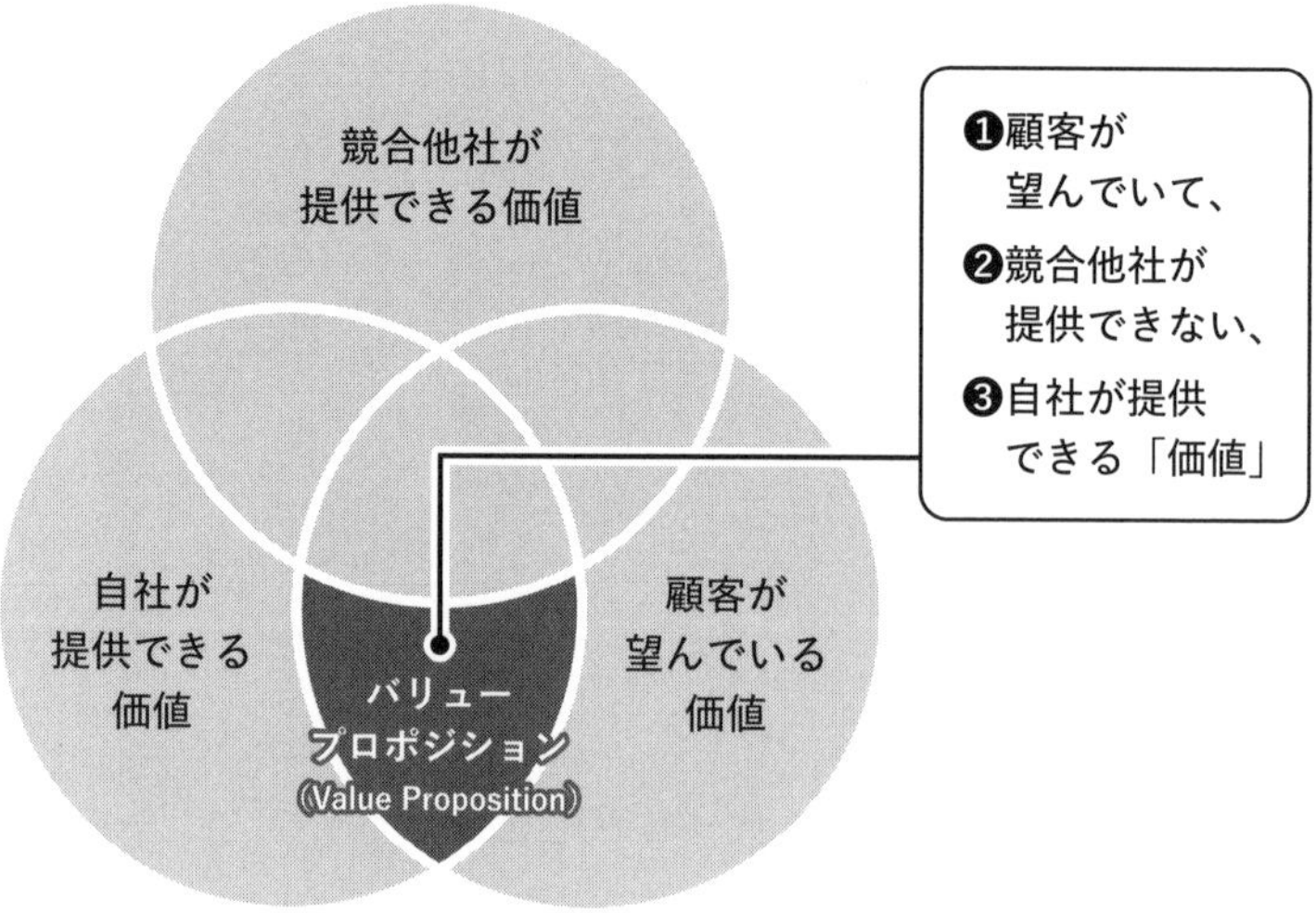

例えば、私の前職のfreeeを例に考えてみましょう。

【経理の担当者】は、
【会計ソフトに通帳の入力作業をしている状況】で、
【入力作業をなくすこと】がしたいであろう。
【freeeのクラウド会計ソフト】は、
【インストール型の弥生会計】と違い、
【インターネットバンキングから通帳の明細データを取得して自動入力】ができるので、
顧客が、
【通帳を見ながら会計ソフトに入力する時間を減らすこと】を得られる。

というように、顧客にとって競合と比較して何がいいのかを明確にすることができます。

このバリュープロポジションは競合があるビジネスにおいては根幹になります。

現在、私はシード期（プロダクトリリース前後で市場のニーズに合うか検証しているフェーズ）のスタートアップで働いているのですが、営業をするなかでは受注をすることと同じぐらい、バリュープロポジションを作り上げるために顧客からフィードバックをいただくことを重視しています。

ビジネスを成長させるために欠かせないバリュープロポジションと、それを構成する3Cは顧客のビジネスを考えるうえでまず考えるべきフレームワークになります。

ファイブフォース分析

自社への脅威を考えるうえでよく使うのが、先ほども名前を出したマイケル・E・ポーターのファイブフォース分析です。

3Cにおける競合や販売戦略を考えるうえで、業界内の直接的な「競合プロダクト」については意識してよく研究すると思います。しかし、実際にはそれ以外の脅威があります。

まずは、「業界の新規参入者」です。現在は業界内にいないプレイヤーが新規参入してくる可能性があります。

次に、同じ用途に使うことができる、「代替品」についても考える必要があります。

さらには、「売り手（サプライヤー）の交渉力」も気にする必要があります。原材料を仕入れ

ファイブフォース分析

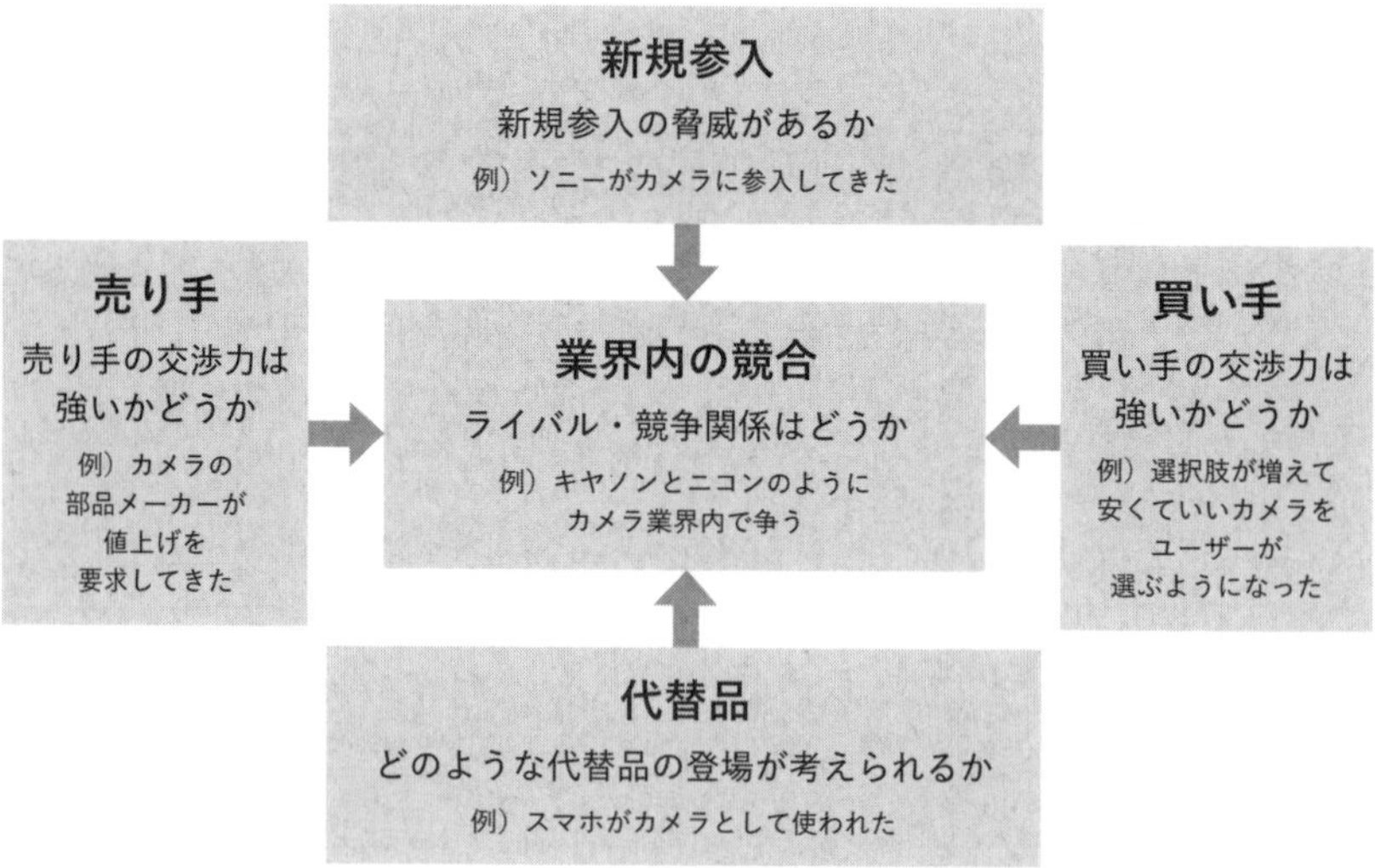
新規参入
新規参入の脅威があるか
例）ソニーがカメラに参入してきた
売り手
売り手の交渉力は強いかどうか
例）カメラの部品メーカーが値上げを要求してきた
業界内の競合
ライバル・競争関係はどうか
例）キヤノンとニコンのようにカメラ業界内で争う
買い手
買い手の交渉力は強いかどうか
例）選択肢が増えて安くていいカメラをユーザーが選ぶようになった
代替品
どのような代替品の登場が考えられるか
例）スマホがカメラとして使われた

ている場合、売り手の交渉力が強くなれば値上げをされ収益が下がります。反対に「買い手（バイヤー）の交渉力」にも気をかけなければいけません。買い手の交渉力が強くなれば値下げの圧力がかかり、これも収益を圧迫します。

業界内の直接的な競合も含め、この5つを見落としなくそれぞれ考えることで、収益性を高め競争力を高めることができます。逆に何か1つでも見落としていると、それが致命傷になることがあります。

先ほども例に出したデジタルカメラの販売戦略を考える際に、代替品であるスマホを考慮せずに考えても絶対にうまくいきません。

≫ VRIO

競合、代替品と比較して自社にどのよう

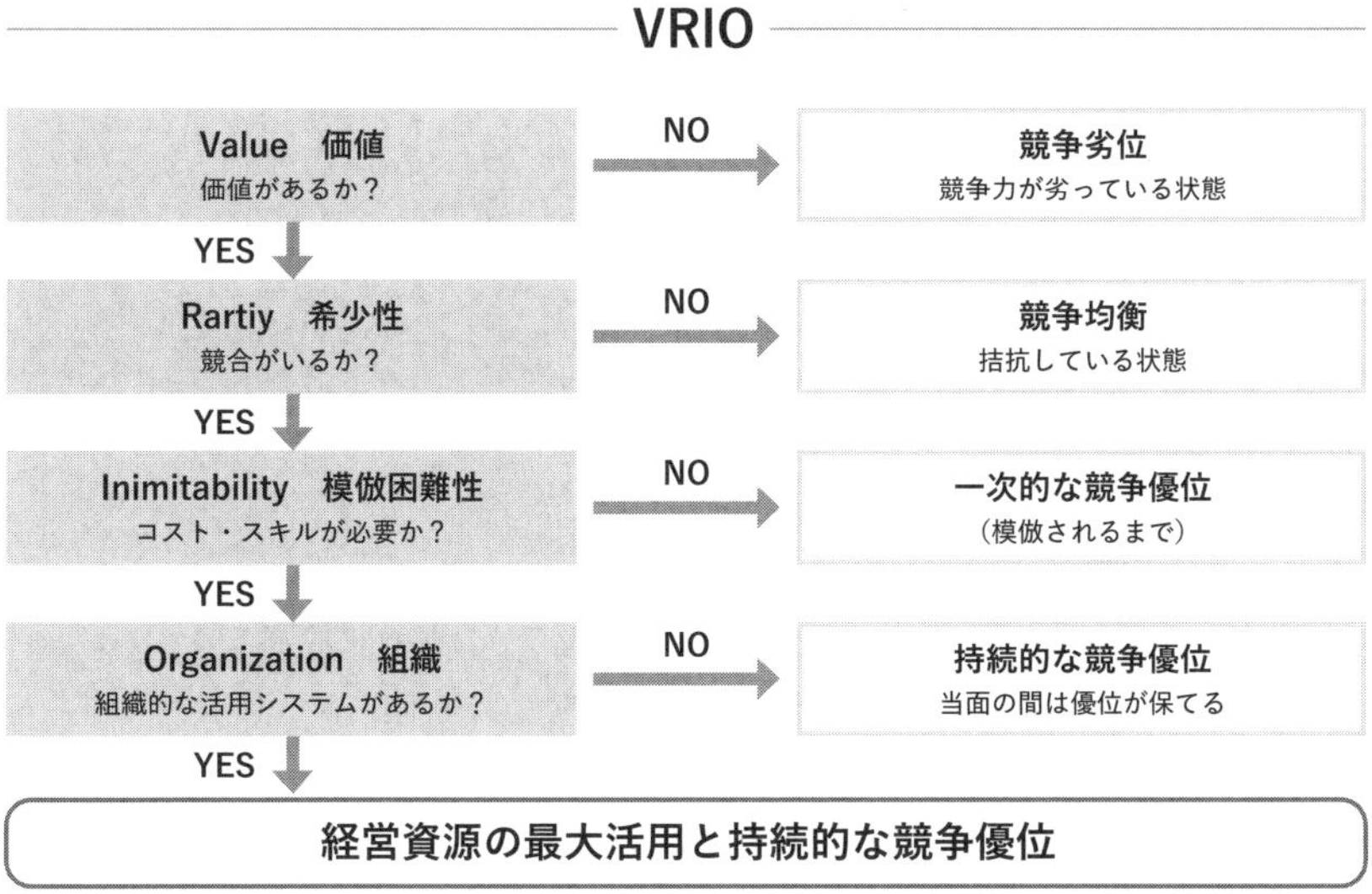

出典：MUB「Webコンサルタントによるマーケティング初心者育成ブログ」より引用、一部改変

な強みがあるかを考えるためのフレームワークです。

Value（価値）、Rarity（希少性）、Inimitability（模倣困難性）、Organization（組織）の頭文字をとっています。

まずは自社の経営資源に経済的な価値があるかを考えます。人材、スキルなども含め、その経営資源は機会を生かしたり、危機に対応したりすることに役に立つのかということです。役に立たない＝価値がなければ、「競争劣位」な状態で競合に対して競争力が劣っている状態です。

次にその経営資源は競合に対して、希少性があるかを考えます。

価値を持っていたとしても、競合も同じものや似たものを持っているのであれば優位性はないので、「競争均衡」で競合と拮《きっ》抗《こう》している状態になります。

更に模倣困難性を考えます。

現在は経営資源に希少性があったとしても、簡単に模倣できてしまうのであれば優位性はすぐ崩れてしまいます。逆に模倣困難性が高ければ長期的に競争優位を保つことができます。

模倣困難性には次の5つのタイプがあり、模倣困難性を高める場合にはどの要素で実現できるのかを考えます。

1．時間圧縮の不経済

これは、同じ時間をかけて短期間に一気にやるより、長期間にゆっくりやるほうが効果が高いことを指します。例えば1日24時間でやるより、1日1時間ずつ24日間かけてやるほうが効果が高ければ、リソースがあっても追いつくのに期間が必要なため、模倣されにくくなります。また創業200年の老舗《しにせ》など、時間をかけていること自体が価値である場合は、過去には戻れないため模倣ができません。

2．経路依存性

過去の経緯によって強みが形成されているケースを指します。例えばPCのキーボードはQWERTY配列ですが、指の移動距離が長い非効率な文字配列になっています。この配列は100年以上前に電報のオペレーターがモールス信号を文字にする際、打ちやすくするためなど、様々な経緯を経て決まっているものですが、現在PCをこの配列にする理由はないはずです。しかし、慣れている人が多いなどの過去の経緯を理由に取り入れられており、こうした強みも模倣ができません。

3. 社会的複雑性

経営資源が様々な要素の混在することによって実現していて複雑な場合は、模倣が困難です。単なるプロダクトの機能的な強みだけであればわかりやすいですが、それを生み出している社内のコミュニケーション、組織風土、顧客との関係性などは複雑であり、一朝一夕では模倣が困難です。

4. 特許

経営資源である技術が特許で守られている場合は、法的に模倣することができません。

5. 因果関係不明

経営資源の強みの要因がわからない場合は模倣することができません。

そして、「価値」があり「希少」で「模倣困難」な経営資源を生かせる組織になっているかを考えます。この3つを満たす経営資源を生かすために最適な組織、フローになっていれば「持続的な競争優位であり、経営資源を最大に生かせている状態」になります。

例えば、キーエンスは優秀な技術者、営業という経営資源を持っています。高額な報酬で優秀な人材を集め、育成にも力を入れているので、競合企業は同等の経営資源を持っておらず希少性があります。さらには組織風土、仕組みなど様々な要素で実現していて模倣困難であり、それを最大限活かせる組織になっているので持続的に競争優位を築けています。

キーエンスのバリューチェーンの例

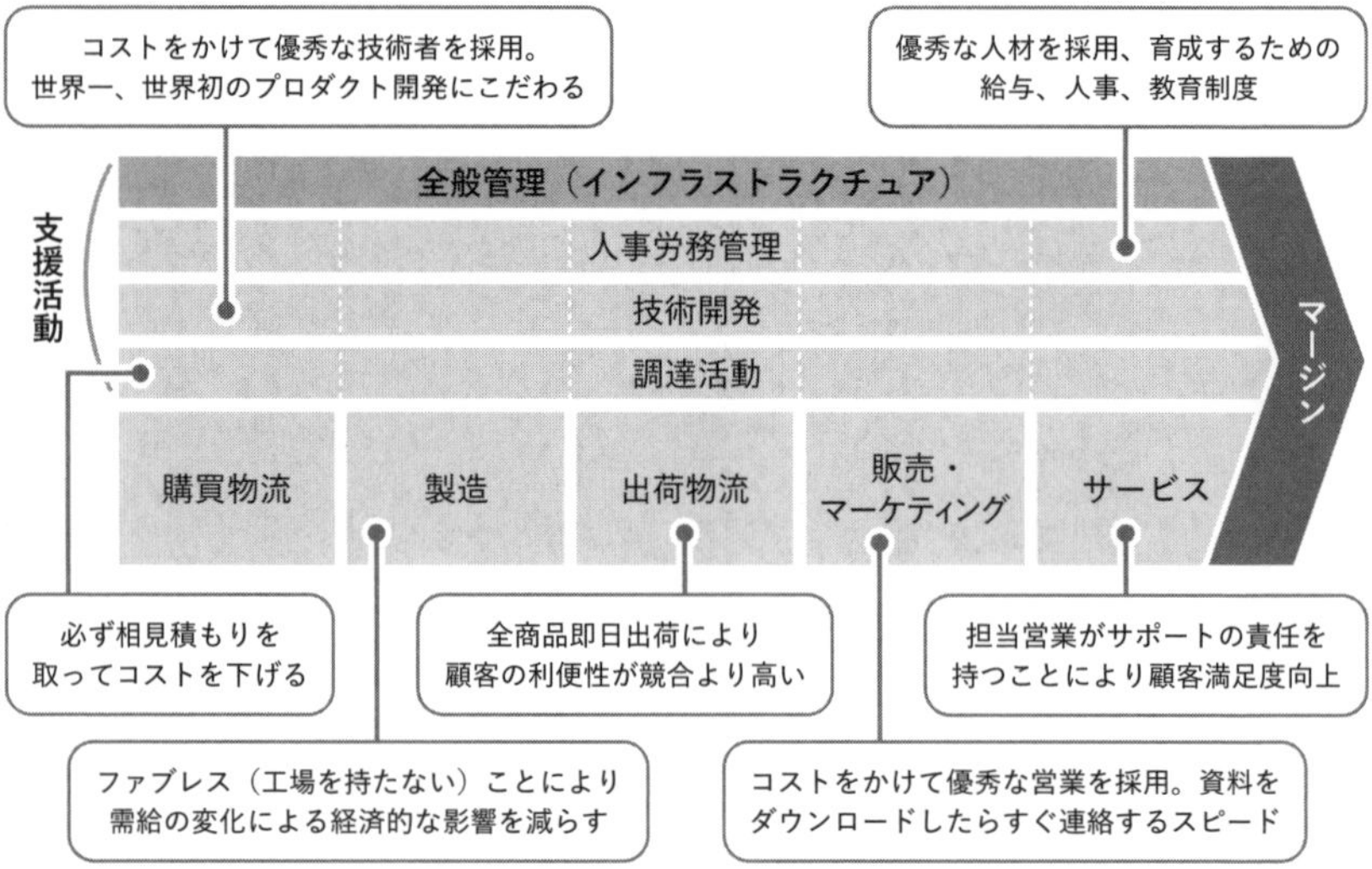
コストをかけて優秀な技術者を採用。
世界一、世界初のプロダクト開発にこだわる
優秀な人材を採用、育成するための
給与、人事、教育制度
支援活動
全般管理（インフラストラクチュア）
人事労務管理
技術開発
調達活動
マージン
購買物流
製造
出荷物流
販売・
マーケティング
サービス
必ず相見積もりを
取ってコストを下げる
全商品即日出荷により
顧客の利便性が競合より高い
担当営業がサポートの責任を
持つことにより顧客満足度向上
ファブレス（工場を持たない）ことにより
需給の変化による経済的な影響を減らす
コストをかけて優秀な営業を採用。資料を
ダウンロードしたらすぐ連絡するスピード

バリューチェーン

こちらもポーターの提唱したフレームワークです。

最終的な価値を提供するために、企業内にどのような機能があり、どう活動して価値を生み出しているのかを漏れなく整理することができます。

俯《ふ》瞰《かん》的に見ることでどこに強みがあり、どこが劣っているのかを明確にし、どこにリソースをさくのか考えることができます。VRIOと組み合わせることで、どこで競争優位を作るのかを考える際に効果を発揮します。

キーエンスは技術開発、販売・マーケティングに強みがあり、ここに多くの費用を投下して優秀な人材を獲得することで競争優位性を保っています。反対に製造に関

SWOT分析

		内部環境	
		強み	弱み
外部環境	機会	機会×強み 自社の強みを「チャンス」となる成長機会に活かす	機会×弱み 弱みの補強や改善で機会を掴めるよう対策をする
	脅威	脅威×強み 強みを活かして脅威を回避し切り抜ける	脅威×弱み 弱みを理解し脅威による影響を最小限にする

しては自社に工場を持たないファブレスにすることでリスクを持たずコストを下げ、高利益率を維持しています。

SWOT分析

市場の変化に対してどのような戦略を取るのかを考える際に役に立つのがSWOT分析です。

Strength（強み）、Weakness（弱み）、Opportunity（機会）、Threat（脅威）の4つの分類で外部環境、内部環境について分析するための切り口になります。

外部環境の機会があり、自社の強みがある領域は「チャンス」となる領域なので成長機会に生かします。機会があるけれども、弱みでもあるところは、弱みを改善することで機会を掴めないか考えます。脅威があるが自社での強みでもあるところは、強みを生かして脅威を防いで切り抜けることを考えます。そして、脅威もあって弱みでもあるところは、弱みを理解したうえで致命的であれば対策をし、影響を最小限にすることを考えます。

例えば会計ソフト業界では最近、インボイス制度や電子帳簿保存法など大きな変化が起きています。昔から使われているインストール型の会計ソフトベンダーの立場で考えてみましょう。

内部環境としては、「多くのユーザーを抱えており操作に慣れているユーザーが多い」「枯れた技術（普及していて信頼性が高い）なので安定しており、開発コストもかからない」という強みがある一方、「インストール型のソフトウェアの技術者比率が高く、ウェブベースのクラウドに強みを持った技術者が少ない」「既存のユーザーインターフェース（操作画面）に慣れているユーザーが多く、最新の技術を取り入れたものに変更すると既存ユーザーから反発があるためできない」という弱みがあります。

外部環境としては、「インボイス制度施行や電子帳簿保存法の改正でバックオフィスのソフトを入れ替える企業が多い」という機会がある一方、「クラウドに特化した会計ソフトベンダーがモダンな顧客体験、ユーザーインターフェースを武器にシェアを伸ばしている」という脅威があります。

このような状況であれば、

機会×強み：操作に慣れた既存ユーザーが法改正対応のためにソフトを更新する機会がチャ

ンスになる

機会×弱み：法改正のためにソフトを更新するユーザーが、ユーザーインターフェースのよい他社製クラウド会計ソフトに変えてしまう

脅威×強み：既存ユーザーの使い勝手を維持したままクラウドのプロダクトを提供することで、他社製クラウド会計ソフトへの切り替えを防ぐ

脅威×弱み：クラウドを好む若い企業をターゲットにするのではなく、母数の多い慣れ親しんだユーザーインターフェースを好む老舗企業に注力し、そちらでのシェアを強固にする

など、外部環境と内部環境をかけ合わせることで、どこにチャンスがあり、何を警戒しなければいけないのか、戦略が見えてきます。

》PEST分析

外部環境のマクロ要因を分析する場合はPEST分析のフレームワークが使えます。Politics（政治）、Economics（経済）、Society（社会）、Technology（技術）の4つの頭文字を取っており、この4つの観点で考えると見落としを防ぐことができます。

政治：法改正、税制、政権交代、外交など

PEST分析

P：Plolitics（政治的要因）	E：Economics（経済的要因）	S：Society（社会的要因）	T：Technology（技術的要因）
規制など、市場ルールを変化させるもの	**景気や経済成長など、価値連鎖に影響を与えるもの**	**人口動態の変化など、需要構造に影響を与えるもの**	**ITなど、競争ステージに影響を与えるもの**
↓	↓	↓	↓
●法律、法改正（規制・緩和） ●税制、減税／増税 ●政権交代、外交 ●裁判制度 ●政治団体、デモ	●景気動向 ●経済成長率 ●物価 ●消費動向 ●為替、株価、金利、原油	●人口動態、密度、構成 ●流行、世論 ●世帯 ●宗教、教育、言語 ●老齢人口、少子化	●インフラ ●IT活用 ●イノベーション ●特許 ●新技術、技術開発

出典：ビジネス＋IT「PEST分析とは何か？コトラー教授が考案、海外進出を行う際にも使えるフレームワーク」より引用、一部改変

経済：景気動向、インフレ、デフレ、成長率、失業率、為替《かわせ》など

社会：人口動態、世論、流行など

技術：新技術の完成、新しい技術への投資など

　先ほどの「インボイス制度」は政治観点で気にしなければいけない点ですし、技術観点からはChatGPTやStable Diffusionのような生成系AIの動向は注意しなければいけません。

≫人口曲線

　外部環境の将来予測をするにあたって、人口曲線は確度の高い予測ができる指標です。

　各省庁が公表する資料や白書、国立社会保障・人口問題研究所など研究機関が発表

人口曲線

図表1-1-1　人口ピラミッドの変化（1990、2015、2025、2065）－平成29年中位推計－

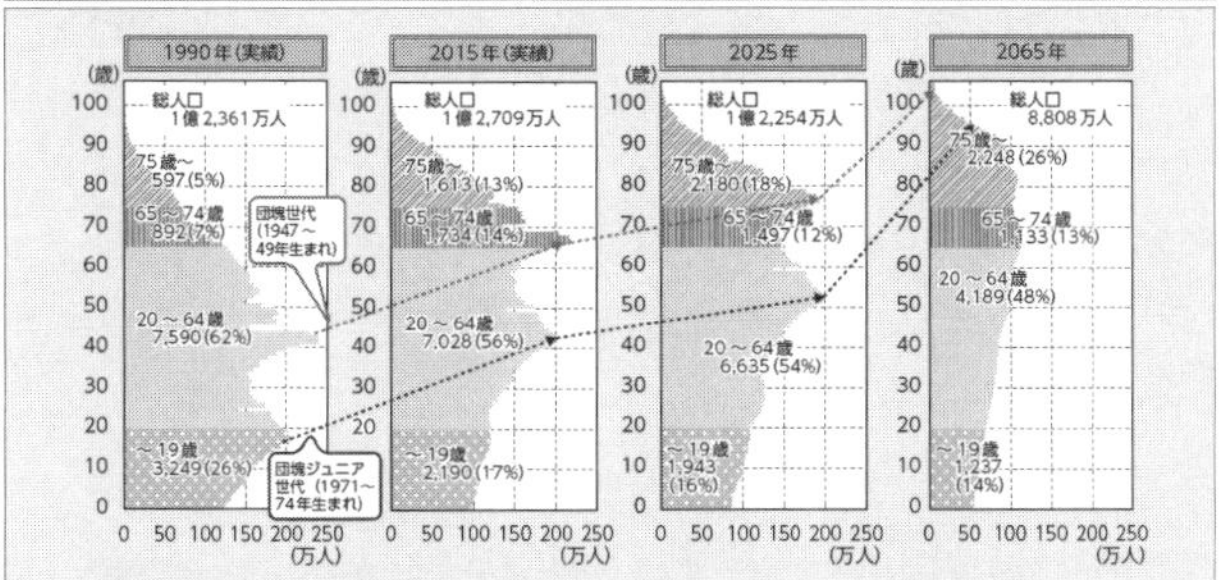

出所：実績値（1990年及び2015年）は総務省「国勢調査」をもとに厚生労働省作成、推計値（2025年及び2065年）は国立社会保障・人口問題研究所「日本の将来推計人口（平成29年推計）：出生中位・死亡中位推計」（各年10月1日現在人口）
（注）1990年及び2015年の総人口は、年齢不詳を含む。

『厚生労働白書』等の資料に当たると人口曲線を確認することができる

出典：厚生労働省『平成29年版厚生労働白書 －社会保障と経済成長－』「第2部　現下の政策課題への対応／第1章　子どもを産み育てやすい環境づくり」より引用

するデータを見つけることができます。

基本的には人口の推移は年ごとの出生数によって正確に予測できます。震災や戦争のような特別な要因やテクノロジーの進化による長寿化の影響はありますが、傾向値としては大きくズレません。

人口やその構成から消費が予測でき、市場の大きさが判断できるため、マクロな予測をする際には外せない指標になります。

日本の生産人口がこの後も減少していくことは人口曲線を見れば間違いありません。生産人口をターゲットにしたプロダクトであれば、消費者が減っていく前提でビジネスを考える必要があります。

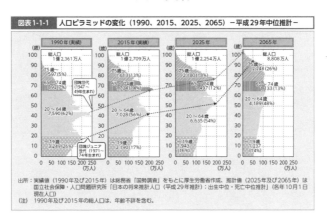

≫ PPM

プロダクト、事業ごとにどのような戦略をとるか、どこにリソースを投下するかを判断するために使えるのが、ＰＰＭ（Product Portfolio Management）です。

マーケットシェアと市場成長率の２軸で切り分け、マーケットシェアが高く市場成長率も高い「花形（Stars）」、シェアは高いが市場の成長率が低い「金のなる木（Cash cows）」、市場の成長率は高いがシェアが低い「問題児（Question marks）」、シェアも市場の成長率も低い「負け犬（Dogs）」の４つに分類します。

「花形（Stars）」はこれからも市場が成長し、シェアも高いので、さらなる成長が見込めます。一方、成長市場なので競争環境が厳しく、新規参入もあるので競合に勝つためには多くのリソースの投下が必要になります。ただ、シェアを取っておくことで、成熟市場になり新規参入も減り競争環境が落ち着けば、低コストで利益を得ることができるため、将来見込めるリターンも大きな領域です。

「金のなる木（Cash cows）」は、市場が成熟して成長は見込めませんが、シェアが高いため安定した利益を得ることができます。市場の成長が見込めないため、新規参入も少なく、競争環境が緩やかなため、マーケティングや開発コストを抑えて売上をあげることができます。

ただし、成熟したあとは衰退していくため、いつまでもこの領域に頼っていると売上が下がっていきます。利益率の高い「金のなる木（Cash cows）」で得たお金を「花形（Stars）」や「問題児（Question marks）」に投資することで、次の「金のなる木（Cash cows）」を作っていかなければなりません。

「問題児（Question marks）」は市場は成長していますが、自社のシェアが低い事業です。競争

PPM

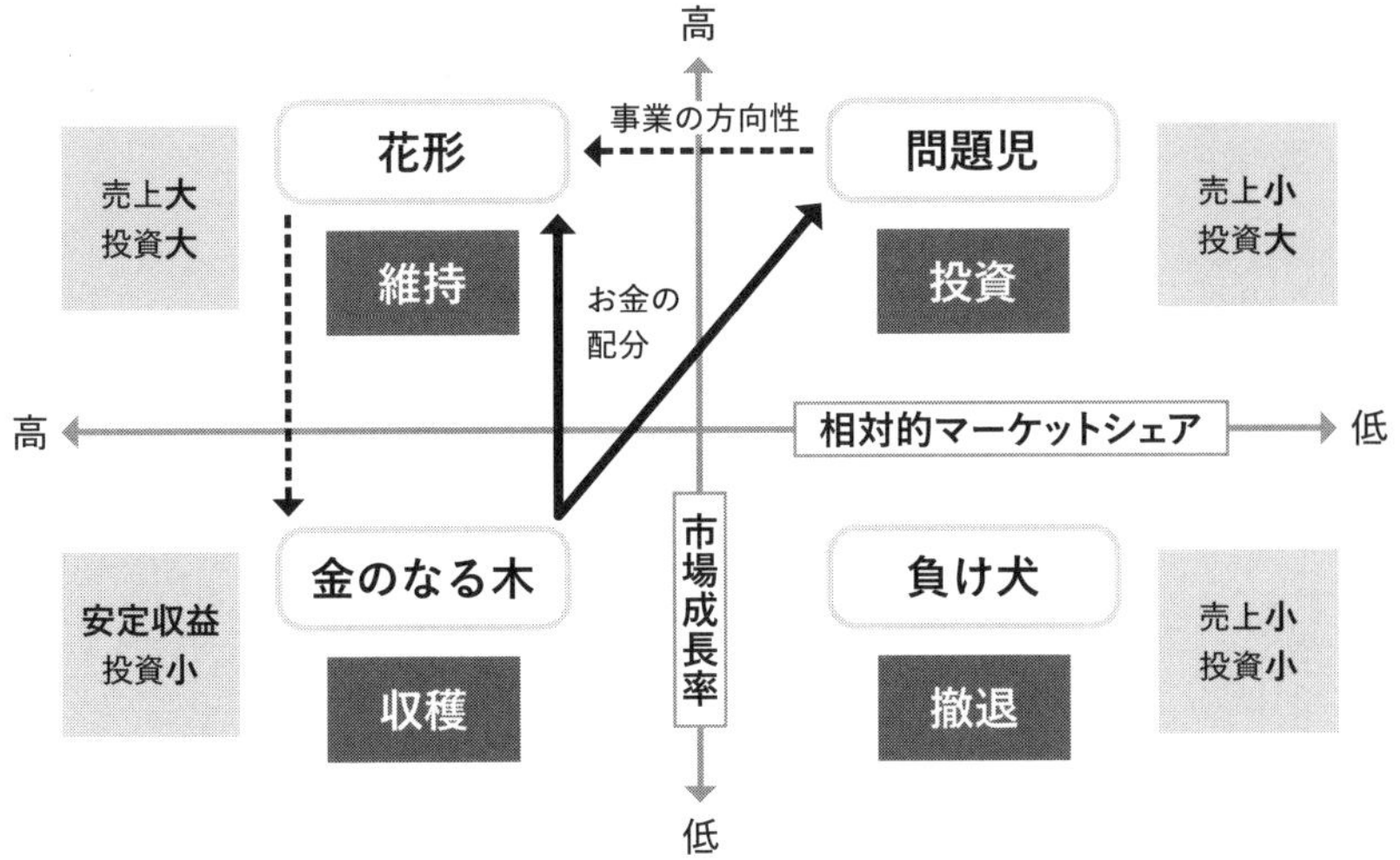

環境が厳しく、自社の認知度も競合に負けているため、売上を伸ばすためには多くのコストを掛ける必要があり、利益率が低くなります。

競合に負けたときの損失は大きく、簡単には勝てないので、戦略・戦術をしっかり考えたうえで投資も積極的にしなければ勝てません。しかし、競合に勝ってシェアを獲得することができれば、「花形（Stars）」「金のなる木（Cash cows）」になる可能性が高いので、勝ち目があるのか判断して投資するのか撤退するのかを決断します。

「負け犬（Dogs）」は市場の成長率が低く、シェアも低い事業なのでコストを抑えることを考えるべき事業です。基本的には早期に撤退や縮小を考え、他に投資をまわしたほうがいいと思います。サポートなど最低限必要なコストが低く、「他の事業と相乗効果がありプラスになる」「競合が撤退して利益率があがりそう」など総合的に判断して継続する場合もありますが、市場が伸びないのでコストはできるだけ抑えることが重要です。

≫STP

マーケティング戦略を考える際のフレームワークとしてはフィリップ・コトラーが提唱したSTP理論がよく使われます。

Segmentation（セグメンテーション）、Targeting（ターゲティング）、Positioning（ポジショニング）の頭文字をとっており、市場を分解してターゲットを決め、ターゲットに対して自社がどのようなポジションを取るかを考えます。

【Segmentation（セグメンテーション）】

この章で書いてきたとおり、市場全てに均等にリソースをさくのであれば、多くのリソースを持つ企業には勝てません。リソースを分散させずに、選択して集中するからこそリソースの多い企業に勝てるのです。そのためには市場をどのような切り口でセグメンテーションするかが重要です。

良く使われる切り口には、

・デモグラフィック（人口統計学的属性）：年齢、性別、年収、資産、学歴、職歴など個人の情報にもとづいたセグメント分け

・ジオグラフィック（地理学的属性）：居住地をもとに、都市部／農村部、人口密度、気候など場所にもとづいたセグメント分け
・サイコグラフィック（心理学的属性）：趣味嗜《し》好《こう》、価値観、動機、使用頻度など購買者の心理属性にもとづいたセグメント分け
・ベヘイビオラル（行動学的属性）：利用期間、購買履歴、行動範囲、サイト閲覧ページ、時間など行動に基づいたセグメント分け

があります。他にもBtoBのビジネスであれば、業種、事業規模、所在地、成長率、設立年、上場／非上場など、切り分けられる企業属性があります。

【Targeting（ターゲティング）】

ターゲティングはセグメンテーションで切り分けた市場のうちどこをターゲットにするのかを決めることです。

ターゲットが明確になると、ニーズを具体化できるので何を提供すればいいかが定まります。ターゲットが広すぎると、多くの人が持つニーズが対象になるので、具体性が薄れて抽象的になっていきます。一方、ターゲットが狭すぎると市場が小さすぎるのでビジネスとして成り立ちません。

ターゲットを設定する際に使われるフレームワークとして、「6R」というものがあります。Rを頭文字とした6つの観点からターゲットを考えることで、ターゲット選びにおける失敗

の可能性を減らすことができます。

①Realistic Scale（市場規模）

先ほども書きましたが市場規模が小さければビジネスとしては成り立たず、事業計画が達成できません。ＴＡＭ（ある市場で獲得できる可能性のある最大の市場規模）、ＳＡＭ（ＴＡＭの中で、自社のサービスがターゲットにできる市場セグメントの規模）、ＳＯＭ（ＳＡＭの中で実際にアプローチ可能で数年で獲得できるであろう規模）の観点から、セグメンテーションで切り分けている市場規模が最適かを確認します。

②Rate of Growth（成長率）

市場規模が最適でも衰退していく市場であれば、事業を伸ばしていくのは難しくなります。成長している市場を選ぶことが重要です。

③Rank/Ripple Effect（優先順位、波及効果）

ターゲティングへのアプローチの優先順位づけとしては、波及効果が高いかを意識します。その業界では誰もが知っていて、動向が気になるセンターピンの企業に導入してもらうと同業界の企業に導入しやすくなります。

また、インフルエンサーのような発信力の高い人が気に入りＳＮＳで拡散してくれれば大きな宣伝効果が見込めるので優先順位が高くなります。

④Reach（到達可能性）

市場規模や成長性に魅力があるセグメントだったとしても、顧客に到達することができなけ

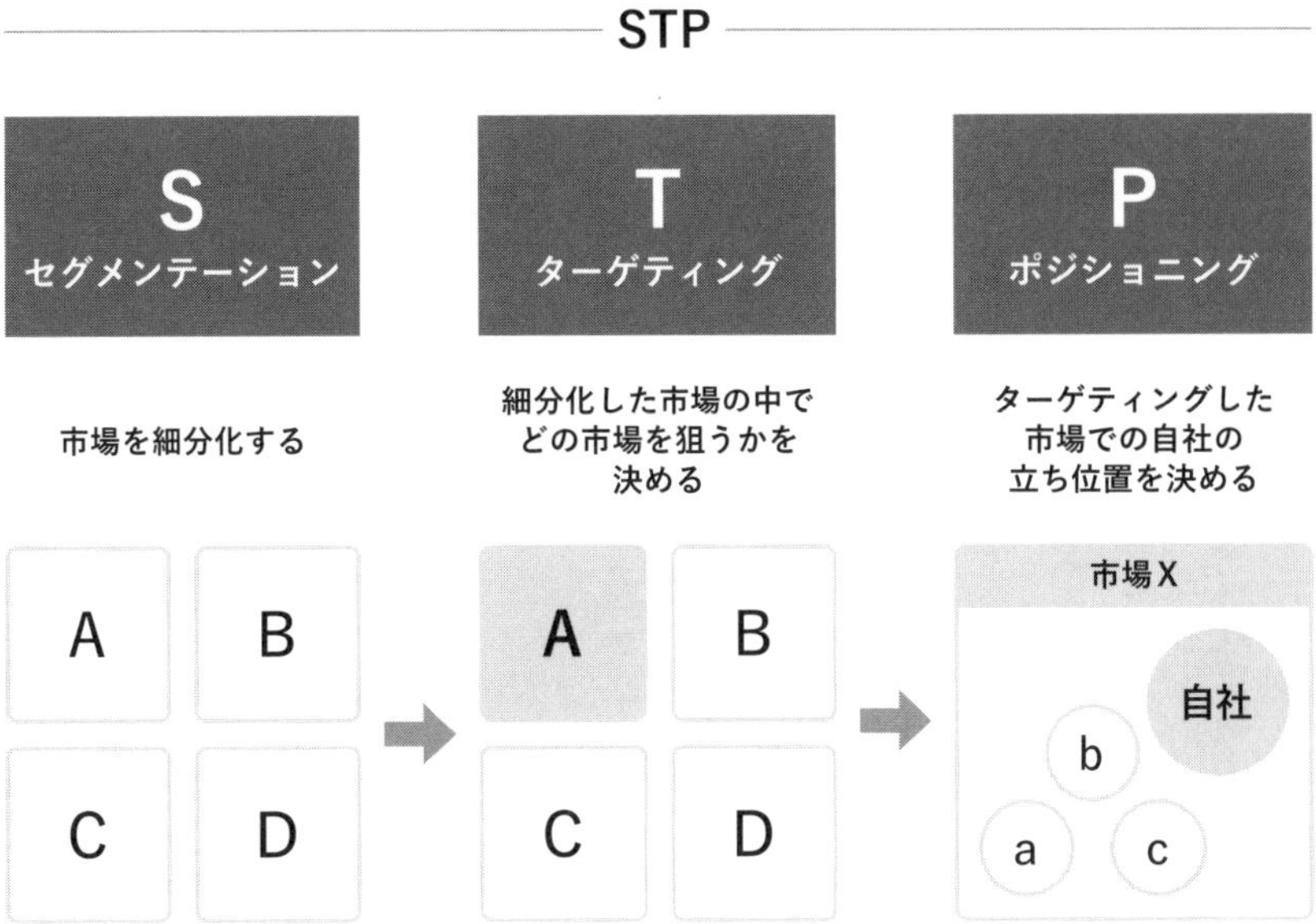

れば ビジネスとして成立しません。広告、紹介など何かしらの方法で顧客に到達できるのかもターゲット選定では重要です。

⑤Rival（競争環境）

競合や代替手段についても考える必要があります。強い競合がいる場合には、より多くのマーケティングコストが必要になりますし、プロダクトの差別化のためには開発コストも膨らみます。PayPayの例のように、資本力の大きな競合に参入されると事業が継続できなくなるため意識しておかなければいけません。

⑥Response（反応測定可能性）

マーケティング観点から考えると、施策に対して効果測定ができると望ましいです。費用対効果の高いマーケティング施策を検証していくことで利益率が上がりますし、既存顧客の反応からプロダクトの改善や売上をあげるための施策も考えられるので、ビジネスを伸ばしやすくなります。

【Positioning（ポジショニング）】

ポジショニングはターゲティングした市場の中でどのような立ち位置を取るか決めることです。

魅力的な市場であれば競合が存在します。競合に対して優位性がなければ顧客から選ばれることはありませんし、リソースで大きな差をつけることができないのであれば、どこで優位性を発揮するかが重要です。

ポジショニングを考えるにあたっては、まずは顧客のニーズを考えます。

ニーズがないポジションを取ってしまっては購入されません。具体的なニーズを考えるには「ペルソナ」と呼ばれる理想のユーザー像や、後ほど出てくる「ジョブ」についての説明で詳しく述べる「特定の状況」を明確にします。

年齢や性別、職業、学歴、収入のような属性や、何をしている状況の人がターゲットなのかを考えて、どのようなニーズがあるのか考えます。ニーズを考えたあとには、そのニーズをもとにどのようなポジションがあり、競合はどこに位置しているかを考えます。

このときには2つの軸でポジションを整理するポジショニングマップというツールが使えます。自社より強い競合と争わないポジショニングで、自社の強みや経営資源と関連性が高いポジションを見つけられることが理想です。

4P

4Pもマーケティングで使うフレームワークでProduct（製品）、Price（価格）、Promotion（プロモーション）、Place（流通）の4つのPの頭文字をとったものです。

自社のプロダクトやソリューションを顧客に届けるための戦略を考える際に、考慮しなければいけないポイントです。

【Product（製品）】

販売する製品やサービスです。プロダクトが顧客のニーズを満たすものでなければ、他の項目を満たしていても顧客に価値を届けることはできません。

STPで定めたポジションをとるために、「どんなターゲットのどんなニーズを満たすのか」「どんな課題が解決できるのか」「競合との差別化ポイントはどこなのか」をもとに、プロダクトを考えていくことが重要です。

【Price（価格）】

どんなに素晴らしいプロダクトだったとしても、価値と大幅に乖離《かいり》した金額であれば売れませんし、逆に安すぎると利益があがらずビジネスが成長しません。

売上を最大化するためにはプライシングは非常に重要です。

4P

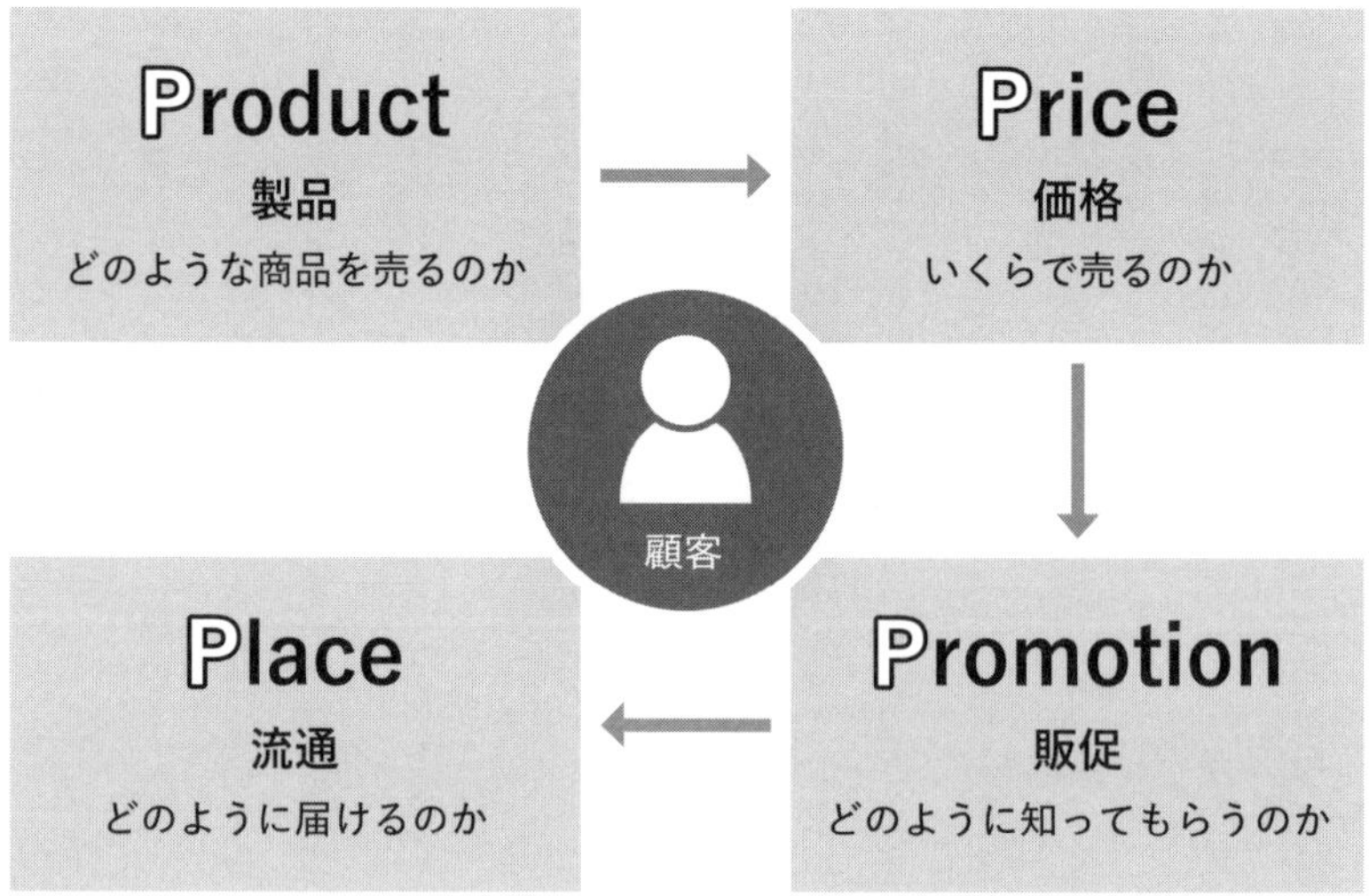

顧客が購入してくれて、利益も最大化させるためには3つの観点からプライシングを考える必要があります。

価値ベース：提供価値に見合ったプライシング。どんなに原価が高いラーメンをつくったとしても美味《おい》しくなければ売れませんし、原価が安くても高くても美味しければ売れます。提供価値をもとに顧客が購入してくれる価格を考えます。

競合ベース：顧客が払ってもいいと考える金額は価値だけではなく、競合の価格にも影響を受けます。美味しいラーメンを1500円で提供して行列ができていたとしても、隣に750円で同等の美味しさのラーメン屋さんができると、相対的に高いと感じられてしまいます。競合との強い差別化項目がない場合は競合の価格も気にする必要があります。

コストベース：基本的には価値や競合ベースでプライシングを考えるべきですが、コストも無視はできません。コストが高いと利益が上がらず、原価が高ければマーケティング費用もかけることができません。競合の価格が安く、コストベースで考えたときにメリットがなく、それ以上コストが下げられないのであればポジショニングを変える必要があります。

【Promotion（販促）】

顧客に価値を提供できるプロダクトがあり、価値に見合った価格で提供していても、誰にも知られなければ売れませんし、事業を継続できません。プロモーションは販売促進活動のことで、顧客に認知してもらうために行います。わかりやすいところでいうとテレビＣＭやＳＮＳでの発信、イベントの実施などがあります。

認知にも段階があり、まずは企業名や商品名を知ってもらうところからですが、それだけでは不十分で、商品の価値、魅力、強み、特徴まで認知されていなければ、なかなか売上には繋がりません。

また、プロダクト、プライスが不十分な状況でプロモーションに力を入れてしまうと、認知はされても売れない、購入した顧客からのクレーム、解約などが発生し、かけたコスト、リソースがムダになってしまいます。

立ち上げたばかりのビジネスでは、製品や価格が顧客にフィットして、認知さえされれば売れて価値も届けられるＰＭＦ（プロダクトマーケットフィット）と呼ばれる状態になってから、プロモーションに投資することが求められます。

【Place（流通）】

最後のプレイスは販売する場所や、流通の経路を指します。どこで買えるのかも重要です。単価が安く日常的に良く購入するものであれば、コンビニなど身近にある店舗で買えるほうが便利ですし、家電製品など比較的単価が高いものであれば、家電量販店のように家電を買うという目的を持っていて、比較して購入したいという人が集まる場所のほうが適しています。最近であればインターネットで直接販売することで、利益を多くすることもできますし、Amazon、楽天市場のようなECモールで簡単に全国に販売することもできます。

法人の場合は代理店を使うのかも重要です。直販であれば専任の営業が販売するため、難しいプロダクトでもしっかり製品説明して価値を伝えることが可能です。一方、代理店を使うとプロダクトへの専門性は下がりますが、自社の従業員として採用する必要がないため、時間をかけずに販売リソースを確保できます。また、販売網、顧客接点を最初から持っていることも多いため、説明が簡単なプロダクトでは早く販路を拡大できます。

プロダクトの性質やターゲットによって、どちらが適しているかは変わるので、どちらを選択するのか、併用するのかもしっかり考えなければなりません。

エンタープライズ向けERPとクラウド会計ソフトの4P

	エンタープライズ向けERP	クラウド会計ソフト
Product	高機能。業務のカバー範囲が広い。あらゆる業種で利用可能。	操作が簡単に使える。財務会計が中心でシンプル。
Price	高価格。数億円〜	低価格。数万円〜
Promotion	By nameでターゲットを決めて戦略的にアプローチ。アウトバウンドも多い。	入り口として無料トライアルを提供。ウェブマーケティング中心でインバウンドが多い。
Place	直接販売や大手SIer経由での契約。個別に条件を交渉して契約書を締結。	ウェブからの申し込みが中心。顧客自身が申し込んで開始することができる。家電量販店等でも販売。

さらに、コトラーが4Pを発展させた7Pというフレームワークもあります。

こちらは無形材に適用させたフレームワークです。モノ消費からコト消費に変化することで重要度が増す、Personnel（人・要員）、Process（業務プロセス・販売プロセス）、Physical Evidence（物的証拠）という3つのPを追加しています。

Personnel（人・要員）：従業員、関係者、関連会社社員など顧客にサービスを提供する要員

Process（業務プロセス・販売プロセス）：顧客がサービスを受ける前後のプロセス。サービスを受ける前に顧客の過去の来店情報をもとにカスタマイズしたサービスを提供したり、アフターフォローなどが該当する

Physical Evidence（物的証拠）：安心や

安全保障を顧客に提供する。契約書やサービス規約、トレーサビリティ、SLA（サービスレベルアグリーメント）等が該当する

イノベーター理論とキャズム

顧客をセグメンテーションするにあたっては、スタンフォード大学のエベレット・M・ロジャーズ教授が提唱したイノベーター理論もよく使われます。

新製品やアイデアが普及していく段階を時間軸で分析し、顧客をイノベーター、アーリーアダプター、アーリーマジョリティ、レイトマジョリティ、ラガードの5つのグループに分けます。ハイテク業界を始めとしたテクノロジー関連業界でよく取り入れられる、顧客セグメンテーションです。私は日本でテクノロジー関連の営業にずっと携わっていますが、日本ではリスクを取って大きな変革をしようという顧客が少なく、既存の仕組みと整合性を取りながら改善していこうという顧客が多いので、イノベーター、アーリーアダプターの比率は、次に記載しているアメリカの比率より少ないという市場特性があると思います。

イノベーター：テクノロジーマニア（2・5％）：新しいモノにすぐ飛びつく人です。世の中の評判、実績、事例ではなく自分の興味で購入します。その領域でのリテラシーが高く、革新的なモノを好みリスクを厭《いと》わないのが特徴で、全体の2・5％の割合になります。新規サービスを広めるためには、まずイノベーターに興味を持ってもらうことが重要です。

イノベーター理論とキャズム

5つの消費者層と、新商品が浸透する順番

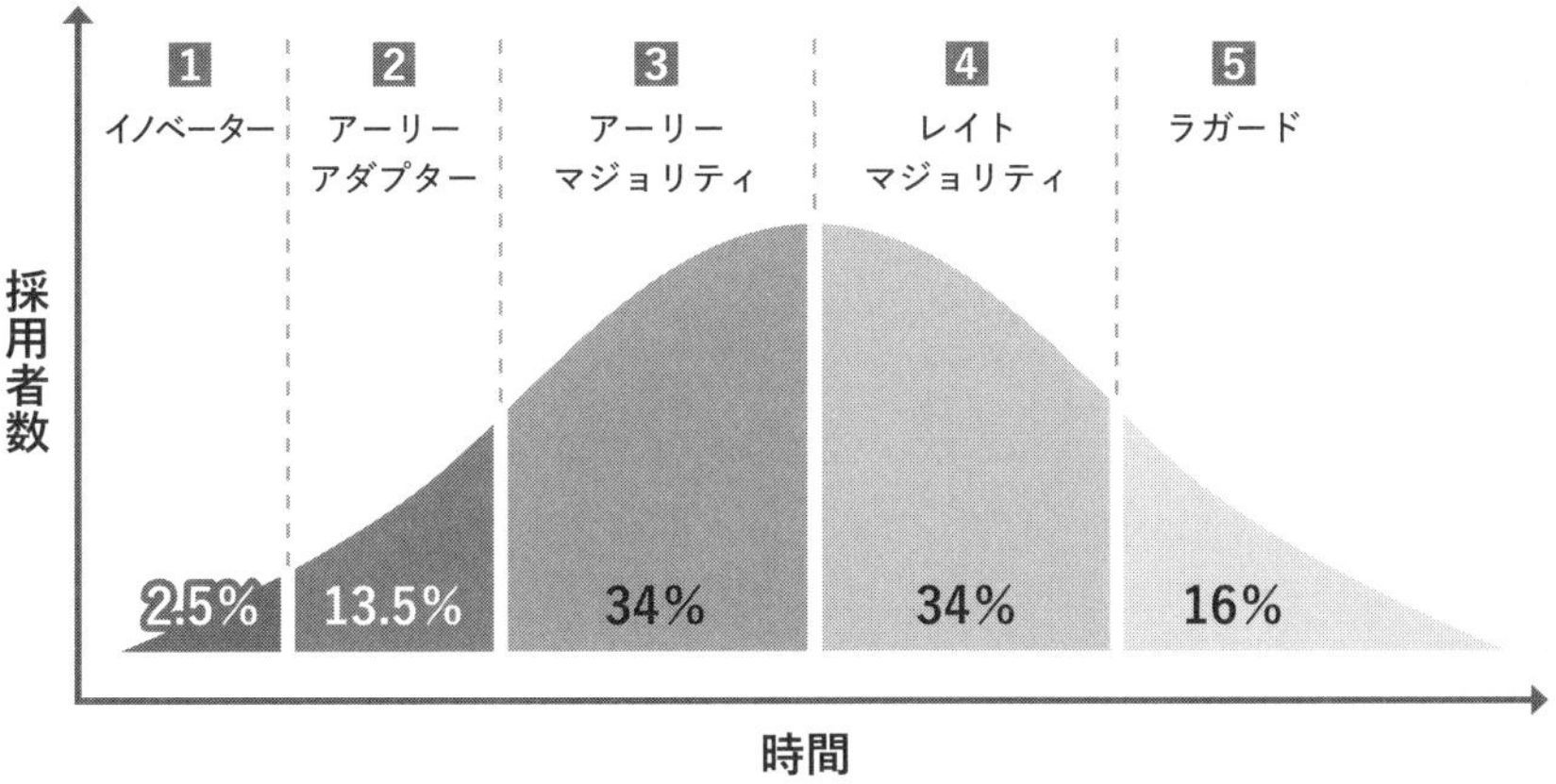

アーリーアダプター：ビジョナリー（13・5％）：イノベーターに続いて新しいモノを早期に購入する顧客です。イノベーターのようにリテラシーが高く、新しいモノが好きですが、全くリスクをとらずに飛びつくのではなく、イノベーターが使い始めた実績を見てから興味を持ちます。新しいモノを使っている自分を知ってほしいという承認欲求があり、発信力があるオピニオンリーダー、インフルエンサーも多いので、アーリーマジョリティに大きな影響力を持ちます。

アーリーマジョリティ：実利主義者（34％）：イノベーターやアーリーアダプターが導入している実績をみてから購入する層です。新しいモノを取り入れて改善することに前向きですが、メリット、信頼性、安心感などの実績も重視してリスクと比較

したうえで購入します。

全体の1／3を占めて、イノベーター、アーリーアダプターも合わせると50％になります。アーリーマジョリティまで普及することができれば、大きな市場シェアを獲得することができ、新規参入する競合への参入障壁にもなります。

レイトマジョリティ：保守派（34％）：レイトマジョリティは世の中の半分以上の人が使ってから購入します。保守的で、新しいモノより現状維持を好みます。メリットよりもリスクを高く評価するため新しいモノを取り入れる際にも、しっかり調査を行って検討してから購入します。

ラガード：懐疑派（16％）：新しいモノに興味を示さず、周りの人が使っていても購入しない層です。変化を非常に嫌がり、よほどの理由がなければ新しいモノに替えることはありません。レイトマジョリティは変化しないことに強いこだわりがあるわけではないですが、ラガードの場合は変化しないことに対しての信念や理由を持っています。

どの顧客層をターゲットにするかによって、プロダクトの特徴、マーケティング手法等も変わってきます。特に新しいビジネスや新商品を拡販していくためには、新しモノ好きなオピニオンリーダーである「イノベーター層」「アーリーアダプター層」の合計16％への普及が重要で、シェアが16％を超えると普及率が急に伸びるため、ロジャーズは「普及率16％の論理」を提唱しています。

この「普及率16％の論理」に対して異を唱えたのが、ジェフリー・ムーアの「キャズム」です。「アーリーアダプター」に普及したあと、「アーリーマジョリティ」に普及できなかったプロダクトが多いことから、この間の溝をキャズムと呼び、乗り越えられなければ「メインストリーム市場で普及できずにやがて消えていく」としています。

実は「アーリーアダプター」と「アーリーマジョリティ」は企業規模などの属性が似ています。しかしプロダクトを導入する目的が違うため、「アーリーアダプター」向けで上手《うま》くいっていたポジションをとっても「アーリーマジョリティ」には普及していきません。

アーリーアダプターの目的：変革のための手段。競合に対して先んじて変革をして大きく水をあけることを目的としている。古いやり方と新しいやり方に連続性がなく断絶していて社内の実務担当者から反対があろうともやり遂げようとする。初期ユーザーで発生するバグなどのリスクも覚悟している。デジタル化においてはデジタライゼーション、ＤＸまで求める。

アーリーマジョリティの目的：現行オペレーションの生産性改善の手段。古いやり方と新しいやり方に連続性を求め、変革ではなく既存の方法の進化を求めている。バグ等のリスクなく問題なく稼働し、今より確実に良くなる実利を求める。デジタル化で求めるのはデジタライゼーション。

このように、目的が違うため「アーリーマジョリティ」に普及させるためにはポジションを変える必要があります。

アーリーマジョリティが重視するポイントには以下のようなモノがあります。

・同業種、同規模など属性が近い実績を重視する
・マーケットリーダーを信頼する
・口コミなどユーザーの声を集める

このような特性があるので、実績がない中、やみくもに提案してもうまくいきません。まずは、攻略可能でそこを起点にして市場を拡大できるようなニッチな市場に絞り、リソースを集中させて実績を作る必要があります。

私も、アーリーアダプターの顧客に一通り提案をし終わり、アーリーマジョリティの顧客に提案を始めたところ、急に難度が上がり今までのメッセージが通用しなくなったという経験が二度あります。

事業の成長スピードが鈍化するので、成長企業にとっては〝キャズム越え〟は大きな課題になります。テクノロジー企業、成長企業の顧客とビジネスについて話す際には外せない理論でもあります。

他にも、新しいテクノロジーのアーキテクチャー自体に興味がある「イノベーター」と、これまで実現できなかったことが実現できるようになる価値に興味がある「アーリーアダプター」とでは訴求すべきメッセージは変わりますし、テクノロジーに強い「アーリーマジョリティ」と違い、テクノロジーが苦手な「レイトマジョリティ」は簡単に操作できるユーザビリティを

重視する必要があるなど、「キャズム」で分断されている層ごとに取るべきマーケティング手法やメッセージは異なります。

購買行動モデル(AIDMA、AISAS、VISAS)

マーケティング施策を考える際には、ユーザーの購買行動モデルによる分解も良く行われます。代表的なモデルとしては左記のようなものがあります。

▼AIDMA

マス広告が中心のころから良く使われている購買モデルです。

購入されないのは、認知が低いからなのか、欲しいと思われていないからなのか、欲しいけど購入のアクションが面倒だからなのか、理由によって行うべき施策は異なります。認知が低ければ、広告を打って認知してもらう必要がありますし、欲しいと思われていないのであれば訴求メッセージを変えたり、機能や価格を変える必要があります。購入するのが面倒なのであれば、買いやすいように買える場所、流通、購入ページの見直しをする必要があります。

購入までのプロセスを分解することで、どこにボトルネックがあり、どのような施策を行うべきかが考えやすくなります。

Attention(注意・認知):CM、チラシ、店頭などで商品を認知する
Interest(興味・関心):商品に対して興味をもつ

Desire（欲求）：商品を欲しいと思う
Memory（記憶）：商品を記憶する
Action（行動）：商品を購入する

▼AISAS

インターネットの普及によって情報収集の手段が変わったことにより誕生した購買モデルです。

皆さんも興味を持ったあとにGoogleなどで検索して情報収集することがよくありますよね？　検索で上位に表示されたり、クリックしたくなる言葉選び、購入しやすいLP（ランディングページ）の作成などが重要になります。

また、SNSや口コミ評価も判断基準の大きなウェイトを占めるので、購入してもらって終わりではなく、その後のアフターサポートも重要になります。

Attention（注意・認知）：CM、チラシ、店頭などで商品を認知する
Interest（興味・関心）：商品に対して興味をもつ
Search（検索）：商品についての情報をインターネットで検索する
Action（行動）：商品を購入する
Share（共有）：SNSなどに口コミやレビューを投稿して情報を共有する

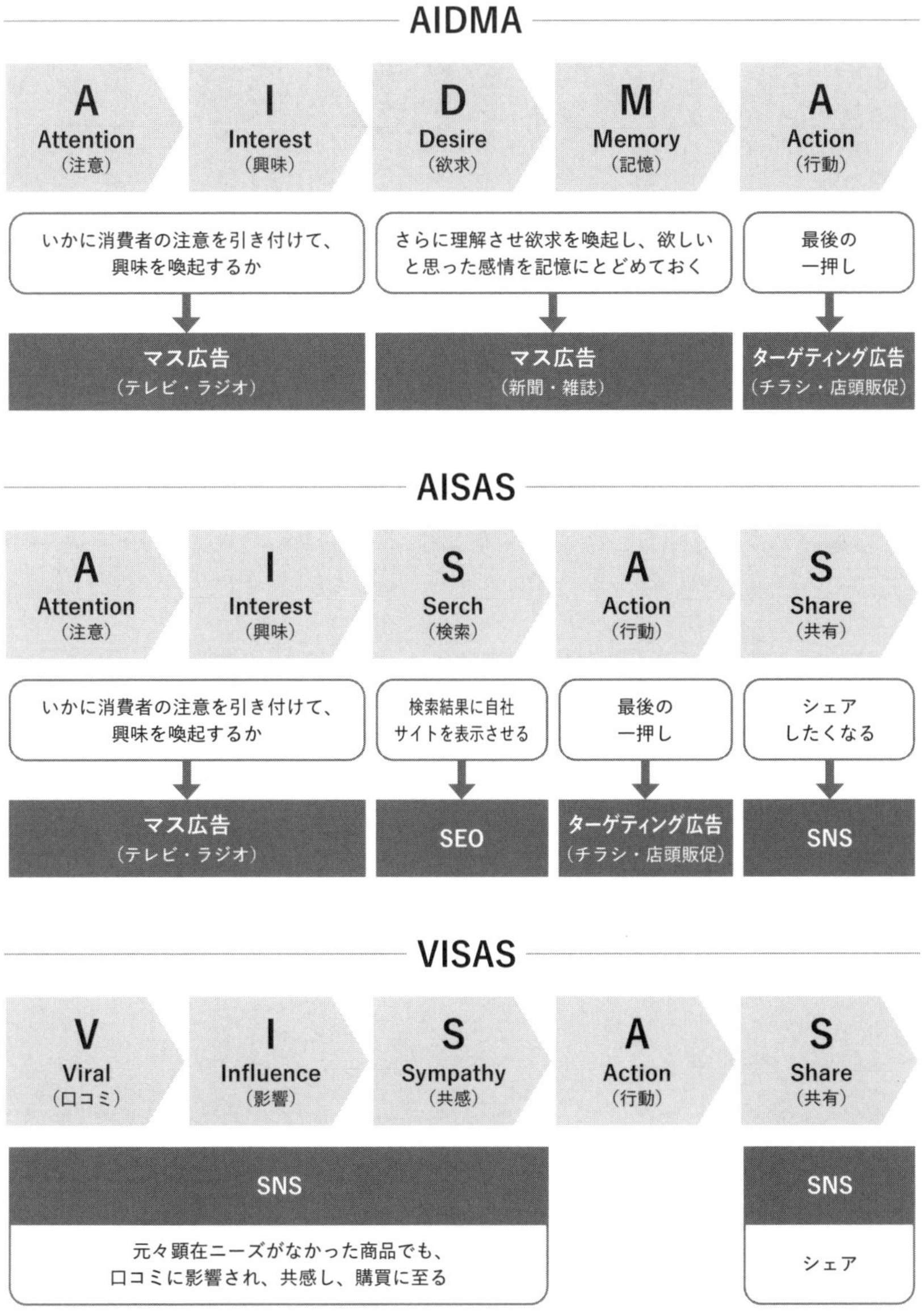
AIDMA
A
Attention
(注意)
I
Interest
(興味)
D
Desire
(欲求)
M
Memory
(記憶)
A
Action
(行動)
いかに消費者の注意を引き付けて、興味を喚起するか
さらに理解させ欲求を喚起し、欲しいと思った感情を記憶にとどめておく
最後の一押し
マス広告
(テレビ・ラジオ)
マス広告
(新聞・雑誌)
ターゲティング広告
(チラシ・店頭販促)
AISAS
A
Attention
(注意)
I
Interest
(興味)
S
Serch
(検索)
A
Action
(行動)
S
Share
(共有)
いかに消費者の注意を引き付けて、興味を喚起するか
検索結果に自社サイトを表示させる
最後の一押し
シェアしたくなる
マス広告
(テレビ・ラジオ)
SEO
ターゲティング広告
(チラシ・店頭販促)
SNS
VISAS
V
Viral
(口コミ)
I
Influence
(影響)
S
Sympathy
(共感)
A
Action
(行動)
S
Share
(共有)
SNS
元々顕在ニーズがなかった商品でも、口コミに影響され、共感し、購買に至る
SNS
シェア

▼VISAS

最近ではSNSで知って購入する人が増えています。SNSからの発信は、販売者ではなく自分と同じ購買者からのものなので、共感しやすく信頼につながります。自分と趣味嗜好、属性が近い人に対してのほうが共感しやすいため、発信者は必ずしも芸能人のような有名な人である必要はありません。そして、購入した人が更に情報を発信してくれることで認知が広まっていきます。

Viral（口コミ）：口コミによって商品を認知する
Influence（影響）：口コミを発した人物の影響を受ける
Sympathy（共感）：影響を受けて共感する
Acthion（行動）：商品を購入する
Share（共有）：SNSなどに口コミやレビューを投稿して情報を共有する

他にもUGC（User Generated Content）という、消費者発信のコンテンツを重視する「ULSSAS」、コンテンツマーケティング読者の購買行動をモデル化した「DECAX」などがあるので、自社に適した購買行動モデルで分解してみましょう。

≫デマンドウォーターフォール

デマンドウォーターフォールはSiriusDecisions, Inc.（現Forrester Research, Inc.）が提唱した、

The Demand Waterfall

出典：SiriusDecisions, “The Evolution of the Demand Waterfall®”より一部改変

BtoB企業のマーケティング、セールスにおける、案件発掘から受注までのプロセス管理でよく使われるフレームワークです。２００６年に発表した「The Demand Waterfall」、２０１２年の「Rearchitected Waterfall」、２０１７年の「Demand Unit Waterfall」、SiriusDecisionsを買収したForresterが２０２１年に発表した「B2B Revenue Waterfall」と、市場・営業手法にあわせて進化し、４つのバージョンがあります。

「The Demand Waterfall」は、「Inquiries（問い合わせ）」→「Marketing Qualified Leads（マーケティングが精査したリード）」→「Sales Accepted Leads（営業が受け入れたリード）」→「Sales Qualified Leads（営業が精査したリード）」→「Close/Won Business

（クロージング／成約）」の5つのステップに分かれます。

ファネルとよばれる漏斗状に図解することができ、「Inquiries/MQL」「MQL/SAL」「SAL/SQL」「SQL/Close」のように転換率を計算することで、どこにボトルネックがあって、改善しなければいけないのかがわかります。

Inquiries からMQLへの転換率が悪ければ、自社が課題を解決できないようなターゲット外の顧客からの問い合わせが多い可能性があります。この場合は、問い合わせしてくる人たちが自社のプロダクトにフィットするよう広告などのメッセージを変える必要があります。

MQLからSALへの転換率が低いのであれば、インサイドセールスの興味を持ってもらうためのスキルが低いのかもしれませんし、MQLの精査基準が低いのかもしれません。

このように、リード管理のプロセスも分解することで、ボトルネックの発見や対策が打ちやすくなります。

「Rearchitected Waterfall」は「The Demand Waterfall」を進化させて細分化したフレームワークで、現在よく使われています。営業が提案する前段階でのリードの重要性が認識され、インバウンドマーケティングやマーケティングオートメーションを取り入れる企業が増える中で、そういったプロセスにも対応しています。

「Inquiries（問い合わせ）」を、顧客が自分からウェブで検索などして問い合わせ、資料のダウンロードをしてきた「インバウンド」、ダイレクトメール、テレビCM、展示会、テレマーケ

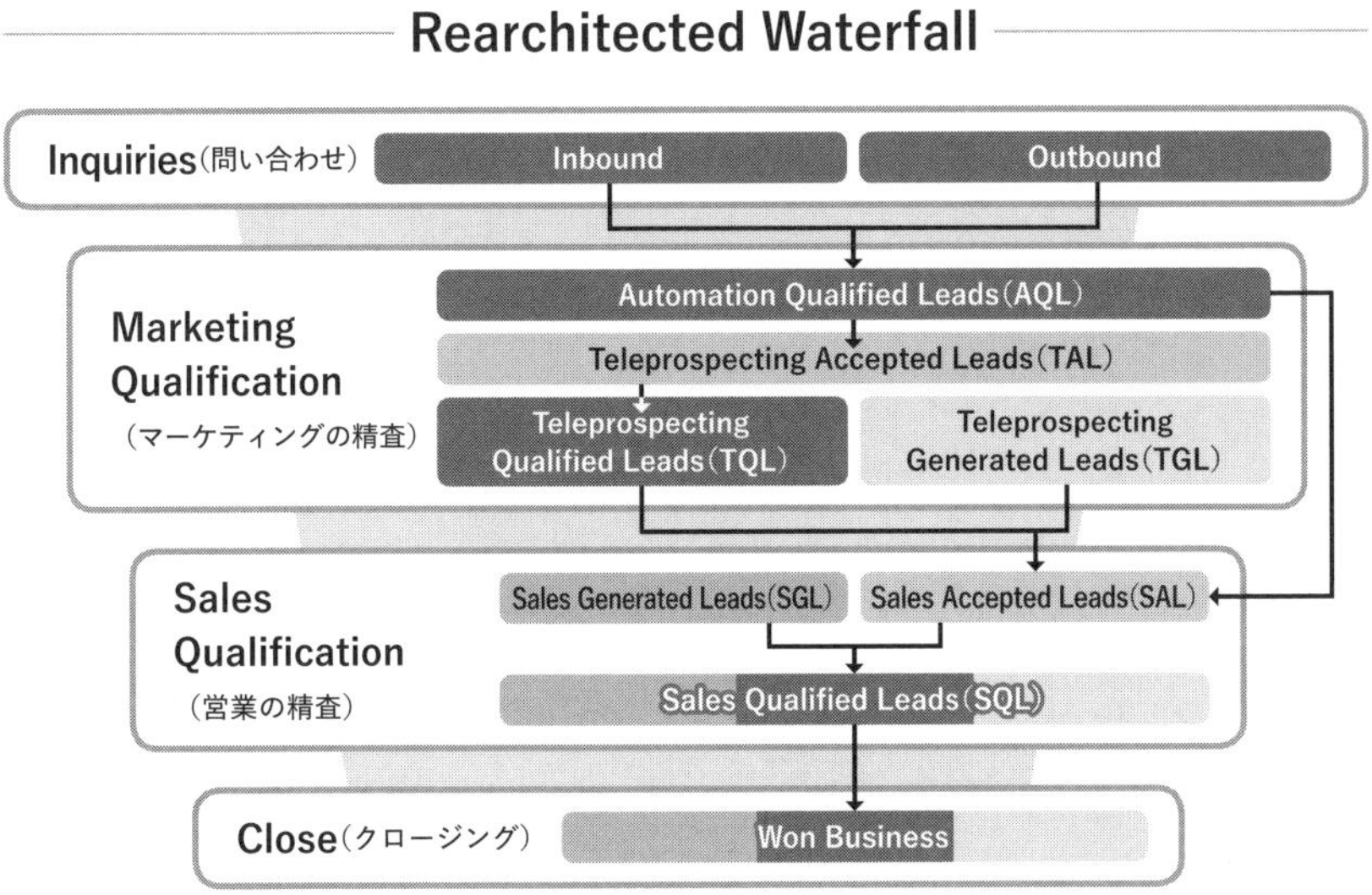

出典：SiriusDecisions, "The Evolution of the Demand Waterfall®" より一部改変

ティングなどで顧客自身が情報を探していない状況にプッシュ型でアプローチする「アウトバウンド」に分けます。

「Marketing Qualification（マーケティングの精査）」では「Inquiries（問い合わせ）」をMarketing Automation のスコアリングで自動的に精査する「Automation Qualified Leads（AQL）」、AQLに対して電話をして継続的にフォローすべきと判断した「Teleprospecting Accepted Leads（TAL）」、TALの中で提案するタイミングが適切で現在営業が提案すべきと判断した「Teleprospecting Qualified Leads（TQL）」、AQLが足りないときにコンタクトのない顧客に代表電話から電話をして取得する「Teleprospecting Generated Leads（TGL）」に分けます。

「Sales Qualification（営業の精査）」では

マーケティングでの精査を経て来たリードに対して、営業が提案することを合意したリードを「Sales Accepted Leads（ＳＡＬ）」とします。また、マーケティングを経由せずに営業が自ら作り出したリード「Sales Generated Leads（ＳＧＬ）」も重要です。ＳＧＬは過去失注した顧客を定期的にフォローしたり、セミナーや交流会に参加して関係性を作って「引き合い」をもらいます。

引き合いのリードは受注率が高いことが多く、売上をのばすためには積極的に取得する必要があります。一方、定量的にコントロールがしにくく、属人的で管理がしにくいという特徴もあります。ルールを決めてモニタリングをすることで、売上に貢献するよう管理レベルを上げなければなりません。

ＳＡＬ、ＳＧＬを営業が精査して、受注確度が高く今提案すべきだと判断したリードがＳＱＬです。ＳＱＬになったリードは提案を進めて競合に勝ち、受注であるCloseを目指します。

「Demand Unit Waterfall」はＡＢＭ（アカウント・ベースド・マーケティング）が普及してきたことにより、アップデートされたウォーターフォールです。１人の顧客だけで購入の意思決定がされることはなく、ニーズ、役割などによって結びつけられた人たちが集まったグループで購入の意思決定をします。このグループをデマンドユニットと呼び、デマンドユニットへのアプローチが意識されています。

「Rearchitected Waterfall」の「Inquiries（問い合わせ）」のフェーズの前に、潜在的なデマンドユニットの数からターゲット市場と規模を定義する「Target Demand」、市場にいる顧客を把握して育成する「Active Demand」のフェーズがあるのが特徴です。アメリカではLinkedInが活用されており、日本とは状況が違いますが、FacebookやTwitterのリターゲティング広告などでも育成が可能です。

どのデマンドウォーターフォールで分解するかは、自社のビジネスモデルによって変わります。中小企業向けのビジネスであれば、多くの商談をこなす必要があり、一商談にかけられる時間が少ないのでシンプルな2006年の「The Demand Waterfall」がいいでしょうし、一商談に時間をかけ丁寧に進める必要がある大企業向けのビジネスであれば2012年の「Rearchitected Waterfall」、ABMを取り入れているのであれば「Demand Unit Waterfall」や「B2B Revenue Waterfall」など、ビジネスモデルに合わせて選択してください。

5W1H

5W1Hは、目的、ゴールの整理や、コミュニケーションにおける認識齟齬《そご》を防ぐのに役に立つフレームワークです。

・When（いつ）　・Where（どこで）　・Who（誰が）
・What（何を）　・Why（なぜ）　・How（どうやって）

という切り口で考えます。

・Ｗｈｏｍ（誰に・誰と）　・Ｈｏｗ ｍｕｃｈ（いくらで）　・Ｈｏｗ ｍａｎｙ（どのくらい）

を加えて6W3Hにすることもありますし、目的に対して不要な項目があれば削ることもあります。

例えば私は、この本を書くにあたっても最初にこの切り口で整理しています。

〈Ｗｈｏ：自分が書く理由〉

キーエンス、ＳＡＰ、freeeなど有名企業での営業経験／ロジカルな営業として認知されている／若手の頃、営業の型を覚えるのは早かったが、とりあえず売ることが目的になっていることに腹落ちできず迷走していた

〈Ｗｈｏｍ：誰に〉

頭はよくて理解力があり覚えることもでき、受験では成功したが、営業では壁に当たっている人／教えられたことは覚えることができるが自分で考えられない人／失敗を恐れて仮説が作れない人／元自分のチームメンバーで仮説を作るのが苦手だった〇〇さん

〈Ｗｈｙ：目的〉

読者の目的：営業として売れるようになる／基本的な説明はできるようになったが顧客に合わせた提案ができない→できるようになる

自分が書く目的：若手営業の背中をおす／顧客を行動させることができる営業を増やす
〈How：どうやって〉
自分で考えるための原理原則を身につけられるようになるため、手っ取り早く取り入れられる手法（How）だけ書くのではなく、理由、根拠をしっかり書いて理解してもらう
〈What：何を書くか〉
右記をもとに全体の構成

このように整理してから書きはじめました。長文を書くのが初めてだったので、途中何度も話が違う方向にとびそうになりましたが、先に目的を4W1Hで整理したことにより自分が書くべきことを見失わなくなりました。

「ゴールから見る」の節でも書きましたが、目的、ゴールを具体化するのにも役に立つフレームワークです。

パレートの法則

パレートの法則は「80：20の法則」「2：8の法則」とよばれ、「経済における結果の大半は、ごく一部の要素によって生み出されている」という法則です。例えば、「世界の富の76％は上位10％の人が所有していて、下位50％の人が所有している富は2％」に過ぎません。

企業であれば、「上位2割の顧客からの売上が全体の8割を占めている」「製品ラインナップ

のうち上位2割の製品の売上が全体の8割を占めている」「上位2割の営業が売上の8割を占めている」というケースが当てはまります。

この法則は統計的な理論ではなく、経験則から生み出されているので80：20ではないケース、平均的に売上が上がり分布が偏らないケースなど、パレートの法則が当てはまらないケースも多くあります。

この法則を使う目的としては、当てはめてみて偏りに気づくことです。「考えなしに、平均的にマーケティングコストや営業リソースを使っていないか？」「2割のロイヤルカスタマーへのアップセルに注力したほうがROI（費用対効果）が高いのではないか？」「8割のロングテールをロイヤルカスタマーにするために効率的にアプローチする方法はないか？」など、施策の優先順位を考える際に役に立ちます。

財務3表

財務3表はフレームワークではないですが、企業の収益や費用、利益をMECEに表しており、定量的な数字で測れるので、ボトルネックを把握するために非常に役に立ちます。

結果がそのまま表現されているので、顧客のビジネスの話をする際にはベースになります。

私自身は会計の専門家ではないですが、ERP（Enterprise Resource Planning／企業資源計画）や、会計ソフトの営業で身につけた最低限の知識だけでも十分役に立っています。

▼PL（損益計算書）

当期の1年間にどれだけの収益をあげ、費用を支出して利益、損失があったのかを表しています。

次の5つの損益を理解していくと会計に詳しくない人でも見当がつくと思います。

〈売上総利益〉

「売上高－売上原価」の式で表される

売上高＝商品の販売、サービスの提供など本業で得られた収入

売上原価＝商品やサービスを作るのにかかった費用。材料費や製造にかかわる人件費が含まれる（売れ残り分は含まない）

粗利ともよばれ、その商品がどれだけの利益を生み出すのかを表します。この売上総利益がマイナスだと、売れば売るほど赤字になりビジネスとして成り立ちません。売上総利益率が大きければ販売数量をそこまで増やさなくても利益額があるので、売上原価を下げることが重要です。

〈営業利益〉

「売上総利益－販売費及び一般管理費」で表される

販売費＝販売活動に関連する費用。広告宣伝費、販売手数料、営業の人件費などが含まれる

一般管理費＝企業全体の一般管理に必要な費用。通信費、家賃、水道光熱費、消耗品費、間接部門の人件費などが含まれる

営業利益は、売上高から売上原価を引いた売上総利益に対し、そこから販促活動や会社経営にかかる費用を引いており、本業での儲《もう》けを表します。ビジネスとしてうまくいっているかを測る指標になるので、営業利益を売上高で割った営業利益率も重視される項目です。

〈経常利益〉

「営業利益＋営業外収益－営業外費用」で表される

営業外収益＝本業以外で得られる経常的な収益。受取利息や受取配当金、不動産賃貸料収入など財務活動で得た収入が含まれる

営業外支出＝本業に直接関わりのない経常的な支出。支払利息、為替《かわせ》差損などが含まれる

経常利益は本業での利益を表す営業利益に、投資運用など本業以外で得た収益、それにかかった費用を合わせたものです。企業が行っている事業全体からの経常的に得た利益なので、会社の実力を表しています。

PL(損益計算書)

残高試算表

損益計算書

○○○○
2022年01月01日～2022年12月31日　【税込】（単位：円）

勘定科目	借方金額	貸方金額	期間残高	構成比
売上高	0	40,120,028	40,120,028	100.00
売上高計	0	40,120,028	40,120,028	100.00
売上原価	3,679,210	3,502,220	176,990	0.44
期首商品棚卸	0	0	0	0.00
当期商品仕入	176,990	0	176,990	0.44
仕入高	176,990	0	176,990	0.44
他勘定振替高(商)	0	0	0	0.00
期末商品棚卸	3,502,220	3,502,220	0	0.00
期末商品棚卸高	3,502,220	3,502,220	0	0.00
商品売上原価	3,679,210	3,502,220	176,990	0.44
売上総利益	3,679,210	43,622,248	39,943,038	99.56
役員報酬	2,150,000	0	2,150,000	5.36
給料手当	12,661,420	0	12,661,420	31.56
外注費	91,200	0	91,200	0.23
広告宣伝費	151,680	0	151,680	0.38
交際費	215,187	0	215,187	0.54
会議費	86,372	0	86,372	0.22
旅費交通費	633,483	0	633,483	1.58
通信費	125,005	0	125,005	0.31
消耗品費	84,391	0	84,391	0.21
事務用品費	10,325	0	10,325	0.03
水道光熱費	187,920	0	187,920	0.47
新聞図書費	42,043	0	42,043	0.10
支払手数料	143,640	0	143,640	0.36
地代家賃	611,295	0	611,295	1.52
保険料	0	120,344	-120,344	0.30
減価償却費	200,000	0	200,000	0.50
貸倒繰入額(販)	235,201	0	235,201	0.59
販売管理費計	17,629,162	120,344	17,508,818	43.64
営業利益	21,308,372	43,742,592	22,434,220	55.92
有価証券売却益	0	8,000,000	8,000,000	19.94
営業外収益	0	8,000,000	8,000,000	19.94
有価証券売却損	4,500,000	0	4,500,000	11.22
営業外費用	4,500,000	0	4,500,000	11.22
経常利益	25,808,372	51,742,592	25,934,220	64.64
特別利益	0	0	0	0.00
固定資産売却損	2,000,000	0	2,000,000	4.99
特別損失	2,000,000	0	2,000,000	4.99
税引前当期純利益	27,808,372	51,742,592	23,934,220	59.66
法人税等	5,647,407	0	5,647,407	14.08
法人税等	5,647,407	0	5,647,407	14.08
法人税等調整額	220,000	0	220,000	0.55
法人税等調整額	220,000	0	220,000	0.55
当期純利益	33,675,779	51,742,592	18,066,813	45.03

PLのロジックツリー

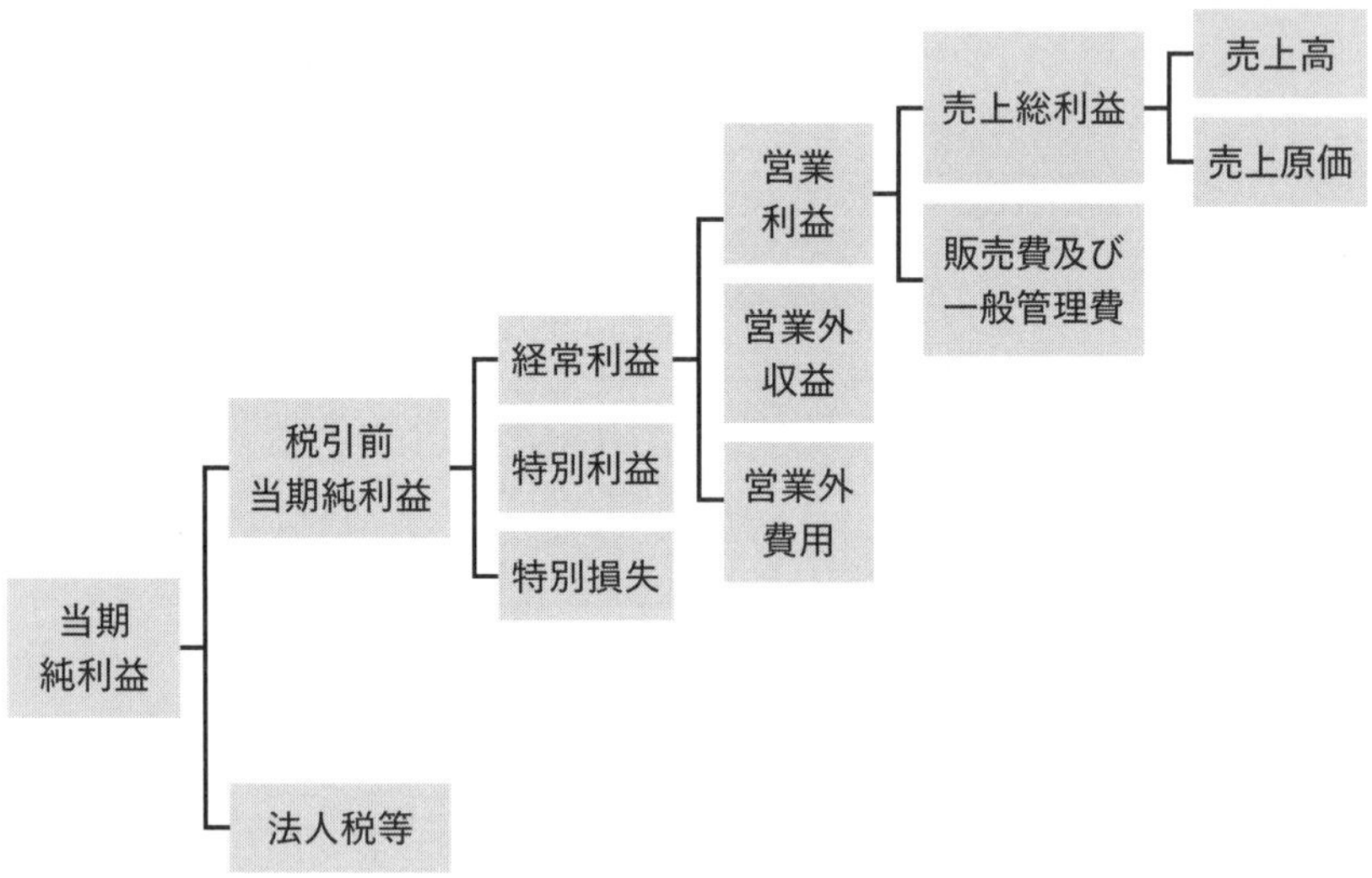

〈税引前当期純利益〉

「経常利益＋特別利益－特別損失」で表される

特別利益＝経常的な事業活動とは関係ないその期だけに発生した利益。固定資産売却益、投資有価証券売却益などが含まれる

特別損失＝経常的な事業活動とは関係ないその期だけに発生した損失。火災、自然災害、盗難等による損失、固定資産売却損、在庫商品の評価減などが含まれる

税引前当期純利益は、ある会計期間におけるほとんどの利益と損失を反映させた利益で、法人税など税金を控除する前の事業活動の利益になります。

〈当期純利益〉

「税引前当期純利益－法人税、住民税及び

事業税（±法人税等調整額）」で表される
税引前当期純利益から税金を引き、最終的なその会計期間の利益になる

会計ソフトなどでPLを見ていただければわかりますが、この5つの利益とそれを構成する項目はMECEな階層構造になっています。

前年と比較することで、どこが改善されたのか、どこが悪くなったのかがわかります。また競合と比較すれば、どこに自社の強み、弱みがあるのかも定量的に判断することができます。

▼BS（貸借対照表）

BSは決算のタイミングでどれだけ資産を持っているかを表現しています。PLがフロー型でその期間の収支を表しているのに対し、BSはストック型で積み上がってきた資産が決算のタイミングでどのくらいあるのかを表します。

BSも階層構造になっています。

BSは大きくは資産の部、負債の部、純資産の部の3つから成り立っており、「資産＝負債＋純資産」「資産－負債＝純資産」という式が成り立ちます。

〈**資産**〉

資産は会社が保有している財産を表します。現金と1年以内に現金化できる流動性の高い流動資産と1年以内には現金化しにくい固定資産に分かれます。固定資産は形のある有形固定資産、形のない無形固定資産、投資その他の資産に分かれます。

流動資産：現金、預金、売掛金、前払費用、棚卸資産など
有形固定資産：建物、機械装置、車両運搬具など
無形固定資産：ソフトウェア、特許権、商標権、のれんなど
投資その他の資産：投資有価証券、敷金及び保証金、貸倒引当金など

〈**負債**〉

将来的に支出になるものです。1年以内に支出する流動負債、1年以上先に支出になる固定負債に分かれます。

流動負債：未払金、前受収益、賞与引当金、短期借入金など
固定負債：長期借入金、資産除去債務、退職給付引当金など

BS(貸借対照表)

残高試算表

貸借対照表

○○○○

2022年01月01日～2022年12月31日　　【税込】（単位： 円）

勘定科目	期首残高	借方金額	貸方金額	期間残高	構成比
現金	5,924,869	292,499	80,701	6,136,667	5.12
三井住友（契約者番号）	48,426,138	3,322,800	1,815,136	49,933,802	41.69
みずほ	0	43,000,000	12,367,407	30,632,593	25.58
ソフトウェア	2,985,619	0	0	2,985,619	2.49
無形固定資産合計	2,985,619	0	0	2,985,619	2.49
固定資産合計	3,908,659	0	200,000	3,708,659	3.10
資産合計	85,148,055	53,115,597	18,493,164	119,770,488	100.00
買掛金	2,665,320	0	23,760	2,689,080	2.25
長期借入金	0	500,000	0	-500,000	0.42
固定負債合計	0	500,000	0	-500,000	0.42
負債合計	9,012,938	1,557,732	18,113,352	25,568,558	21.35
資本金	30,000,000	0	0	30,000,000	25.05

BSのロジックツリー

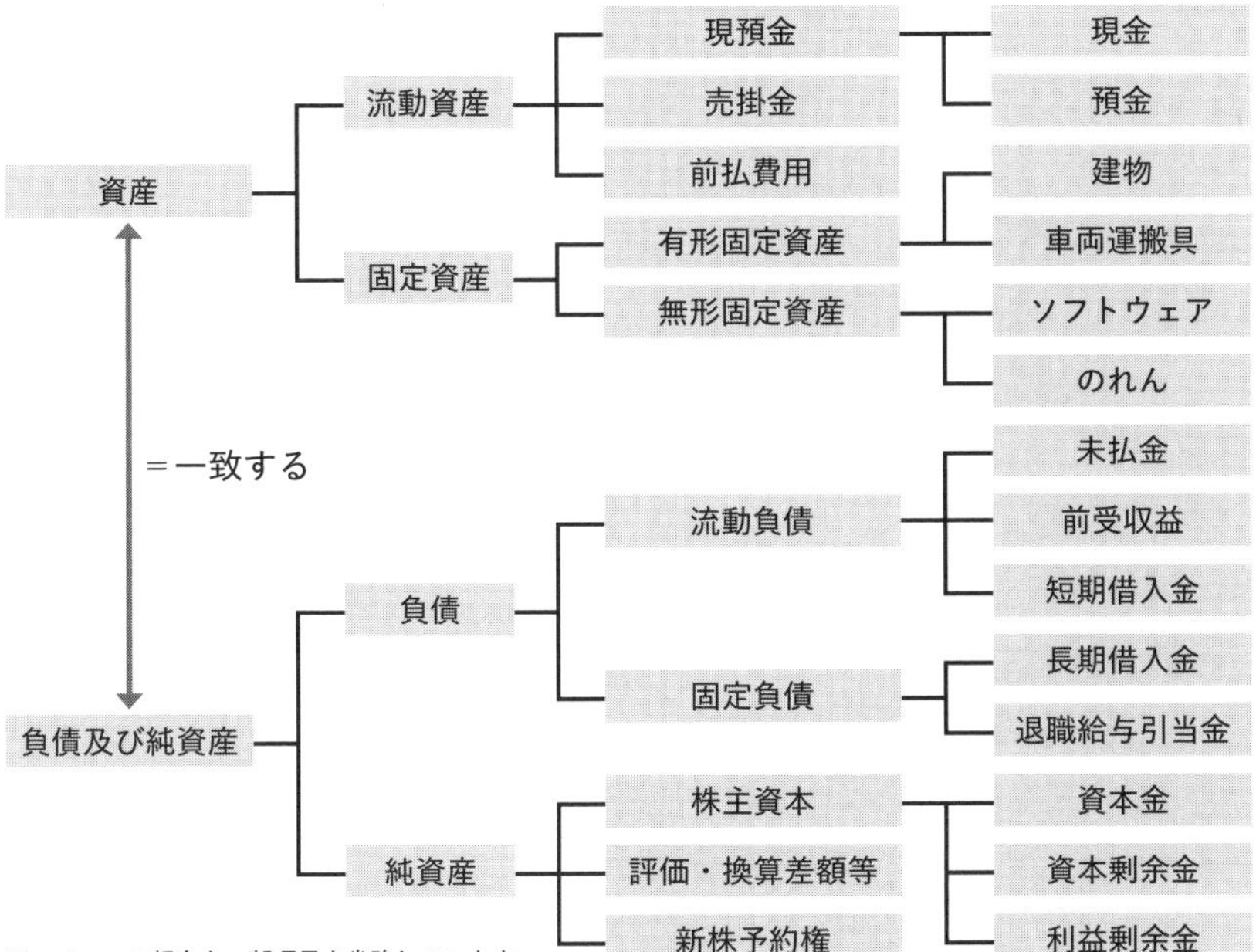

※スペースの都合上一部項目を省略しています

〈純資産〉

資産と負債の差額で、資本金と資本剰余金、利益剰余金などで構成されます。

資本金：株主からの出資

資本剰余金：株式発行など資本取引によって発生する余剰金

利益剰余金：事業を行う中で得た利益を社内に留保した剰余金。PLの当期純利益が利益剰余金として積み上がっていく

▼CS（キャッシュフロー計算書）

CSはその年度の資金の流れをまとめた資料です。キャッシュが手元にどのくらいあり、年度の中でどう増減したのかがわかります。

キャッシュとは現金、預金、換金性の高い資産などのことです。

ビジネスがうまくいっていて黒字でも、倒産してしまうことがあります。仕入れてから販売する場合、支払いと入金に時間差があります。利益が上がっていても、決済資金の不足により「不渡手形」を半年間で2回出してしまうと倒産してしまいます。

PLにおける収入、支出はキャッシュが入るタイミングとはズレているので、CSでキャッシュフローを管理する必要があるのです。

CSは、どうやって利益を上げているかを表現する「営業活動によるキャッシュフロー」、

CS（キャッシュフロー計算書）

間接法

区分	金額	
Ⅰ.営業活動によるキャッシュフロー		
税引前当期純利益	¥24,134,220	
減価償却費	¥200,000	
売上債権の増加（減少）	-¥1,504,729	
棚卸資産の増加（減少）	¥853,000.00	
仕入債務の増加（減少）	¥23,760	
小 計	¥23,706,251	
利息の受取（支払）	¥1,000,000	
法人税などの支払額	-¥5,647,407	
営業活動によるキャッシュフロー	**¥19,058,844**	a
Ⅱ.投資活動によるキャッシュフロー		
有形固定資産の購入	-¥1,000,000	
有形固定資産の売却	¥500,000	
有価証券の購入	-¥2,000,000	
有価証券の売却	¥3,000,000	
投資活動によるキャッシュフロー	**¥500,000**	b
Ⅲ.財務活動によるキャッシュフロー		
借入金の増加	-¥800,000	
借入金の返済	¥500,000	
株式の発行による収入	-¥1,000,000	
配当金の支払い額	¥100,000	
財務活動によるキャッシュフロー	**-¥1,200,000**	c
Ⅳ.現金及び現金同等物の増加額（減少額）	**¥18,358,844**	a+b+c
Ⅴ.現金及び現金同等物の期首残高	**¥81,239,396**	d
Ⅵ.現金及び現金同等物の期末残高	**¥99,598,240**	a+b+c+d

直接法

区分	金額	
Ⅰ.営業活動によるキャッシュフロー		
営業収入	¥40,120,028	
原材料または商品の仕入	-¥3,502,220	
人件費支出	-¥12,661,420	
その他営業支出	-¥250,137	
小 計	¥23,706,251	
利息の受取（支払）	¥1,000,000	
法人税などの支払額	-¥5,647,407	
営業活動によるキャッシュフロー	**¥19,058,844**	a
Ⅱ.投資活動によるキャッシュフロー		
有形固定資産の購入	-¥1,000,000	
有形固定資産の売却	¥500,000	
有価証券の購入	-¥2,000,000	
有価証券の売却	¥3,000,000	
投資活動によるキャッシュフロー	**¥500,000**	b
Ⅲ.財務活動によるキャッシュフロー		
借入金の増加	-¥800,000	
借入金の返済	¥500,000	
株式の発行による収入	-¥1,000,000	
配当金の支払い額	¥100,000	
財務活動によるキャッシュフロー	**-¥1,200,000**	c
Ⅳ.現金及び現金同等物の増加額（減少額）	**¥18,358,844**	a+b+c
Ⅴ.現金及び現金同等物の期首残高	**¥81,239,396**	d
Ⅵ.現金及び現金同等物の期末残高	**¥99,598,240**	a+b+c+d

何に投資しているかを表現する「投資活動によるキャッシュフロー」、どうやってお金を集めているかの「財務活動によるキャッシュフロー」の3つの構成でキャッシュフローを表し、「営業活動によるキャッシュフロー」には直接法、間接法の2つの作成方法があります。

直接法：実際の現金の動きを積み上げて営業活動の項目ごとにキャッシュフローの総額を表す。

例）営業収入、仕入支出、人件費の支出など

間接法：PLから営業CFを作る。税引前当期純利益から現金の動きのない売掛金、買掛金の差し引き、その期に現金の支払いがない減価償却費分の加算など計算からキャッシュフローを算出する。

財務3表の関係図

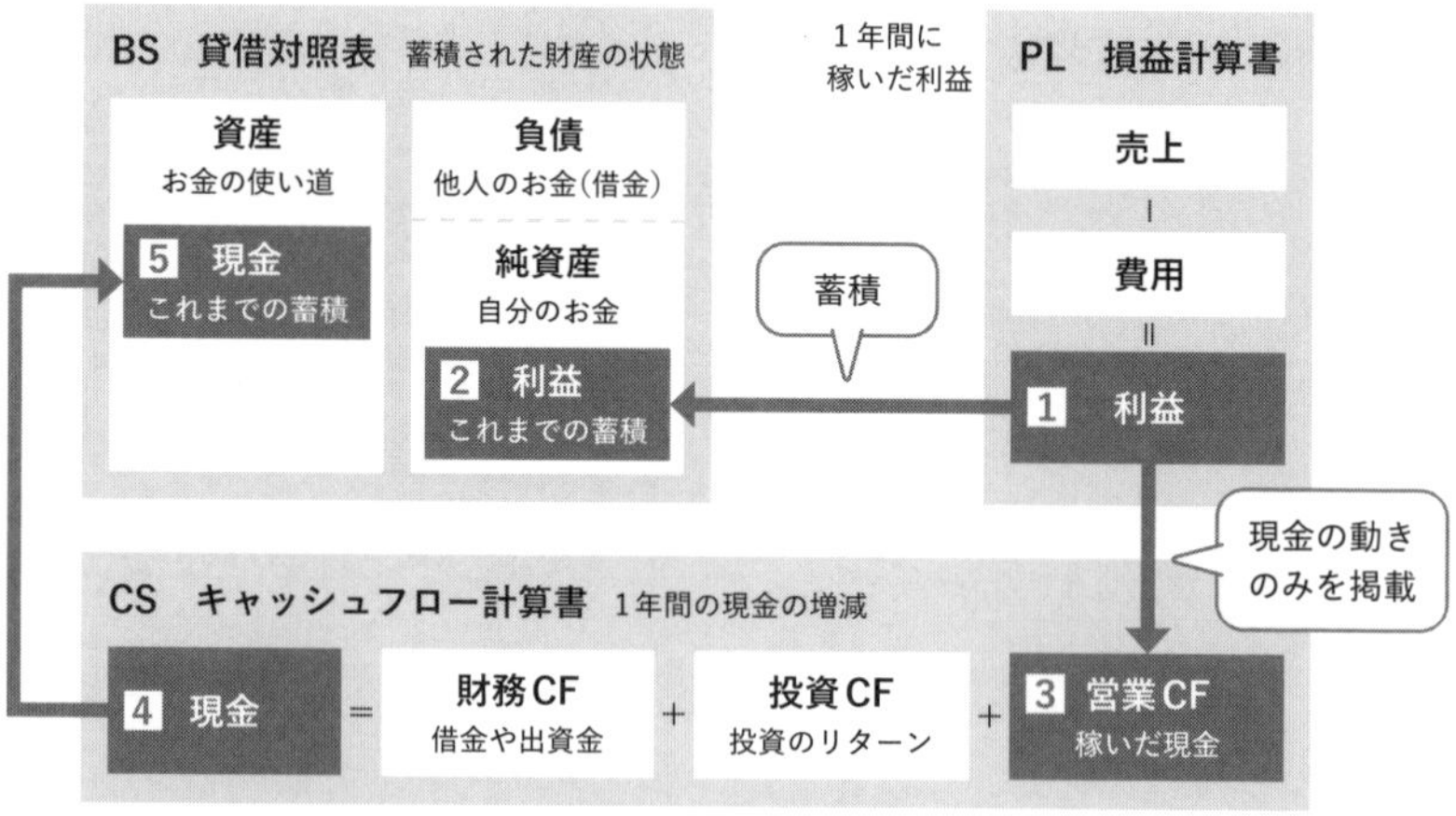

①→②毎年の利益を「純資産」として蓄積
③→④稼いだ現金に借金などを加えて最終的な「現金」を計算
④→⑤毎年の最終的な現金を「資産」として蓄積

直接法で作成する場合、現金の動きを積み上げないといけないため伝票をめくりながら作成する必要があります。一方、間接法は営業活動の項目ごとのキャッシュの動きは見られませんが、PLとBSさえあれば計算するだけで作成できます。

そのため、現在は簡単に作れる間接法が使われることが多いですが、IFRS（国際財務報告基準）ではより細かくキャッシュの流れを把握できる直接法を推奨しており、直接法を採用する企業も増えてきています。

④反対から見る

会話の主語が自分ではなく顧客になっているか？

「弊社は……」「弊社のプロダクトは……」「私は……」。商談の場面で、自分や自社を主語にして話し続けてしまう人が多いのではないでしょうか。営業経験が浅いメンバーと同席すると、そのように自社のプロダクトの強みをマシンガンのように話してしまう人がたまにいます。

営業の目的が相手の心を動かして行動させることだと考えると、本来は「御社は……」「御社のビジネスは……」「○○さん（商談相手の名前）は……」と、相手が主語になることが多くなるはずです。**自分や自社を主語にして話すことが多い人は、最終的な目的である「相手の心を動かして行動させる」ということを忘れ、「自分や自社のメリットを伝える」ことが目的になってしまっている**のではないでしょうか。

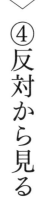

実は、私も新人の頃マシンガントークをしていました。

知識はあるほうだったので、自分の知っている自社プロダクトのメリット、強みを全部伝えたいと思ってしまい、限られた時間でできるだけ多くの情報を伝えようとしていました。しかし、商談が終わったあとに「検討しますね」の断り文句で終わってしまうことが多く、なぜ顧客の心を動かすことができなかったのか、いつも悩んでいました。

心を動かそうと考えたときに、顧客起点ではなく自分の知っているメリットを全て伝えてしまうことは、次の3つの観点からマイナスになります。

1．メリットが解決したい課題と結びついているか顧客が自分で考えて補完しないといけない

2．情報が過多になり、顧客はどれが重要だったのかわからなくなってしまう

3．自分に関係ないメリットが多い場合、それを実現するためのコストがかかっているはずなので、割高なのではないかと感じてしまう

例をあげてみましょう。あなたがスマートフォンの新機種の提案をしていたとして「このスマホのカメラは非常に画質が良く6400万画素あるのでとてもキレイな写真が撮れます」とメリットだけ伝えたとします。

写真が趣味であれば、「登山しているときに撮る風景の写真が、スマホでもキレイに撮れるのは便利だな」と思うかもしれませんが、多くの人は「そんなキレイな写真いらないよ」と思うのではないでしょうか。キレイな写真が不要だと思っている人にとっては、どんなにカメラの性能が高かったとしても全く価値を感じません。

しかし、その人に生まれたばかりの子供がいれば状況は違ってきます。

「子供の今この瞬間をあとから振り返って見られるのって動画か写真ぐらいしかありません。今撮っていなければ、動画や写真はあとからいくらお金を払っても手に入れることができないです

よね。画質のいいカメラを常に持ち歩くのは現実的じゃないので、日常をキレイに切り取れるのは画質の高いスマホしかありません。大きくなって振り返ったときや結婚式のオープニングムービーを作るときに、キレイな写真が残っていたら良いですよね」

「子供の成長を振り返るために、キレイな動画、写真を残しておきたい」という思いは最初から持っているかもしれませんが、全員が解決手段としてスマホのカメラの性能に結びつけられるわけではありません。あなたに言われて初めて気づき、スマホに結びつける人もいると思います。

ニーズと解決策としてのスマホが顧客の中で結びついて、初めてスマホのカメラのスペックを話す意味があるのです。いきなりスペックの話を始めてしまうと顧客がそのニーズを持っているかわかりません。持っていたとしても先ほどの例であげたようにメリットとつながるかは顧客次第になってしまいます。

2の情報過多については、例を挙げるまでもないと思いますが、一度に伝えるメッセージが多すぎると、一つひとつのメッセージが伝わり理解される情報量は減っていきます。

スマホの全ての機能についてこと細かに説明されるより、カメラの機能だけを説明されたほうがカメラ機能について印象に残りますよね。

顧客にとってカメラ機能が重要なのであれば、カメラ機能に絞って話をすべきです。

3についても考えてみたいと思います。

あなたはキレイな画面でYouTubeを見たり、ゲームをするためにスマホが欲しいと思っているとします。画面の解像度が高いスマホを買おうと思ったら、ハイエンド機種なので非常に解像度の高いカメラもついており高価でした。あなたが全くカメラを使うつもりがないとしたら、「カメラいらないからもっと安くしてよ」と思いませんか？

自分にとって価値がないものがついていることによって、ムダなコストを払っているように感じることがあります。

もし画面の解像度が高くカメラがついていない競合機種があり、自社プロダクトより安いのであれば、もちろんそちらのほうがいいです。しかし、そうではないケースもよくあります。

私は世界一のシェアを持つ企業やシェアを急激に伸ばしている企業など、いくつかの成功している企業で営業をしてきました。それぞれの企業で営業をする中で感じたのは、どんなプロダクト、ソリューションでも顧客の求める価値だけを完璧に提供しているというケースはないということです。大小はありますが機能の過不足が必ず発生するものです。

ところが、顧客の課題を解決でき、効果の大きさとしては投資する価値が十分あるのに、顧客にとって価値を発揮しない周辺機能があることによってムダだと認識されて投資されないということがよくありました。のちの章でも触れますが、行動経済学のプロスペクト理論に損失回避バイアスという法則があります。損失回避バイアスでは、人は得をする喜びよりも損をする痛みのほうを1・5～2・5倍大きく評価すると言われています。

人間は必ずしも合理的な判断をするわけではありません。関係がない情報は、その恩恵が受けられない場合、顧客は損をした気分になり判断を誤る可能性があります。顧客に関係のない余計な情報は伝えないほうがいいのです。

顧客の心を動かして行動させるために、顧客や顧客のビジネスを主語にして話すことが重要だということはご理解いただけたかと思います。

ではなぜ、顧客を主語にして話せないのか？

当時の私を振り返るとよくわかるのですが、それは反対側にいる顧客を理解しようとしていなかったからでした。

顧客については、自分が顧客自身でない以上、どんなに調べても情報に不足が出ます。その中でもできるだけたくさんのことを調べようとすると1つの商談準備に多くの時間がかかるようになり、（自分の業務の）目標を達成するためには一定数の商談をこなさなければならないので仕事が回らなくなります。完璧主義な価値観を持っていた当時の私は、完璧に理解できない顧客より、少しでも確実な理解ができる自社や自社プロダクトを理解することに多くの時間をさいていたのです。みなさんにも心当たりがある状況ではないでしょうか。

顧客を主語にして話すためには、顧客を理解しなければいけません。限られた情報、限られた時間のなかで、ではどうすればいいのかというと、「仮説」を使うのです。

仮説はここまでも述べてきたとおり、限られた情報の中から答えを立ててみて検証をするという方法です。顧客についてはまさに限られた情報しかありませんが、その情報を基に仮説を立ててみます。この仮説はもちろん完璧である必要はありません。

このとき重要なのは**自分が顧客の立場になってみて考えること、すなわち「反対から見る」**と

いうことです。自分が提案を受ける立場になって答えを考えてみると、決断して行動するには何が足りないかが見えてきます。自分が組織の中で働いているのであれば、自分だけでなく組織を決断させるには何が必要なのかも浮かんできます。

仮説が正しいのか検証し、決断するために足りないものを見つけ出し、それを解消していくのが商談の目的です。

顧客の検討プロセスを考える

顧客と営業ではそれぞれの立場の違いによりゴールも違います。

営業は一般的には何かを販売することをゴールとしており、売上高を目標に設定している企業が多いです。一方、顧客は何かを購入することがゴールではありません。購入によって課題解決をしたりビジネスを伸ばすという便益が得られてはじめてゴールになります。

顧客になりきって仮説を立てるためには、営業のゴールである「販売する」という意識があると邪魔になるので、一旦《いったん》忘れます。顧客になりきって、どうすれば自身（顧客）のゴール、目的が達成できるかを考えます。

顧客になりきることの解像度を上げるためには、自分自身が営業を受ける経験を積むことも有効です。営業のどんな発言や行動で自身の心がどのように動いたかを意識することで、仮説が立てやすくなるので、私は自分自身も積極的に営業を受けるようにしています。

またエスノグラフィーと呼ばれるような、顧客と同じ行動を取ってみて観察することも有効です。エスノグラフィーとは元々は文化人類学、民族学、社会学などで取り入れられている調査手法で、その民族の生活に入り込み、一緒に生活する中での観察や対話から文化や行動様式を記録する手法です。最近ではビジネスの商品開発やマーケティングの領域でも利用されています。

ヒアリングやアンケートでは、顧客自身が言語化できていないことは引き出せません。また、特に日本人は相手に気を遣う人が多いので、本音ではない回答をしてしまうこともよくあります。こういった問題を回避して、隠れたニーズを引き出すことに役立ちます。

私はこのような「実際に自分が経験すること」も意識的に行っています。

キーエンスの若手時代は顧客の工場で一緒に装置のプログラムを作ったりしていました。競合の製品も触らせていただくことで、自社の得意なところ、苦手なところも具体的に理解できましたし、周辺業務への理解が高まり顧客との会話がしやすくなりました。

freeeにおいても、会計事務所に留学のような形で一定期間常駐させていただいて確定申告のお手伝いをしたり、顧客の業務フロー構築や設定作業のお手伝いなどもしていました。

このような方法は、直近の売上に繋がらなかったり、1件の売上のために多くの工数をさくことになるので、短期的な利益やコストだけを考えるとマイナスになります。しかし、顧客視点で仮説を立て、顧客業務について解像度が高い会話ができるようになったことは間違いなくこのおかげです。そういった会話ができたことにより、受注に繋がったケースも多かったので、長期的にはプラスになったと感じています。

とはいえ毎回常駐させていただくわけにはいきません。商談の中で顧客視点に立って仮説を考えるにはどのようなステップを踏むといいのでしょうか?

私はジャーニーマップを作って考えてみることをオススメします。チームで「カスタマージャーニーマップ」を作るワークショップをやったことがある人もいるかと思います。カスタマージャーニーマップは、顧客が目的達成までのフェーズ、ステージにおいて、どんな行動を取り、どんな思考をしているのか、どんな感情の変化があるのか、感情が悪くなっているときにはどのような課題があるのか、どのような解決策、タッチポイントがあるのかを整理してマーケティング施策を考えていくものです。

カスタマージャーニーマップを作るメリットとしては、顧客についての理解を深めることができます。またチームでワークショップ形式で行うことで共通認識を持つことができ、チーム内での認識ズレを防ぐことができます。


このようなジャーニーマップを考えることは、顧客視点で仮説構築する際にも有効です。

ただし、営業でジャーニーマップを考える際には、マーケティングで使うカスタマージャーニーマップ、バイヤージャーニーマップと注力するポイントが少し変わります。

狭義のマーケティングは営業にリードを渡すところまでを役割とします。そのため、マーケティングでカスタマージャーニーマップを作る際には、認知して購入するところまでに主眼を置き、顧客接点の整理を目的に作ることが多いです。代表的な架空のユーザー(ペルソナ)を作り、購入までのプロセスにおける解像度の高いジャーニーマップを作ります。

カスタマージャーニーマップ

ペルソナ	営業生産性をミッションに持つスタートアップの営業部長Aさん				
ステージ	認知／課題認識	情報収集	検討	導入	運用
顧客行動	チームの営業生産性を上げるために記事や事例を読む。情報交換をする	解決策の情報収集をする。CRM、SFAなどプロダクトの情報収集	自社の課題を解決できるのか？どれが一番いいのか？ 比較検討	自社業務の見直しとカスタマイズ。社内で活用されるための周知活動	継続的な改善。想定通りの効果があったのか測定
感情変化	生産性低くて困った……	何かいい方法ないかな	これなら解決できそうだ！	思ったより大変だ……	やったー！生産性改善した
顧客接点	●メディア ●ブログ ●ウェブサイト	●ホワイトペーパー ●比較サイト ●口コミ	●営業 ●製品資料	●カスタマーサクセス ●サポート ●ヘルプページ	●カスタマーサクセス
対応策	●オウンドメディア強化 ●記事広告投資	●ホワイトペーパー ●紹介プログラム	●ROIを提示 ●比較資料を提示	●オンボーディングプログラムの型化 ●サポートページ強化	●定例会の実施 ●効果算定の仕組みづくり

一方、営業が商談フェーズで作るジャーニーマップは対象が架空ではなく、実在しており明確です。そのため、ペルソナを設定したジャーニーマップより、更に解像度を高く考えることが可能です。

また、目的が顧客接点を作ることから一歩踏み込んで、顧客と解像度の高い会話をすることにあります。顧客と解像度高く会話をして認識を合わせるためには、ジャーニーマップの範囲を「購入するところ」までではなく、顧客のゴールであり関心が深い「購入後に課題を解決して成果を出すところ」まで広げる必要があります。

カスタマージャーニーワークショップはチーム内での認識ズレを防ぐことができます。一方、顧客のゴールを主眼において作成する商談でのジャーニーマップは、それをもとに顧客と会話して検証することで、顧客との認

「代表的な架空のユーザー」のペルソナ

プロフィール

年　　齢：41歳
性　　別：男性
家族構成：妻（専業主婦）・長女（3歳）
役　　職：営業部長
勤続年数：6年
年　　収：900万円
決 裁 権：300万円以下

エピソード

営業部長として売上目標の達成に責任を持っているが、毎年上がる目標に苦戦している。子供が幼稚園に入ったので年収を上げたいが、そのためには目標達成が必須。

子供が小さいので一緒に過ごす時間を大事にしたく、家族からのプレッシャーがあるので長時間の残業は難しい。

メンバーの育成が重要だという認識はあるが、目の前の目標達成のためにベテランメンバーの重要案件のレビューに時間をさいてしまっている。

趣味のフットサルも最近はできていない。

企業のペルソナ

事 業 内 容：介護事業者向けSaaSプロダクトの提供
従業員規模：80人
年　　　商：5億円（毎年4億円の赤字）
※昨年10億円の資金調達

エピソード

昨年の3倍の売上高を事業計画に設定。業界全体が伸びているのに合わせて成長しているが、大手企業が新規事業で参入してきたので苦戦している。顧客のターゲットをSMBからエンタープライズに変えようとしている。

ジャーニーマップの違い――マーケティングと商談

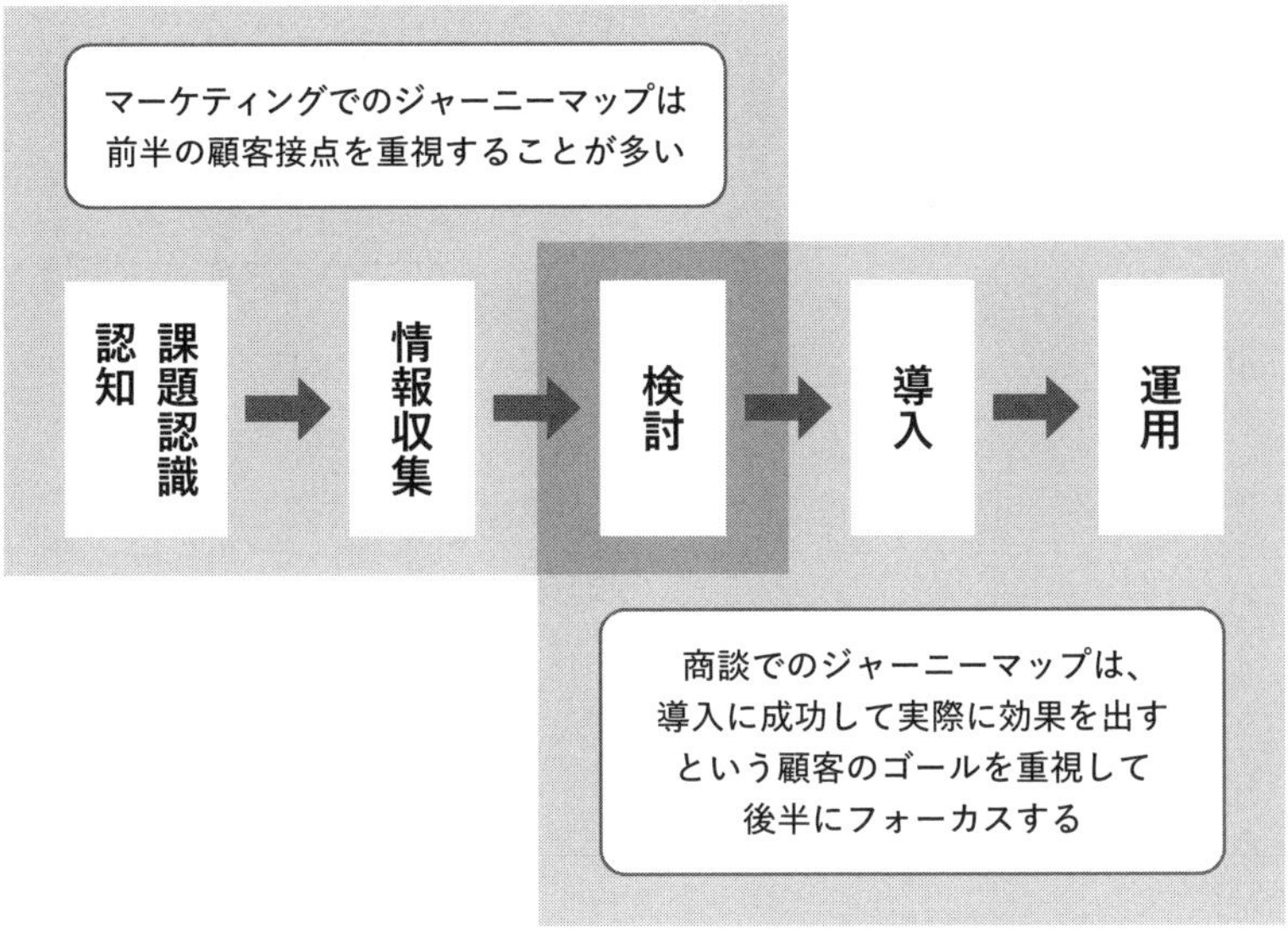
マーケティングでのジャーニーマップは
前半の顧客接点を重視することが多い
課題認識
認知
情報収集
検討
導入
運用
商談でのジャーニーマップは、
導入に成功して実際に効果を出す
という顧客のゴールを重視して
後半にフォーカスする

識ズレを防ぐことができます。

このジャーニーマップは商談の会話中に使うので、頭の中でいつでも描けるようになるのが理想ですが、最初は紙に描いて整理するといいと思います。

例を挙げて考えてみます。

読者の方は「営業」「営業責任者」「事業責任者」など売上に責任を持つ方が多いと思うので、イメージしやすいように、今回は「営業責任者」である顧客に「CRM（顧客関係管理のツール）」を営業しているというシチュエーションで考えてみたいと思います。

まずは自分が顧客である「営業責任者」になったつもりで考えてみましょう。

どんな手順でCRMの導入を検討しますか？

昨今、どの企業もコスト削減意識が高まっています。また、上場企業における不正が相次いだことで監査も厳しくなってきており、内部統制がしっかりした会社が増えています。

個人では導入が判断できず「他社もCRMを導入しているからうちも導入しよう」「営業マンが熱心でいい奴だから導入しよう」のような、ロジックが曖昧《あいまい》な理由ではほとんどの企業では社内稟議が通らないと思います。

準備が必要で面倒な社内稟議を通してまでCRMを導入しようとする、営業責任者のあなたの目的はなんでしょうか？

置かれている状況や性格、価値観によっても変わりますが1つの例としては、「自分に与えられたミッションを達成して評価され報酬を得る。そのための障害となる課題を解決するためにCRMを導入する」というケースがあるのではないでしょうか。

おそらく多くの企業においては、営業責任者のミッションは売上目標を達成することだと思います。そして、売上目標は毎年増えていきます。今年だけ達成すればいいわけではなく、毎年達成し続ける必要があります。

では、現在と同じ方法の延長で、目標は達成し続けられるのでしょうか？　もし達成し続けられるのであれば、目標が低い可能性があります。達成し続けることが目的になってしまって、簡単に達成可能な目標を設定していないでしょうか。

現在の延長線で達成できないストレッチな目標であれば、達成するためにはどんな方法があるか考えなければなりません。

そのためには、何が問題なのか把握する必要があります。

まずは、定量的に情報を分析して、どこに問題があるか調べるでしょう。

次に、各メンバーに定性的な情報をヒアリングして問題を見つけ、そこから取り組むべき課題を明確にしていくのではないでしょうか？

売上を伸ばして目標を達成するための問題は色々出てくるかもしれません。

例えば、「リードの数が少ない」「営業の受注率が低い」「単価が低い」など色々問題が出てくるでしょう。

「リードの数が少ない」という問題であれば、なぜ「リードの数が少ない」のか分解していくと、「顧客に認知されておらず指名検索（自社名、自社プロダクト名で検索）する人が少ない」であったり、「ダウンロードしたくなる魅力的な資料が少ない」などという問題に分解されます。ウェブページへの流入はあるのに、資料が魅力的ではないためダウンロードされていないことが優先順位が高い問題であれば、取り組むべき課題は「魅力的な資料の数を増やす」ということになります。

「営業の受注率が低い」ということであれば、営業が新人ばかりで営業スキルが低いことや、リードがクオリファイ（選別）されておらず、受注確度の低いアポイントが多いなどの理由が考えられます。

この中に、過去提案した顧客の情報が整理されて残っておらず、最適なタイミングやマッチする新機能での提案ができていないという問題があり、「顧客情報を活用できる状態で残していく」という課題の優先順位が高ければ、ＣＲＭの導入をするという解決策に繋がっていきます。

課題と解決策が明確になってきました。しかしどんなに素晴らしい解決策であっても実行されて効果がなければ意味がありません。

「顧客情報を活用できる状態で残していく」という解決すべき課題に対して、CRMを導入するという解決策が最適だと考えたら、次にどうするでしょうか？

実行するためには、予算が必要なので予算をとります。予算取得には、「概算の費用」や「ROI（費用対効果）の見積もり」「どんなスケジュールで実行するか」の情報が必要なので取得します。

予算が承認されれば、実行するために詳細な検討をします。

正確なタスクの見積もりをしてどのくらい工数がかかるのか、費用見積もりも詳細なものを集め、競合とも比較してどの選択肢を取るのが自社にとってベストなのかを検討していきます。

正確な情報が集まれば予算執行稟議を行います。取締役会での承認や、稟議プロセスを経て承認されれば契約をします。

契約後には導入を進めます。システムを導入すれば終わりではなく、社内の営業がちゃんと情報を残すように、営業チームを巻き込んでいく必要があります。情報がCRMに残るようになり、営業に活用されたら、売上を伸ばすことに本当に効果があったか振り返って検証します。

効果が出たことが確認されて初めて課題が解決されたことが理解され、プロジェクトが成功に終わります。

商談におけるジャーニーマップの例

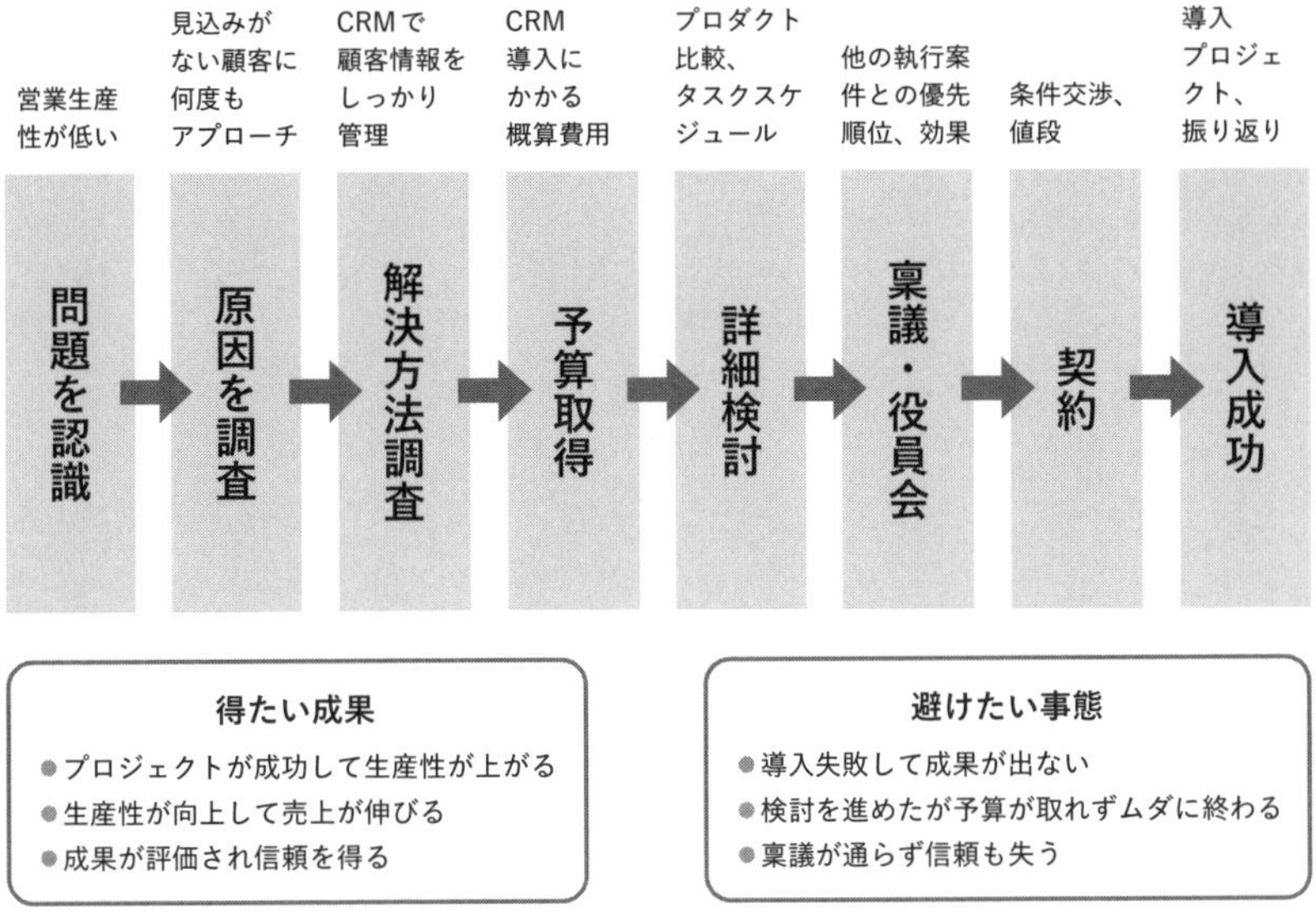

ここで考えてほしいのが、ＣＲＭの営業であるあなたのゴールは「ＣＲＭを契約してもらうこと」かもしれません。しかし、顧客の営業責任者のゴールは当然ですがＣＲＭを導入することではありません。「顧客情報を活用できる状態で残すことによって営業の受注率を上げる」ということです。

受注率が上がらなければ目的が達成できたとはいえません。

さらに、自分が顧客の営業責任者の立場に立ってみてどのような思考をするかを考えてみると、目的達成以外にも気にするポイントがたくさんあると思います。

あなた（営業責任者）が避けたい状況はどんな状況でしょうか？

例えば、「ＣＲＭは導入したが受注率が上がらずコストだけがかかった」という状態は当然避けたいと思います。自分のミッションである売上向上が達成されないというのももちろんですし、ムダな投資を行ったと周りに見られ、上司からも部下からも信用を落とすということもありえます。

CRMを導入しなかったケースでも、その理由として「自分が稟議を上げて否決される」ことは避けたいと思います。情報収集した結果、実行すべきだと判断したからこそ稟議を上げたわけですが、検討が不十分であったり費用対効果が見込めないといった理由で否決されたのであれば、準備検討不足ということでやはり信用を落とす可能性があります。また、検討に多くの時間をかけたのであればその時間がムダになります。

このような検討の際に顧客が気にするであろうポイントは、本章序盤の節で書いた「ゴールから見る」という視点を組み合わせると浮かびます。

プロジェクトを成功させゴールを達成した状態は「CRMを導入して課題が解決している」状態です。そのためにゴールから遡って考えると、CRM契約後に考えるのは、①「どうすれば失敗せずにCRMを導入できるのか？　ちゃんと効果が出せるのか？」ということです。

その1つ前の契約のフェーズでは、②「CRMのプロダクトや提供会社要因で導入が失敗する可能性はないのか？　そのリスクをいかにつぶすか」ということを考えます。

さらに、契約を決断する稟議、役員会のフェーズでは、あなたは稟議を上げている立場なので、③「誰かが反対する可能性があるのか？　どんな項目が重視されるのか？」を気にするのではないかと思います。この「どんな項目が重視されるのか？」は先ほど①で出てきた「どうすれば失

ゴールから遡って考える

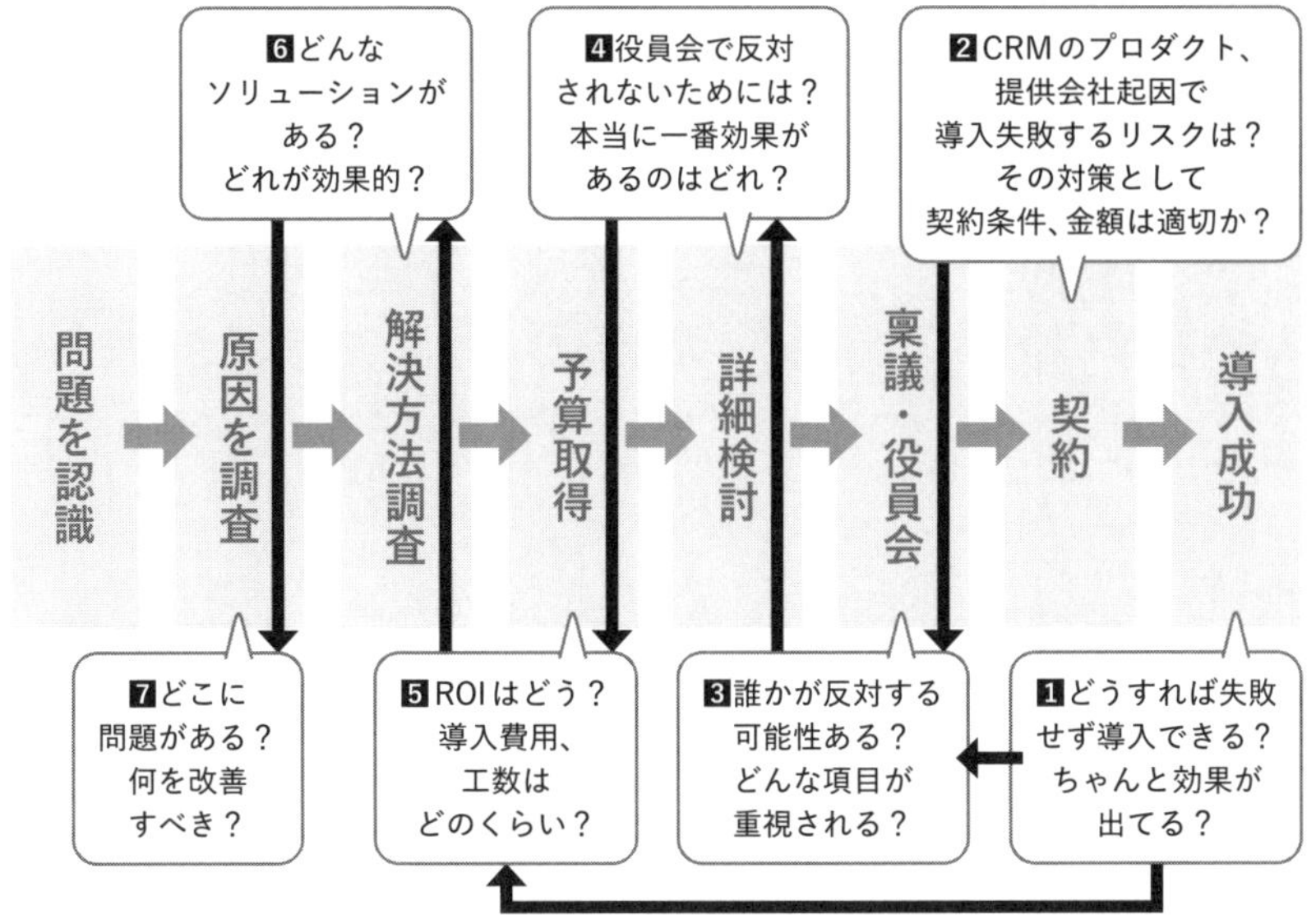

敗せずにCRMを導入できるのか？　ちゃんと効果が出せるのか？」と関連しています。役員も効果を出すことを目的としているので、①を達成するための項目が重視される項目になります。

稟議に上げる前の詳細検討では、④「役員会で反対されないためには、どのような情報があればいいか。競合、代替手段を検討して一番効果があるのはどれなのか」ということを考えます。ここで考えることは③の役員会で重視されるポイントに紐《ひも》づいています。

このように、検討の各フェーズで気にするポイントは後のフェーズで気にするポイントに紐づいています。そのため、ジャーニーマップのゴールに近いフェーズから考えていくと、より具体的に気にするポイントが考えられます。

今回、例に挙げたジャーニーマップや気にするポイントは1つの例なので、当然顧客によって違います。

しかし、自分の中で仮説として描くことができれば、「今回プロジェクトの目的は○○なので、稟議資料には××を盛り込んだほうがいいと思いますがいかがでしょう?」というような、より具体的な話ができます。

これは仮説なので間違っている可能性はあります。そのときにも「以前稟議を上げたときには△△なポイントを突っ込まれたので××よりこちらのほうが重要になりそうです」といった具体的な返答がもらえて仮説を検証することができます。

仮説が何もないと「課題は何ですか?」「決裁権は誰が持っているんですか?」といった定型的な質問しか浮かびません。顧客の中で課題が顕在化し、具体的に導入イメージまで湧いているようなケースであれば、それでも具体的な回答が得られると思います。ただ、多くのケースでは顧客も課題を明確に理解しておらず、導入プロセスまで意識して情報収集しているわけではないので、このような定型的な質問ではあいまいな回答しか得られません。

》顧客が抱えているジョブを考える

このように顧客の検討から導入して成果を出すまでのプロセス全体について、顧客になってみて考えることが重要ですが、中でもゴールである解決したい課題は全ての起点であり、ここが変わってしまうと仮説構築の前提が変わるため、より解像度を高く考える必要があります。

「ドリルを買いにきた人が欲しいのはドリルではなく『穴』である」

という言葉を聞いたことがある人は多いと思います。

これはセオドア・レビットが著書『マーケティング発想法』で書いたドリルの穴理論と呼ばれる理論です。

ドリルは手段であり、目的は穴を開けることです。ただ、穴を開けるのも多くの場合は実は手段で、「パイプを通す」ためなのか「棚を取り付ける」ためなのか「壁の向こうを見る」ためなのか「ストレスを発散する」ためなのか、その先にさらなる目的があります。

さらに「パイプを通す」ためであれば、それは「クーラーをつける」ためであり、最終的には「涼しくする」ためだったりします。「涼しくする」ことが目的であれば、「クーラーをつける」以外にも「扇風機」という選択肢もあり、その場合は穴を開けることもドリルも必要ありません。「遠くから引いて見る」の節に書いたように、「なぜ」を繰り返すことで本質的なニーズを見つけなければなりません。

この本質的なニーズをより具体的にするためには「ジョブ」について考えてみるという方法もあります。

「ジョブ」はハーバード・ビジネス・スクール教授（当時）のクレイトン・クリステンセンが唱えた「ジョブ理論」のなかで定義されています。

『ジョブ理論　イノベーションを予測可能にする消費のメカニズム』（ハーパーコリンズ・ジャパン）

の中には、このような記述があります。

これは従来のマーケティングでよく言及される「ニーズ」とは大きく異なる。ジョブはそれより遥《はる》かに細かい明細化を伴うからだ。ニーズは常に存在し、漠然としている。

ニーズとは、「ドリルが欲しい」もニーズですし、そのニーズを深掘りしていった先にある「涼しくしたい」という本質的なニーズもニーズです。

本質的なニーズはジョブと近いですが、「ニーズ」という言葉の定義は漠然としているので「ジョブ」の定義に沿って考えると、より整理がしやすくなります。

では「ジョブ」とはどういったものでしょうか？

ジョブ理論では顧客が何かを購入するということは、何かしらのジョブを片づけることを目的に「商品を雇用する」ことだと表現しています。

そしてジョブについては「ある特定の状況で人が遂げようとする進歩」と定義されています。「進歩（Progress）」とは目標としている理想状態（ゴール）とそこに向かう動きです。これには、「現在がよくない状態でありそれを解消」してゼロの状態にするペインポイント解消のProgressと、「現在は問題がないがよりよくしたい」というゼロからプラスへのゲインポイントを得るためのProgressの2つのパターンがあります。

ここまで読んで何かを思い出しませんか？

進歩（Progress）の2つのパターン

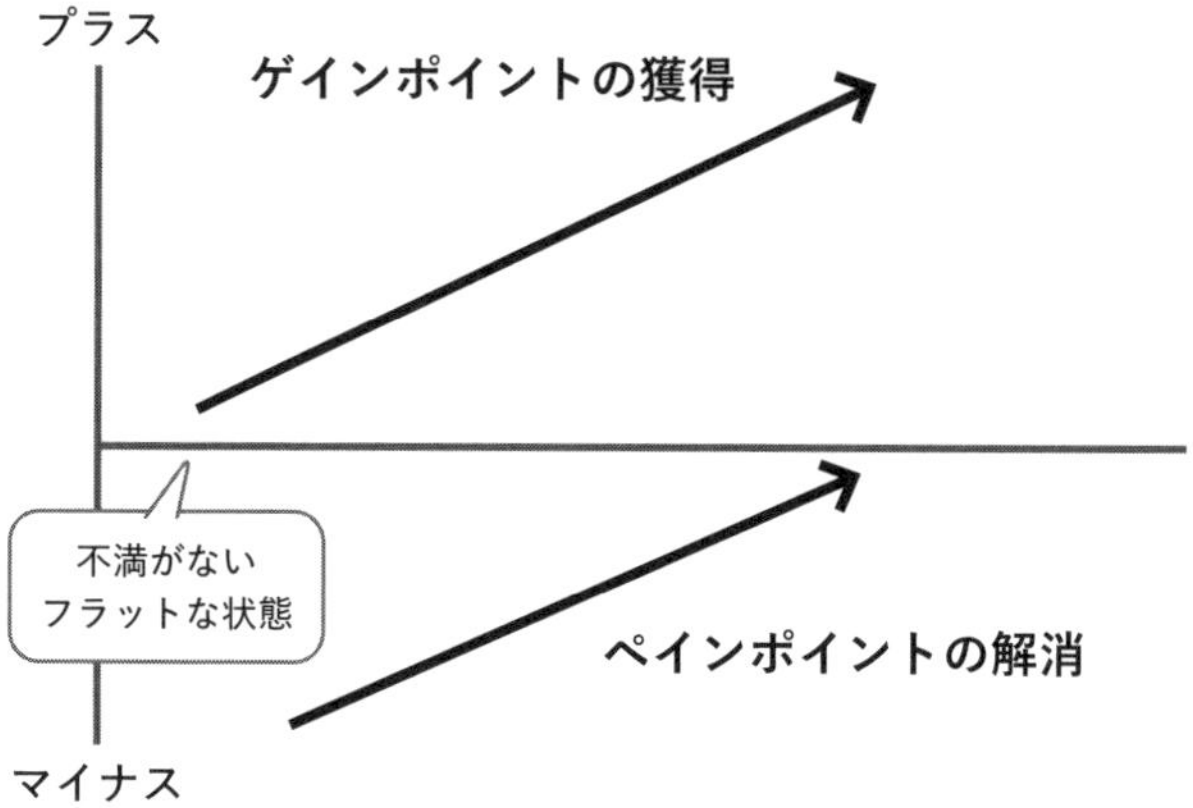

不要の壁の解決策のところで書いた、「ゴールと現状のギャップが問題」という話と似ていますよね。「ジョブ」も現在の状況とゴールのギャップを解消するために存在します。顧客が抱える「ジョブ」をはっきりさせることは、「不要の壁」を突破するためにも役に立つのです。

それでは、どのように「ジョブ」を具体化させていけばいいかを考えていきましょう。

「ジョブ」を考えるうえでポイントになるのが、機能面だけでなく、感情面、社会面といった観点からも考えるということです。

機能面：どうやって成し遂げたいか
感情面：どういう気分になりたいか
社会面：どういうふうに見られたいか

例を挙げましょう。例えば、

現状：空腹で倒れそう
ゴール：お腹をいっぱいにして満足したい
というような状況のときに片づけるべき「ジョブ」はどんなことで、何を雇用するかを考えてみてください。

一例としては「空腹を満たしてお腹いっぱいになる」という「ジョブ」を片づけるために、パンという商品を雇用（購入）するというケースがあるのではないでしょうか。

機能面から考えると「健康的に空腹を満たす」という「ジョブ」を片づけるために定食屋で食べるかもしれませんし、「早く空腹を満たす」という「ジョブ」であればファーストフード店に入るかもしれません。

感情的な面から考えると、「ストレスがたまっているのを満腹にして解消する」という「ジョブ」を片づけるために、ダイエットで我慢していたラーメンを食べるかもしれません。

社会的な面から考えると、「周囲のお客さんに1人で焼き肉していると思われずに、好物の焼き肉を食べてお腹を満たす」という「ジョブ」を片づけるために、「おひとり様専用焼き肉店」に行くかもしれません。

このように機能面、感情面、社会面から考えると様々なジョブが浮かびます。

ではこの様々なジョブのうち、どのジョブが最適なのかはどのように考えればいいのでしょうか？　それには「ジョブ理論」でいうところの「特定の状況」を解像度高く考える必要がありま

「特定の状況」からジョブを考える

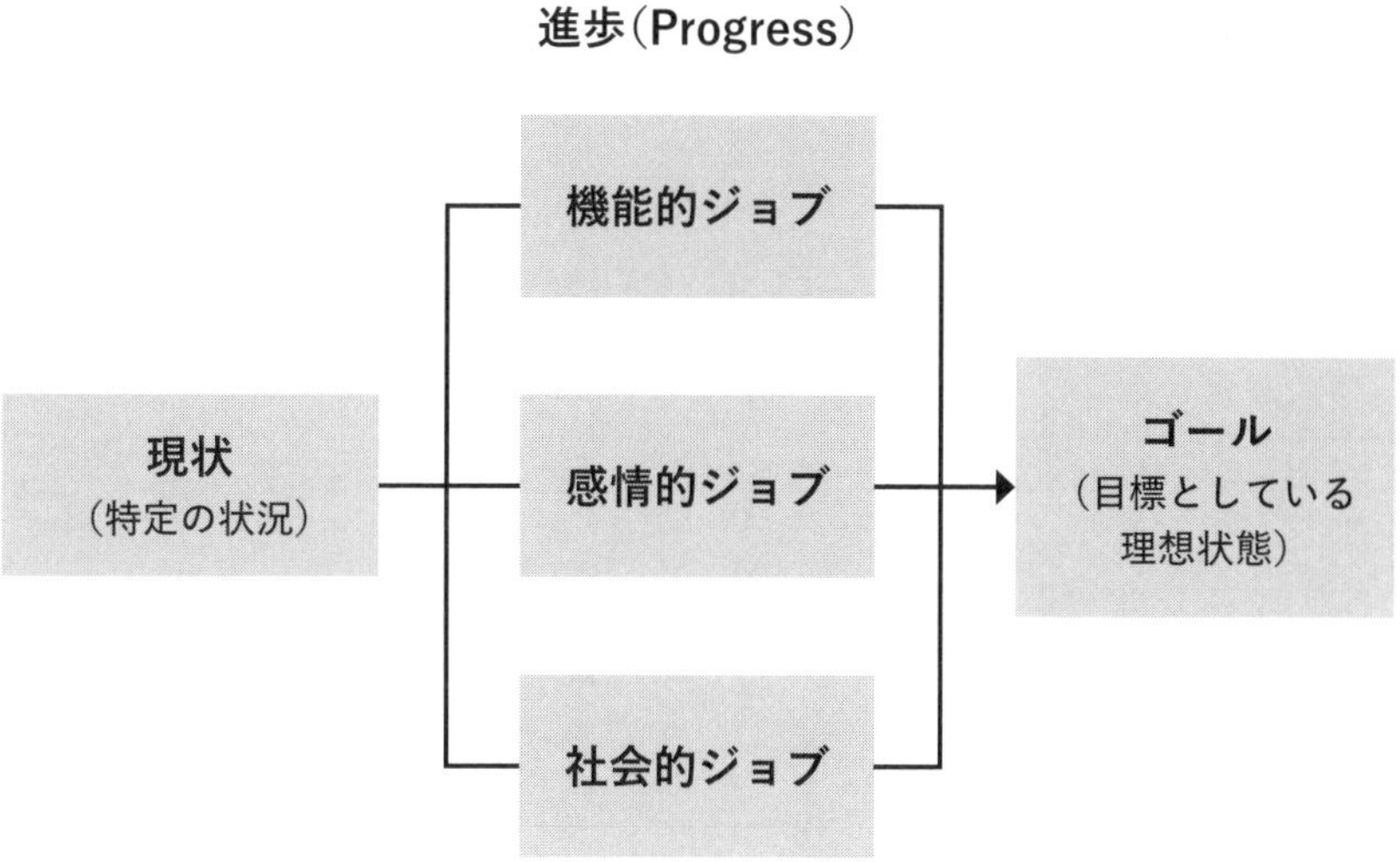

す。

例えば、「最近健康診断でコレステロールが高すぎだと指摘され、子供が生まれたばかりのお父さんが、昨日飲みすぎた」という「特定の状況」であれば、「健康的に空腹を満たす」というジョブになりますし、「次のアポイントが迫っていて30分後には会社に戻らないといけない」という「特定の状況」であれば「早く空腹を満たす」というジョブになります。

同一人物でも「特定の状況」が変わればジョブも変わります。「最近健康診断でコレステロールが高すぎだと指摘され、子供が生まれたばかりのお父さん」だったとしても、「コレステロールを減らすために好きなラーメンを我慢していてストレスがたまっているなか、上司に怒られてさらにストレスがたまっている」という特定の状況であれば、

「好きなラーメンを食べてストレス発散する」というジョブになることもあります。
このように機能的、感情的、社会的観点から、より具体的なジョブを見つけるには、「特定の状況」の解像度を上げる必要があります。

「仮説に使えるフレームワーク」の節で、マーケティングでよく使うSTPを紹介しました。それは、「S（セグメンテーション）：市場を顧客属性で細分化する」「T（ターゲティング）：細分化した市場の中でどこを狙うのか決める」「P（ポジショニング）：ターゲティングした市場の中でどういう立ち位置を取るか決める」という手法でした。

一方「ジョブ理論」においては顧客をターゲティングしないアプローチを取ります。
顧客が「男性なのか女性なのか」「大企業なのか中小企業なのか」「既婚なのか未婚なのか」は状況を考えるときに1つの要素にはなりますが、同じ男性でも食事前の状況と食後の状況では片づけなければいけないジョブが変わるからです。

STPのように顧客の属性で分解することは、「データを使って定量的に分析がしやすい」「誰にアプローチすればいいのかが明確」などの大きなメリットがあります。一方、デモグラフィックやジオグラフィックのような属性だけでセグメントを考えてしまうと、相関関係はわかりますが、解像度の高い顧客のジョブを考えることはできません。

ジョブに重要な、なぜ顧客がそのような行動を取ったのか（取るのか）という因果関係を考えるためには、属性で分解せずに「特定の状況」について考える必要があるのです。

この「特定の状況」という言葉は、営業の視点で考えると少しわかりづらくなってしまうのですが、「目の前の顧客の置かれている状況」と置き換えるとわかりやすいと思います。

「ジョブ理論」はイノベーションを起こすための理論なので、商品開発、事業開発、マーケティングなどで用いられることが想定されています。「特定の状況」という言葉は目の前にいる顧客1人だけの状況ではなく、同じ状況にいる人が世の中に多数いることを想定している言葉です。その「特定の状況」に置かれる人が1人しかいない状況であれば、それを前提としたジョブもその人にしかありませんし、そのジョブを片付けるための商品もその人にしか雇用されないのでビジネスとして成り立ちません。そのため「特定の状況」は複数の「目の前の顧客の置かれている状況」の共通点をとって抽象化された状況です。

一方、営業においては目の前の顧客のジョブがわかればいいため、「目の前の顧客の置かれている状況」と考えたほうが考えやすいと思います。

「目の前の顧客の置かれている状況」を明確化するために、私は次の3つの手順で考えるようにしています。

1. 顧客個人の情報

a. 担当業務、会社における立場（役職など公式なものだけでなく、周囲の人との関係性なども含む）、価値観、性格、家族構成、趣味など

2. 対象業務における、具体的な一連のタスク（作業）

a．順を追ってストーリーで把握する

b．できるだけMECE（ダブりがなく漏れもない）に把握する

3．行動の中での感情の変化

a．2で考えた一連のタスクに対して、相手の立場になって「結果どうなる（So what)」を想像する

b．相手の言葉に共感しながら相槌《あいづち》や質問をして、より感情を引き出す

c．表情や言葉の表現（「〜しないといけない」「〜しろと言われた」などのマイナス表現）に注意を払う

d．完全に満足しているわけではないが、何とかなっているから妥協しているところがないかを探る

もちろん全ての情報が得られるわけではないですが、「事前に調べる」「商談の中でヒアリングする」「別の関係者との会話から知る」などでできる限りの情報を知ることで、「特定の状況」を解像度高く想像できるようになります。

また1、2、3を考える際には、先入観を持ちすぎないことが大切です。

2の具体的な一連のタスクなどは、過去の類似顧客での経験から仮説を立てることで、ヒアリングに時間をかけずに重要なポイントを絞り込めることもあります。しかし、人間はバイアスがかかるので、意識しておかないと自分に都合よく解釈してしまいます。自分の持っている仮説に

誘導するような質問をしてしまうことがよくあります。顧客の中で多くの工数がかかっているような重要なポイントであれば、一旦先入観を払って、順を追って一連のストーリーを把握してみることも大切です。

例として、とある経理担当をしている人のケースで考えてみましょう。
まずは顧客個人の情報として次のようなことがわかりました。

【顧客個人の情報】
・経理の担当として、会計ソフトへの入力と決算作業を担当している（事前情報）
・役職は特にないが、親切で経理知識もあるので周りの人からは信頼されていて、経費精算でわからないことがあるとよく聞かれる（別の関係者との会話からの情報）
・妻と小学1年生の息子がいて、家族と一緒に過ごす時間を大切にしている。趣味は読書（商談のアイスブレイク中にヒアリング）

そのうえで、どんな業務を行っているのか順を追って説明してもらうことで、左記のような流れだということがわかりました。
なお、このヒアリングの際には、自分の知っている類似顧客の情報を基に先に質問しないことが重要です。先に質問してしまうと、顧客がその話に引っ張られてしまう可能性があるため、まずは顧客から説明してもらいます。そのうえで、類似顧客の情報から立てた仮説をもとに、追加でありそうなタスクや仮説とズレたポイントについて質問していきます。

顧客に先に説明してもらってから、仮説をぶつけることで顧客が仮説に引っ張られるリスクが減らせますし、後から仮説との答え合わせができるので、顧客が言語化が苦手な場合にも抜け漏れを最少限にすることができます。

【対象業務における、具体的な一連のタスク（作業）】

1. 月末に大量の受取請求書と領収書が集まってくる
2. 売掛管理台帳、支払管理台帳に入力
3. 会計ソフトにも入力
4. 今月支払い予定の振り込み作業を行う
5. 会計ソフトに入力
6. 棚卸し、前受費用、前払費用の振替など決算に必要な仕訳を入力
7. 前月分の試算表を15日までに作成

対象業務における、具体的な一連のタスク（作業）が明確になったら、その中で感情がどのように変化するか顧客の立場になって考えてみます。

例えば、右のタスク1について自分が顧客だったらどんな気持ちになるか考えてみてください。

【行動の中での感情の変化】

「月末に大量の請求書とか領収書が集まってくる」とどうかな？
大量に紙が送られてくると、整理しないといけなくて大変だな。
月末に大量の請求書を見ながら入力し続けるのは大変だな。
同じ作業の繰り返しなら集中して一気に入力しちゃいたいな。

そして、「大量の請求書の入力が大変だな」と思うと、「何枚ぐらいあるんだろう？」とか、「一気に入力したいな」と思うと、「作業中断されることあるのかな？」とか、気になることが出てきますよね？　このように浮かんだ気になることを、顧客との会話の中で質問していくことで、顧客の感情の変化の具体性が増していきます。

あなた：請求書って毎月何枚ぐらいあるんですか？
顧客：300枚ぐらいですね。
あなた：そんなにあるんですね！　どのくらい時間がかかるんですか？
顧客：大体2日ぐらいですね。月次の決算に間に合わせるために遅らせられないんですよ。
あなた：間に合わせるためには集中してやらないといけないですよね。黙々と作業してるんですか？

顧客：黙々とやりたいんですが、請求書の内容で確認しないといけないことがあって、聞いたり調べたりとか、質問がきて中断することが悩みですね。
あなた：それは大変ですね。終わらないことないんですか？
顧客：絶対間に合わせないといけないので残業して終わらせてます。

この場合の「目の前の顧客の置かれている状況」は、

「家族と一緒に過ごす時間を大切にしていてできるだけ残業をせずに早く帰りたいのに、月末になると通常勤務時間内に処理しきれない請求書と領収書が送られてくるので残業せざるを得ない」

という状況です。

この状況をもとに考えてみると、「残業を減らして早く帰れるようにするために、月末の請求書と領収書の入力を早く終わらせられるようにしたい」であったり、「残業を減らして早く帰れるようにするために、請求書と領収書の入力が月末に集中しないようにしたい」といった、片づけたいジョブが浮かんできます。

また、「感情面」を考えると家族との時間を大切にしているので、「家族と一緒に食事をとるために、請求書と領収書を家から入力できるようにしたい」といったジョブも思い浮かびます。

「社会面」を考えると、自分の作業だけ楽になって早く帰れても、請求書や領収書を提出する現場の事業部側の負担が増えると自分優先な奴と見えてしまうので、気にするかもしれません。そうすると「事業に貢献するために、売上を支えている現場の事業部側の請求書、領収書を提出する際の負担を下げたい」というジョブの可能性もあります。

このように「目の前の顧客の置かれている状況」を考えることで、ジョブが次々に浮かんできます。

今回は例として「1．月末に大量の受取請求書と領収書が集まってくる」のタスクを中心に考えましたが、それ以降のタスクの中にも本当は片づけたいジョブがあるはずなので、考えたうえで優先順位付けをしていきます。

また、B to Bにおいては目の前の顧客個人が全てを決められるわけではありません。意思決定に関わるステークホルダーにはそれぞれの思惑があり、ジョブは異なります。重要なステークホルダーについては、それぞれのジョブが何なのかを考える必要があります。

顧客の判断軸を考える

顧客がどのような検討プロセスを踏み、どんな思考をするか、それは何を達成するためなのかについて、顧客の立場になって仮説を作る方法について述べてきました。

このとき、もう1つ重要な要素があります。それは顧客がどのような判断軸を持っているかです。

それぞれの判断軸は、顧客の価値観や性格によって変わりますが、相対する顧客の価値観、性格は完全に把握することはできません。しかし、行動や発言、周囲の人からの話などをもとに推測することはできます。そして、その推測を仮説に加えることで、仮説の解像度が上がります。

顧客の価値観や性格を考えるのに役に立つフレームワークがあるので紹介しましょう。

「ＦＦＳ（Five Factors & Stress）理論」と呼ばれる、思考行動の特性を客観的に分析するための理論があります。小林惠智《こばやしけいいち》博士が米国の国防機関から依頼され、生産性を最大化する組織づくりのために研究した理論です。

組織づくりを目的に作られた理論ですが、ストレスと性格をもとに５つの因子に当てはめて、行動特性やどのようなコミュニケーションだと受け入れやすいかについて研究しているため、営業においては顧客の思考を推測するために使うこともできます。

ＦＦＳはテストを受けて５つの因子のどれが強いのかを診断するのですが、５つの因子の何が強いかは、言葉や行動からも推測できます。顧客との会話の中でどの因子が強いのかを考えることで、顧客の判断軸や最適なコミュニケーションを考えていきます。

【凝縮性】

「でなければならない」「すべき（すべきである）」「当然」「あってはならない」といった言葉をよく使う。

凝縮性が高い人は自分の意見にこだわりがあり強く主張する人です。周りに対しての影響力も高いため、営業においては凝縮性が高い顧客担当者が導入すると決断すれば商談が前進する可能性が高まります。凝縮性が高い人は一度自分が発言したことに対して一貫性を保とうとするので、

FFS（Five Factors & Stress）理論

		因子				
		A.凝縮性	B.受容性	C.弁別性	D.拡散性	E.保全性
ストレス状態	ポジティブ	指導的	養育的	論理的	活動的	協調的
	ネガティブ	独善的	介入的	機械的	衝動的	追随的

出典：Business Insider Japan「個性を科学的に分析する『FFS理論』とは？【BIキャリア】」より。
©K.KOBAYASHI 1982

答えを伝えるのではなく答えを引き出すようなコミュニケーションが有効です。

【受容性】

「なるほど」「そうそう、わかるわかる」「まあなんとかしよう」「任せなさい」といった言葉をよく使う。

受容性が高い人は相手の意見を受け入れます。周りの意見を聞きながら調整するのが得意な一方、周りを受け入れすぎて決められなかったり、優しすぎて突き放すことができなかったりします。受容性が高い人を動かすには、周りも賛成していると示すことが重要です。

【弁別性】

「なぜですか」「それってこういうこと？」「データは」「因果関係は」「具体的には」といった言葉をよく使う。

弁別性が高い人はデータを重視して、論理

的に整理していくことが得意です。優先順位をつけて割り切ります。効率的に対応しすぎたり、評論家のような立場をとってしまうという欠点もあります。弁別性が高い人を動かすためには理由や根拠がしっかりしていることが大切です。

【拡散性】

「とりあえず」「適当に」「まあいいか」「アバウト」といった言葉をよく使う。

拡散性が高い人は新しいモノが好きで取り入れていきます。チャンスに目を向けて、常識に縛られずに自由に動きます。飽きっぽく、自分の思いで動けないとすぐやめてしまうという弱点もあります。世の中で新しく実績のないものを広めていくには、まずは拡散性の高い人にアプローチするのがオススメです。

【保全性】

「他はどうなんですか?」「(プロセスがイメージできて)なんとかやってみます」といった言葉をよく使う。

保全性が高い人は慎重でリスクに目を向けることが得意です。弱点は周りの動向が気になり、合わせることに注力してしまったり、細部まで確認しないと不安になって動けないところです。保全性が高い人を動かすには、成功までの具体的なプロセスを説明したり、同業種での実績を見せることが有効です。

このように発言などからどの因子が高そうかを考えることで、価値観や判断軸が推測でき、ア

ソーシャルスタイル理論

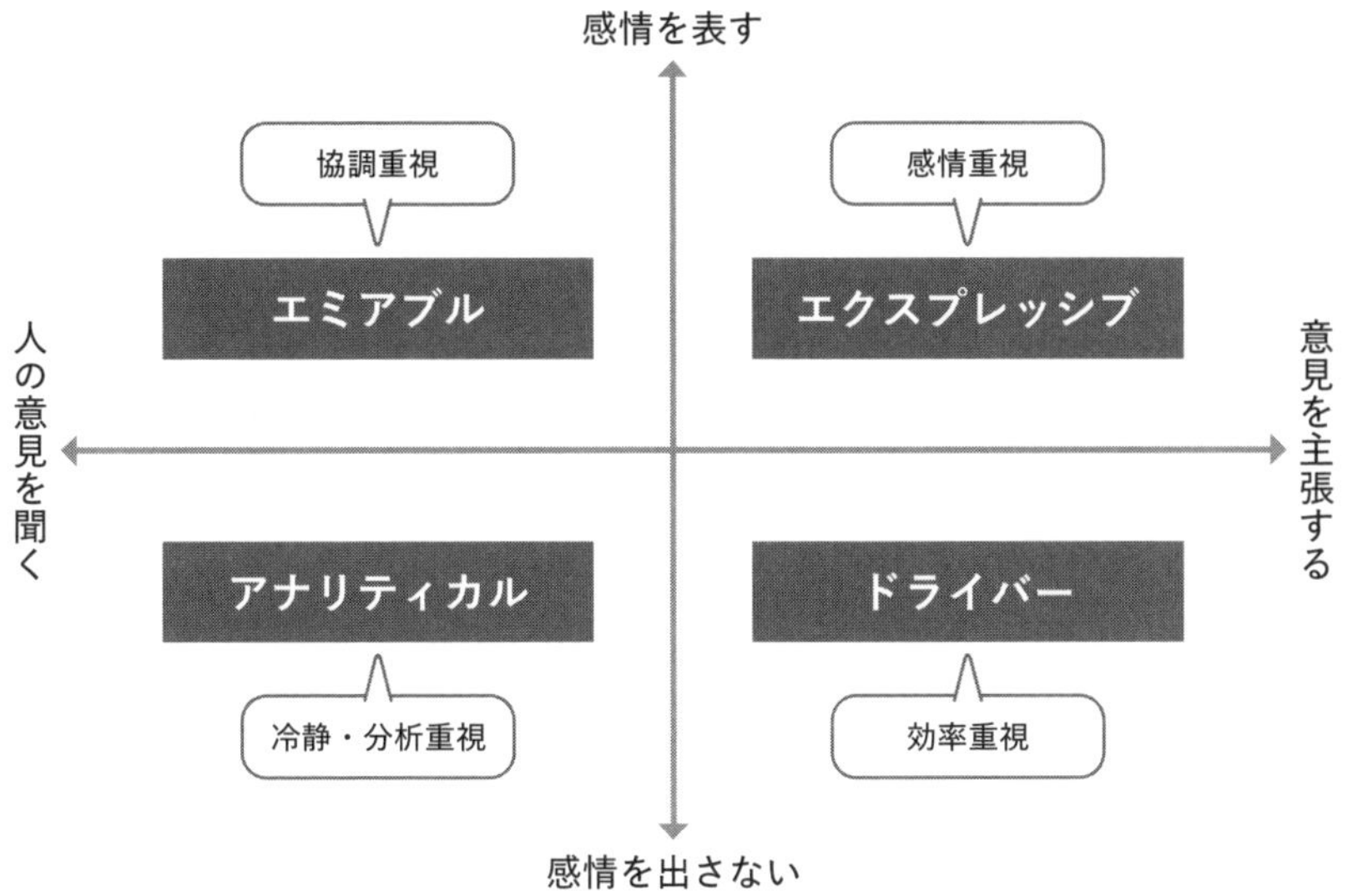

プローチを変えることができます。

また営業では産業心理学者のデビッド・メリル博士が提唱した「ソーシャルスタイル理論」もよく取り入れられています。こちらは「意見の伝え方」「感情の表現」の2軸で、スタイルを4つに分類します。

各スタイルには次のような特徴があります。

【ドライバー（前進、行動派）】

目的を達成するために合理的に仕事を進めます。口数が少ない人が多いですが、行動は早く負けず嫌いです。プロセスよりも結果を重視します。

【アナリティカル（分析、思考派）】

データを重視して、分析します。知識が豊富で論理が通っているかを気にします。感情は表情に表れず、自分から話すより聞くことのほうが多く、独特の見解がある人も多いです。

【エクスプレッシブ（直感、感覚派）】

みんなから注目されることを好みます。友人が多く、明るくて表情も豊かです。ノリが良く、トレンドに敏感で積極的に新しいことにチャレンジします。

【エミアブル（温和、協調派）】

話すよりも聞くスタイルでみんなの気持ちをくみ取ります。周囲の気持ちに敏感で、自分が目立つよりも全体のバランスを重視します。明るく、感情が表情に表れ、周りからはいい人と思われています。

こちらも会話の中から、どのスタイルなのか予測を立てることができます。

顧客の心を動かして、行動してもらうためには、価値観、判断軸、思考の特徴をふまえた仮説を考えることが必要です。

私はこれまで新しいテクノロジーの営業をしてきたので、顧客の拡散性、保全性を重視しておりＦＦＳの因子を意識することが多いですが、是非この２つの理論を活用してみてください。

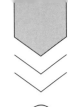

⑤端を見る

常識や当たり前を疑う

「端を見る」ということはどういうことかというと、「例外を見る」ということです。

数が多いマジョリティだけを見ていても当たり前の発想しか出てきません。

そして、繰り返しになりますが、当たり前の発想でしか仮説を作れない営業は低い介在価値しか発揮できません。なぜなら、当たり前の発想であれば顧客も既に考えているからです。また、競合の営業も思いつくのであなたである必要がありません。

多くの市場が成熟している現代では、顧客も競合と争っており、業界のトップでもないかぎり当たり前のことをしていても勝てません。業界のトップであったとしても、破壊的イノベーションにより代替品に市場をとられる可能性が常にあるので、当たり前ではない発想で仮説を作り提案してくれる営業の価値が高まっています。

とはいえ当たり前ではない発想で仮説を作るのは難しいですよね。ではどうすればいいか？

1つの方法としては、「みんなが注視しないところを意識してあえて見る」という方法があります。

例えば、あなたはラーメン店を出店しようと考えています。たくさんのお客さんに来てもらえるように、どんな味が好みか市場調査をしようと考えました。

どんな人にインタビューをするでしょうか？

ラーメンが好きな人にインタビューするというのが一般的だと思います。

「ラーメン店の前で待ち伏せて出てきた人に声をかける」とか、「ラーメンに関する投稿をしてる人にターゲティング広告を出してインタビュー対象を集める」ことで、そういった人達を集めることができます。ラーメン好きな人達は頻繁にラーメンを食べにいくはずなので、こういった人たちに意見を聞いてラーメンを作れば、ラーメン好きなヘビーユーザーのためのラーメンができると思います。

しかし、ラーメン好きが求める美味しいラーメン屋は世の中にたくさんあります。多くのラーメン店と同じ土俵で戦い、その中で勝たなければなりません。

ここで視点を変えて「ラーメン嫌い」な人にインタビューしてみるのはどうでしょう？

「なぜラーメンを食べないのか？」「ラーメンのどこが嫌いなのか？」。これを解き、「ラーメン嫌い」な人が食べたくなるラーメンを作れば、一般的なラーメンと同じ土俵で戦う必要はなくなります。

このように、あえて一般的ではない例外を見ることで、新しい発想が得られることはよくあります。

マジョリティ層をターゲットにしたほうが市場が大きいので、当然最初に考慮はするのですが、マイノリティ層をターゲットにした視点も加えることで、顧客や競合が思いつかない仮説が浮か

生存者バイアス

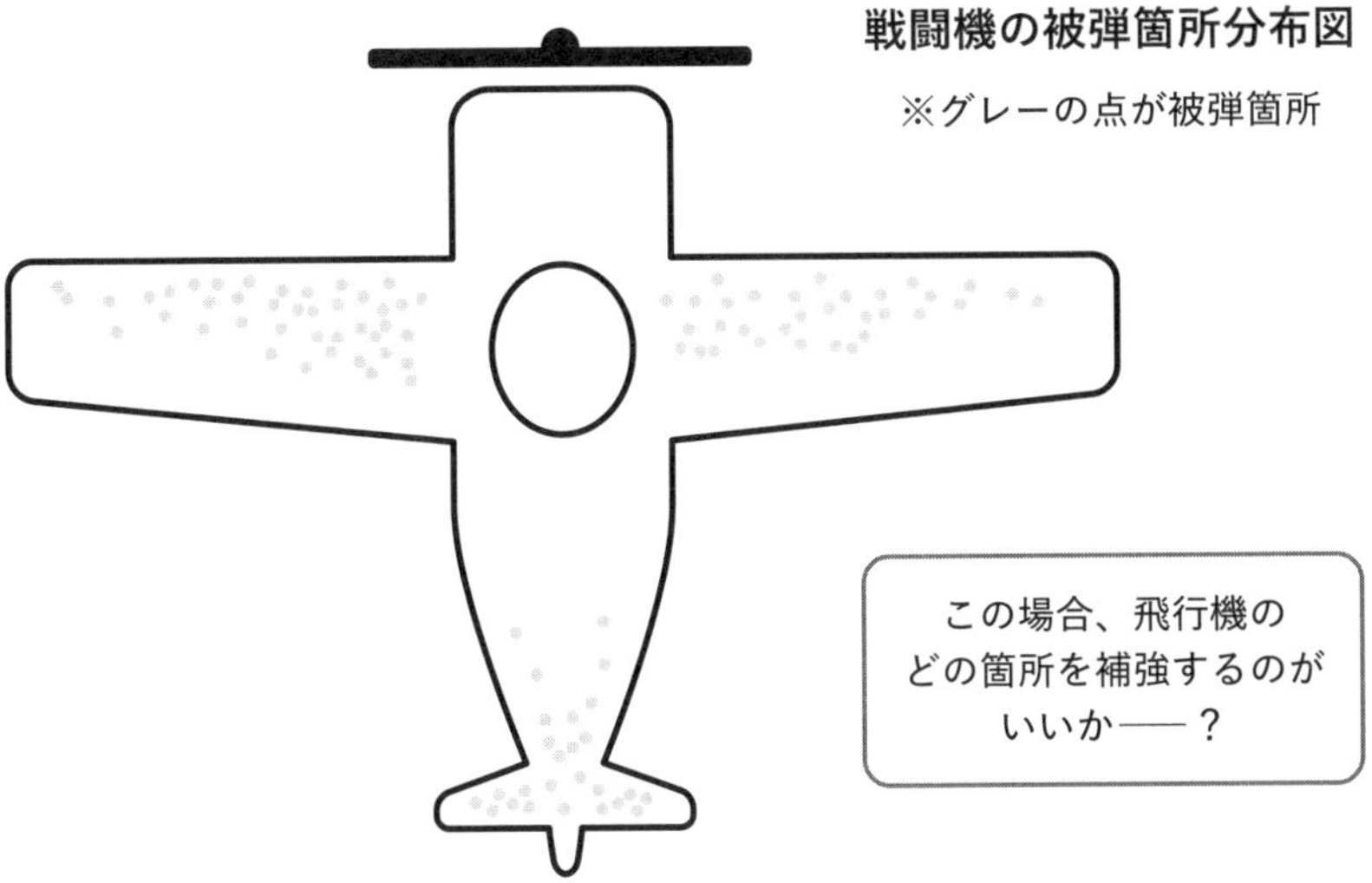
戦闘機の被弾箇所分布図
※グレーの点が被弾箇所
この場合、飛行機の
どの箇所を補強するのが
いいか――？

ぶ可能性があります。

また、仮説を考える際にはデータをもとに考えることが多いと思いますが、データ取得対象の偏りにも注意が必要です。

「生存者バイアス」の事例でよく出される、統計学者エイブラハム・ウォールドが第二次世界大戦中に「敵の射撃による爆撃機の損失を最小限に抑える方法」を検討した際の話があります。

海軍分析センターの研究者は「生還してきた戦闘機」の損傷が多い箇所を補強するように推奨しましたが、ウォールドは「生還してきた戦闘機」が無傷である箇所の補強をすべきだと主張しました。

これは「生還してきた戦闘機」だけが分析の対象になっているため、損傷がある箇所はそれでも生還できた箇所で、逆に損傷がない箇所はそこに損傷を受けた戦闘機は生還できなかったのだと考えました。

ウェブなどで意識せずにアンケートなどを取ると、自社に好意的なユーザーだけに偏ったデータが集まってしまうことはよくあります。メリットがないのに回答してくれているとしたら、その時点で既に好意を持っている可能性が高くなります。また、既存顧客から集めたデータにも同じことが言えます。

データを分析する際は、目的に合わせてデータが偏っていないか注意が必要です。

他にも偏りを意識すべき場面は多く、何人かでアイデアを出す際にもメンバーの属性が偏っていないほうが、色々な発想が出る可能性が高くなります。

最近、ダイバーシティ&インクルージョンに取り組む企業が増えていますが、これは平等や差別という観点以外に様々な視点からの発想や仮説を作るという点でもメリットがあります。

前提を外して考えてみる

「前提を外して（覆して）考えてみる」というのも斬新《ざんしん》な仮説を作るためには有効です。

「ゴールから見る」の箇所で触れた、freeeの「理想ドリブン」も、リソースという前提を外す考え方です。リソースという前提に縛られると、同じような仮説しか生まれませんが、リソースを無視した理想像を先に考えるので新しい発想が生まれます。そのためのリソースをどう調達するかは後から考えます。

ＩＴ業界では、インストール型のソフトウェアからＳａａＳ（Software as a Service：ソフトウェアをインターネット経由で提供するサービス）にビジネスモデルを切り替えた成功事例として「Adobe」の名前がよくあがります。

Adobe は Photoshop や Illustrator といったクリエイター用のソフトウェアで有名な企業です。２０１２年に「Adobe Creative Cloud」というクラウドでのソフトウェア提供をはじめました。

当時、クラウドのビジネスは世の中に広がりはじめていましたが、ソフトウェア業界における比率はオンプレミスと呼ばれるインストール型のソフトが主力で、オンプレミスのソフトウェアでシェアを持っている会社がクラウドに完全に舵《かじ》を切るのは珍しいケースでした。

当時、私はＳＡＰというグローバル№１のシェアを持つＥＲＰベンダーに所属していたのですが、ＳＡＰも今後伸びるであろうクラウドに力を入れており、いくつかのＳａａＳ企業をＭ＆Ａで買収していました。

しかし、ＳａａＳに切り替えるということは、今まで初年度に一括で上がっていた売上が、利用料として毎月分割して収益に計上されるようになるということです。１０００万円で販売しているソフトは稼働すればその月に１０００万円の売上が計上できます。一方で、毎月30万円の利用料になると、その月に売上が計上できるのは30万円だけで、初年度の売上としては最大でも３６０万円になってしまいます。もちろん、解約されなければ売上が積みあがっていき長期的にはメリットがありますが、切り替えた年の売上は落ち込む可能性が高くなります。しかも、営業個人としても、ＳａａＳの場合計上されるのが1年分の利用料のみであれば、オンプレミスのソフトウェアを売り上げたほうが成績があがり評価されます。

私がSAP、オープンテキストにいた時代はちょうどクラウドへの転換期で、新興のクラウド専業企業と競合して苦戦することがよくありました。私が所属していた企業はオンプレミスのソフトウェアで大企業向けに高いシェアを持っており、1件受注すると多くの売上をあげることができますが、その分イニシャルコスト（初期費用）が大きいので投資判断には多くの時間を要します。

一方、SaaSのプロダクトは月額や年額の利用料を支払うので安く始めることができ、途中でやめることができます。サーバーの準備やソフトウェアのインストールなども不要ですぐ使い始めることができ、保守もお任せすることができるので、オンプレミスのソフトより導入するハードルが低くなります。

このようにSaaSに競争優位性があるのであれば、SaaSに切り替えていくほうがいいと思いますよね。しかし当時、Adobeのように一気にクラウドへの転換が進んだわけではありませんでした。

先ほど書いたように、営業個人としてはSaaSよりオンプレミスのソフトを受注したほうが売上があがります。評価制度を変えてSaaS売上の評価を高くすることで解消する方法もあるとは思いますが、そういった動きもありませんでした。

組織としてもオンプレミスからクラウドへの切り替えはその年の売上が下がるというマイナスがあり、投資家から批判される可能性もあるので、すぐに判断ができなかったのではないかと思います。

それでは、その後Adobeの業績がどうなったか見てみましょう。

Adobeの業績推移

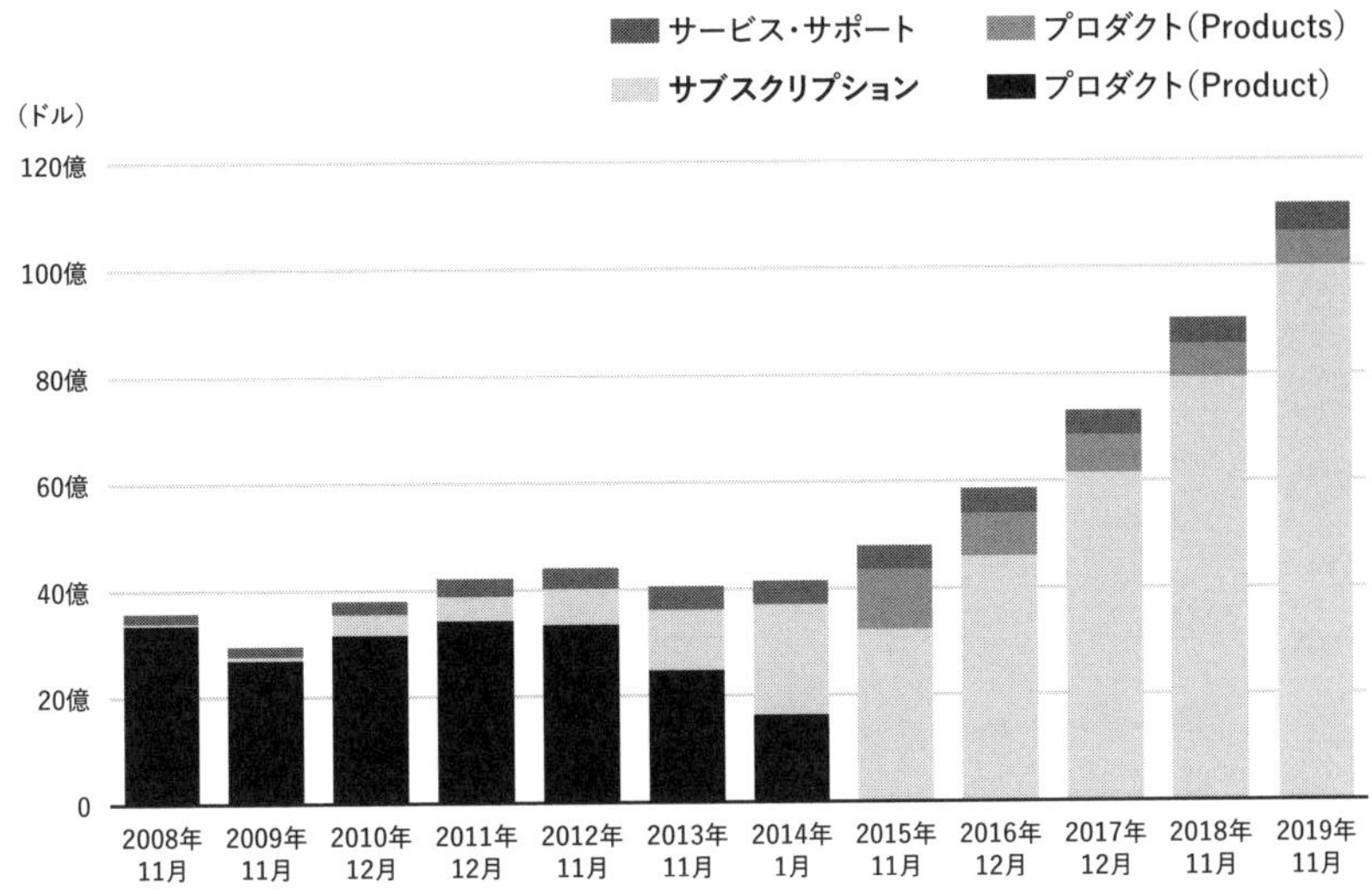

データ出所：『Strainer』「Adobe Inc._2302172120」資料より。

２００８年から２０１２年まで売上としては停滞していてあまり伸びていませんでした。２０１２年にクラウドシフトをするとやはり２０１３年、２０１４年と売上を落としています。

２０１４年には売上のうちサブスクリプション（利用料収入）の比率が増えています。このサブスクリプションは解約されない限り翌年にも積みあがっていきます。結果２０１５年から売上はサブスクリプション中心にどんどん伸びています。

株価も大きく伸びており、世界の時価総額ランキングでも上位にランキングされるようになっています。

今でこそＳａａＳ企業のサブスクリプション売上が売り切りのビジネスモデルの売上より評価され、オンプレミスのソフトウェアからＳａａＳへの切り替えが進んできています

日本の広告費の推移

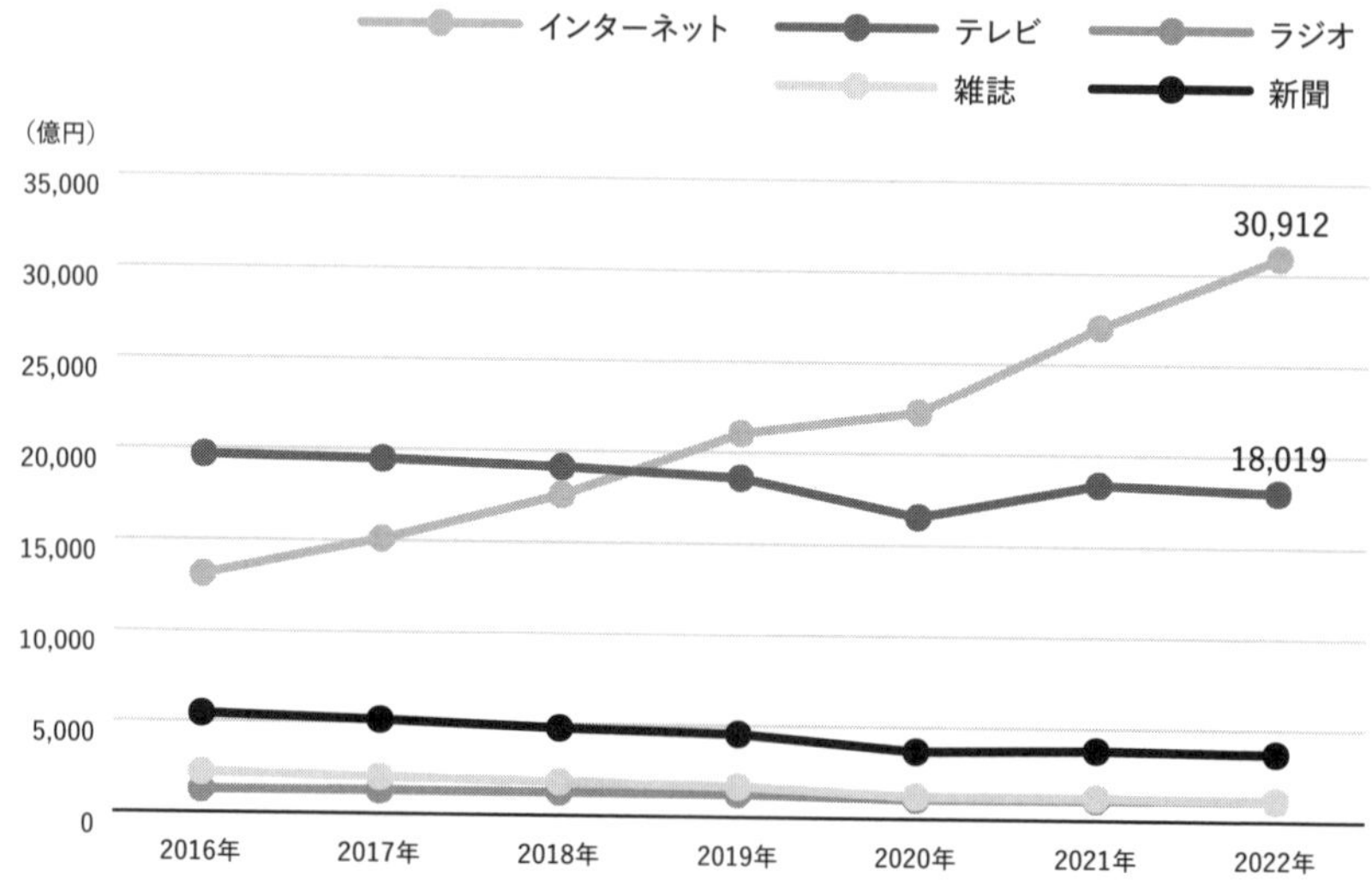

データ出所：電通「2022年 日本の広告費」より作成

が、当時はまだ一部の投資家にしか認識されていませんでした。そのためIT業界でも、「ARR（年次経常収益）は重要だ」と言いつつも、その年の売上高のほうが重視されていました。

そんな中、売上高や利益を落としてでも戦略を変更して成功しているのは、「前提を覆して考えてみる」ことでうまくいったよい例だと思います。

他にもこの10年で今までの前提が崩れ、新しいビジネスモデルが誕生した業界はたくさんあります。

音楽業界であればインターネットでの配信が出始めたころは、CDが売れなくなるため一部のレコード会社、ミュージシャンの曲しか聴けませんでした。しかし、今ではサブスクの音楽サービスにほとんどの最新曲があり、CDを買う人はほとんどいなくなっています。

テレビ業界は放送免許により参入障壁が高く、日本の総広告費のうち多くの比率を占めている安定した業界でした。しかしYouTube、Netflixといった放送免許がなくても発信できるインターネット経由の動画コンテンツに可処分時間をとられて視聴率が落ち、広告費の比率もネット広告に逆転されています。

インターネットによる変化以外にも、電動キックスケーターは以前は免許が必要で、ヘルメットの着用が必要なのでごく一部の人のみが乗っていました。しかし、現在は都内ではＬＵＰに乗っている人をよく見かけますし、２０２３年7月には16歳以上は免許、ヘルメット無しで乗れるように法改正されるので、都市部における近距離の移動手段としては新たな選択肢になるでしょう。

法規制や既得権益が強い業界ほど前提に守られて変化対応力が弱くなっているので、崩れたときに新しいプレイヤーの参入で大きくマーケットが変化する傾向にあります。

新しいテクノロジー、法改正、トレンドの変化などで前提が崩れたらどうなるのか。そこにビジネスチャンスがあるのであれば、前提が覆えるとどうなるのか考えてみることで新しいアイデアが生まれます。

≫アナロジーで別の業界の事例を当てはめてみる

「前提を外して考えろといわれても何も浮かばないよ」という人も多いと思います。

そんなときにはアナロジーを使って考えてみてください。

アナロジーは特定のある事柄を別の事柄に適用してみて考える思考法で、類推とも呼ばれます。

有名な例だと回転寿司《ずし》の話があります。

最初の回転寿司は1958年に東大阪市《ひがしおおさか》にオープンした「廻る元禄寿司　1号店」ですが、元禄産業株式会社の創設者である白石義明《しらいしよしあき》氏が、ビール工場の製造に使われているベルトコンベアからヒントを得て作ったものです（「元祖廻る元禄寿司」ウェブサイトより）。

他にも車をシェアするカーシェアリングのように非稼働時間や非稼働スペースをシェアするという発想からは、家をシェアするシェアハウス、民泊、オフィスをシェアするシェアオフィス、印刷機の非稼働時間をシェアするラクスルなど、様々な業界でシェアリングビジネスが生まれています。

またfintech、HR Tech、EdTechなど、既存業界とITをかけ合わせたX-Techが様々な業界で生まれており、クラウドでサービスを提供して顧客の利用データを活用することでソフトウェアの改善を行うなど、共通したビジネスモデルを取り入れています。

このアナロジーは、営業が介在価値を発揮できるポイントです。

顧客は基本的には自社のことや自分の仕事に対して、営業よりも多くの情報を持っています。顧客についての情報のみで発想しても、顧客が持っていない斬新な発想を思いつけることは稀です。一方、営業は様々な顧客に対応しており、その顧客以外の情報を多く持っています。

同業界の別の顧客が抱えていた課題を、その顧客が同じように抱えているかもしれません。他業界向けの営業もしているのであれば、その業界で起こっている変化が今後同じように起きるか

オズボーンのチェックリスト

転用 他に使い道はないか?	**応用** 他のアイデアを借りられないか?	**変更** 変えられる部分はないか?
拡大 大きくしてみたらどうか?	**縮小** 小さくしてみたらどうか?	**代用** 他のもので代用できないか?
置換 入れ替えてみたらどうか?	**逆転** 逆にしてみたらどうか?	**結合** 組み合わせてみたらどうか?

もしれません。

顧客は業界や自社の前提をもとに考えてしまいますが、他業界、別の顧客も知っている営業だからこそできる、前提を外した発想があるはずです。

このような発想をするためには、次章の「気づきを得るためのグラフと図解」の節で詳しく書きますが、ビジネスモデルを構造化して考えておくことが役に立ちます。構造化したうえで、他のビジネスにも応用が利く要素を抽出しておくことで、アナロジーを考えることができるようになります。

》オズボーンのチェックリスト

解決策のアイデアを考える際には「オズボーンのチェックリスト」というフレームワークも使えます。既に存在するものを、リストに当てはめて考えてみることで、新しいアイデアが生まれるかもしれません。

図にあるリストを見ながら、カメラを例に考えてみると次のようになります。

転用：他の用途に使えないか

例）顔認証にカメラを使う、赤ちゃんやペットの監視に防犯カメラを使う

応用：他のアイデアが当てはめられないか

例）G-SHOCKのように耐水、耐衝撃機能を追加することでスポーツ中に使えるGoPro

変更：何か要素を変えてみるとどうか

例）ブレないようにして手持ち動画を撮りやすいカメラにする

拡大：大きくしてみたらどうか

例）望遠レンズの倍率を高くして遠くを撮れるカメラにする

縮小：小さくしてみるとどうか

例）単焦点レンズにすることで小型化してスマートグラスに搭載できるようにする

代用：他の物で代用できないか

例）フィルムをイメージセンサとメモリに変更してデジタル化

置換：置き換えてみたらどうか

例）カメラマンの代わりにコイン投入機と撮影、印刷を機械化した証明写真

逆転：逆にしてみたらどうか

例）わざと画質を悪くしてレトロ感を出すトイカメラ、写真を記録に残さないSnapchat

結合：組み合わせてみたらどうか

例）携帯にカメラ、ドローンにカメラ

このように9つのパターンを当てはめてみることで、新しいアイデアを生み出します。

「言いにくい」ことを考える

「これを言うのは良くないな」と思ってブレーキをかけていることがないかを考えてみるのも1つの方法です。

道徳的、倫理的にはよくないけど、正論ということがあります。

例えば、「AIを導入すると、自社の従業員の半分が仕事が無くなって職を失う」という場合に、AIを導入すべきでしょうか？

これは賛否が分かれるのではないかと思います。

感情的には苦楽をともにして働いてきた人たちが職を失うのは辛《つら》いです。しかし、AIを導入しなければ、AIを導入して生産性を上げコスト競争力をつけた競合に敗れて、残りの半分の従業員も職を失うかもしれません。

逆に従業員を半分にする前提で考えて、その従業員のリソースで新しいビジネスを立ち上げることを考えてみるといいアイデアが浮かぶかもしれません。

ガリレオ・ガリレイは地動説を唱え異端者として有罪判決を受けました。現在の私たちが考えるとこの裁判は倫理的にもおかしいと思いますが、当時のカトリックでは道徳的、倫理的にガリレオが間違っているとされました。

最終的に、道徳や倫理も加味してどのような選択肢を選ぶかは価値観の問題ですし、それを言葉にして発言、発信をすると炎上する可能性もあります。

それでも、たとえ言葉にしないまでもその選択肢についても考えるべきではあります。無意識にブレーキをかけて考えないようにしてしまわないように、意識的にこのような選択肢についても考えてみてください。

また、緊急性が低いけれど重要なことも「言いにくい」ことの1つです。

ビジネスにおいてはほとんどのケースで目の前の確実な売上が将来より重視されます。投資家がいるような上場企業においては、株価に直結するので特にその傾向が強いです。もちろん中期経営計画も重要なのですが、確度のわからない計画より今期の売上のほうが株価に影響を与えます。

そのため、企業のカルチャーによっては、将来のために重要なことでも直近の売上に繋がらないことは発言しにくい環境があります。そのような環境では全員が目の前のことしか考えていないため、重要だけれども緊急性が低いことは視界に入りません。

しかし、このようなことをあえて考えてみることで、今まで見落としていた新たな発想が生まれるかもしれません。

第4章

仮説を「論理的に考え、伝える」技術

気づきを得るためのグラフと図解

本章では、仮説を論理的に考え、検証し、効果的に使っていく助けになるテクニックを紹介していきます。

まず、思考を整理したり、新しい気づきを得たりするためには、グラフで表現してみることも有効です。数字を文字で見るのと比較して、一目で差分などが判断できるため、見落としていた関係性を見つけることができます。

何らかの数字が出てきた場合には、比較や推移をとりあえずグラフで表現してみるクセをつけましょう。本節ではそのためのテクニックをいくつか紹介します。

まず、グラフや図解の効果を、実際にみてみましょう。

あなたが新しいビジネスを始めるにあたって、「市場が大きくて成長している業界向けがいいな」と思ったとします。

どの業界をターゲットにするか考えるために、左のような表を作ってみました。表を眺めてみて、よさそうなターゲットの業界はみつかりましたか？

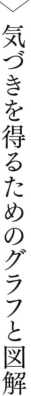

		2019年売上高	2020年売上高	成長率
E 製造業	**企業産業（中分類）**	**413,280,766**	**401,018,007**	**-2.97%**
09 食料品製造業	E 製造業	35,778,769	35,428,243	-0.98%
10 飲料・たばこ・飼料製造業	E 製造業	11,023,598	10,858,345	-1.50%
11 繊維工業	E 製造業	7,016,629	6,829,909	-2.66%
12 木材・木製品製造業（家具を除く）	E 製造業	2,978,431	3,033,730	1.86%
13 家具・装備品製造業	E 製造業	2,635,314	2,771,526	5.17%
14 パルプ・紙・紙加工品製造業	E 製造業	8,239,011	8,237,491	-0.02%
15 印刷・同関連業	E 製造業	7,827,667	7,786,489	-0.53%
16 化学工業	E 製造業	39,327,624	38,749,540	-1.47%
17 石油製品・石炭製品製造業	E 製造業	20,025,581	19,989,751	-0.18%
18 プラスチック製品製造業（別掲を除く）	E 製造業	14,857,862	14,630,872	-1.53%
19 ゴム製品製造業	E 製造業	5,421,390	5,118,367	-5.59%
20 なめし革・同製品・毛皮製造業	E 製造業	397,314	341,836	-13.96%
21 窯業・土石製品製造業	E 製造業	10,039,008	9,927,160	-1.11%
22 鉄鋼業	E 製造業	18,170,725	16,785,881	-7.62%
23 非鉄金属製造業	E 製造業	12,518,487	11,622,095	-7.16%
24 金属製品製造業	E 製造業	18,267,480	18,086,979	-0.99%
25 はん用機械器具製造業	E 製造業	14,740,662	14,184,207	-3.77%
26 生産用機械器具製造業	E 製造業	24,725,895	22,898,826	-7.39%
27 業務用機械器具製造業	E 製造業	12,422,918	12,017,719	-3.26%
28 電子部品・デバイス・電子回路製造業	E 製造業	19,949,302	17,412,937	-12.71%
29 電気機械器具製造業	E 製造業	22,913,329	22,270,310	-2.81%
30 情報通信機械器具製造業	E 製造業	18,231,181	17,880,734	-1.92%
31 輸送用機械器具製造業	E 製造業	79,416,635	77,545,421	-2.36%
32 その他の製造業	E 製造業	6,327,212	6,588,421	4.13%
F 電気・ガス・熱供給・水道業	**企業産業（中分類）**	**27,031,353**	**27,875,477**	**3.12%**
33 電気業	F 電気・ガス・熱供給・水道業	21,391,729	21,951,542	2.62%
34 ガス業	F 電気・ガス・熱供給・水道業	4,855,582	5,074,516	4.51%
35 熱供給業	F 電気・ガス・熱供給・水道業	306,299	298,843	-2.43%
36 水道業	F 電気・ガス・熱供給・水道業	477,633	550,466	15.25%
（以下略）				

データ出所：e-Stat「経済構造実態調査 2019年経済構造実態調査（甲調査）」「経済構造実態調査 2020年経済構造実態調査（甲調査）」

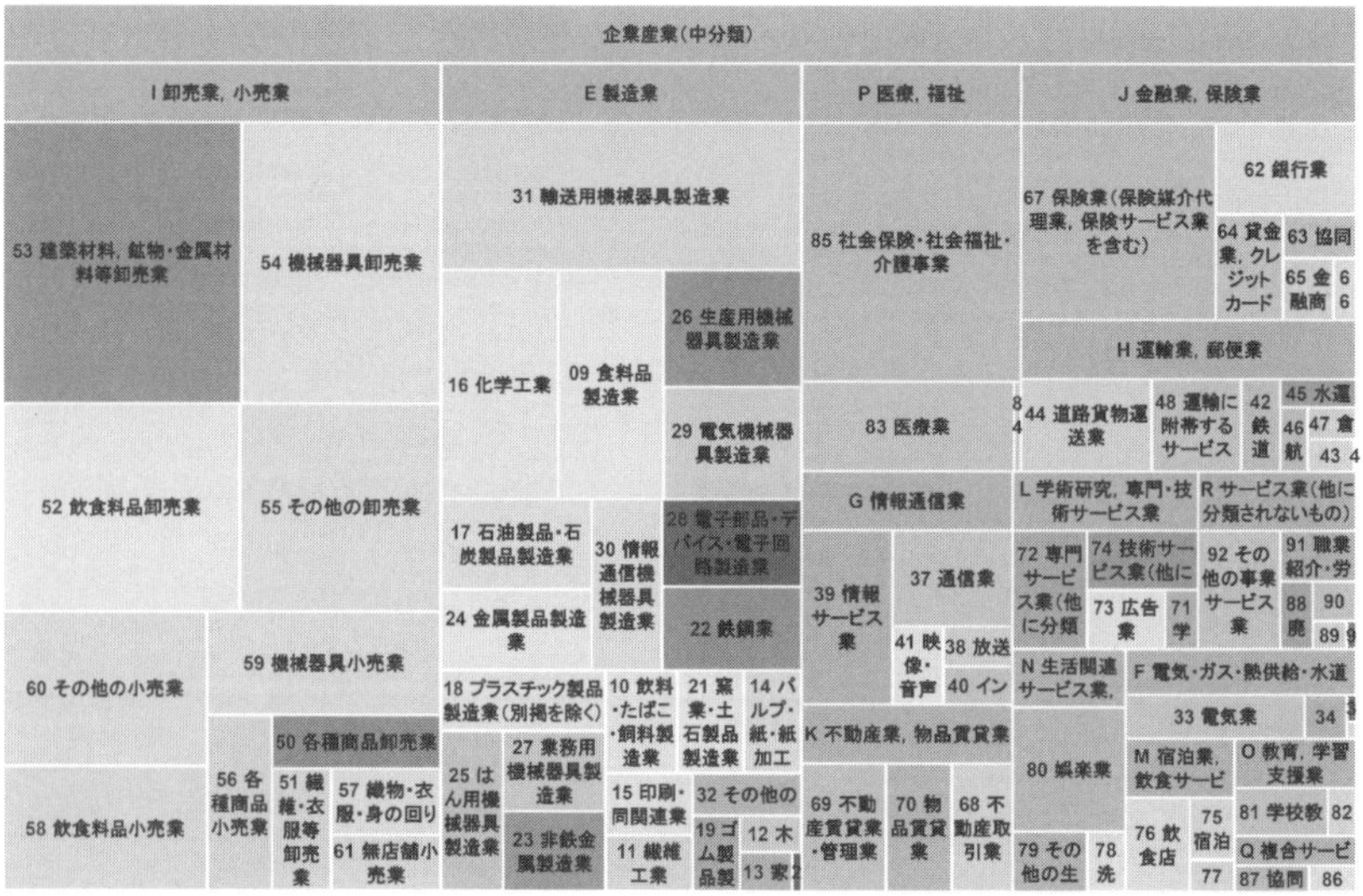

この表をツリーマップとよばれるグラフにしてみましょう。

上図を見てください。このツリーマップは視覚的に2軸での比較を行う際に優れています。表計算ソフトでもグラフの種類の1つになっているもので、容易に作ることができます。

今回の例では市場規模を面積で表し、成長率がプラスかマイナスかを色、大きさを色の濃さで表しています（本書ではグレーになっていますが、実際には色付きで表示することができます）。

どの業界の市場規模が大きくて、成長しているかが先ほどよりパッとみてわかりやすくなりませんか？

このようにグラフにしてみると、新しい気づきを得られたり、見落としを防ぐことができます。

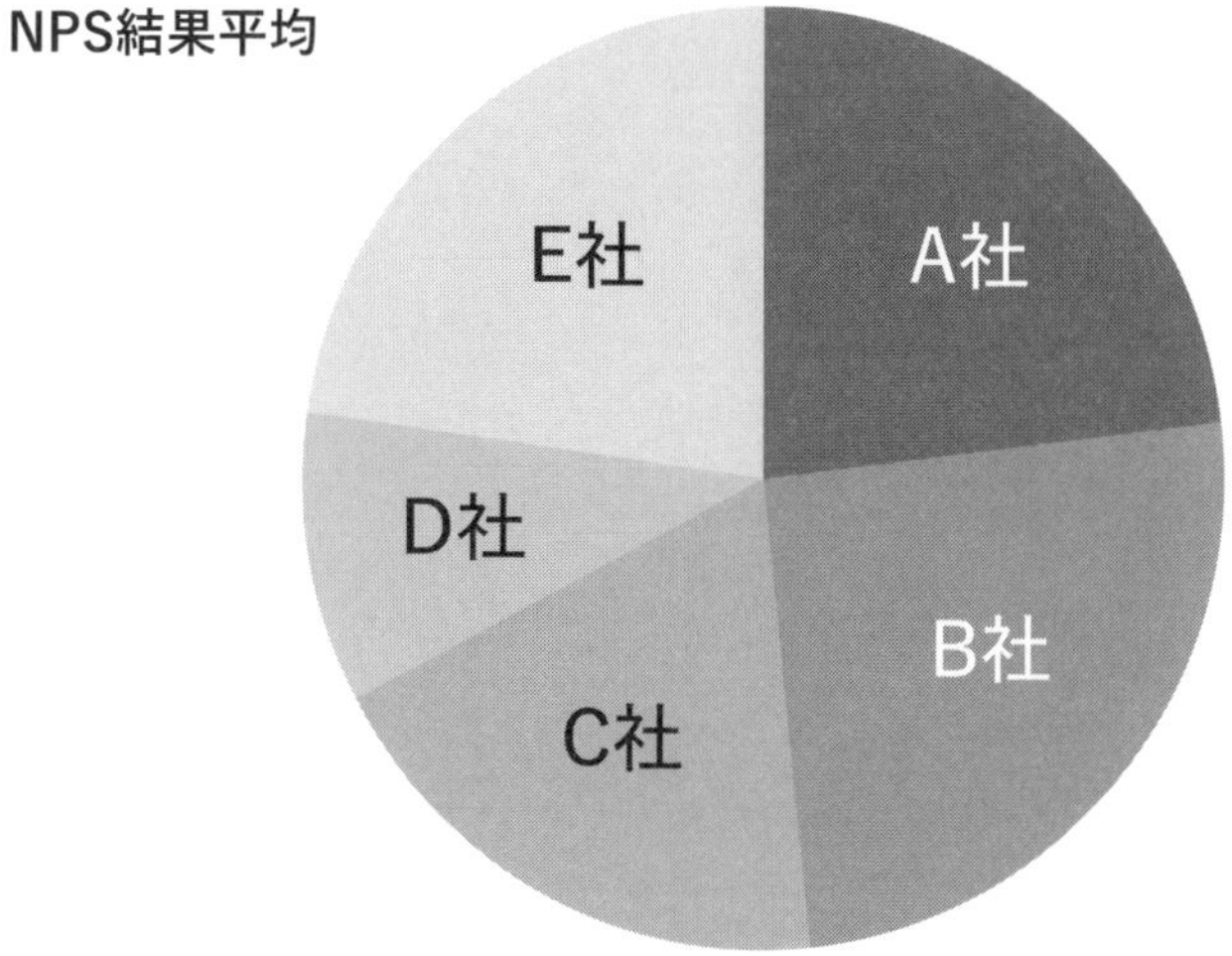

A社とE社では、どちらが高いのかがわかりにくい。

一方、グラフは誤った使い方をすると、余計理解しにくくなったり、誤った判断をしてしまいます。

左記はNPS（ネットプロモータースコア）と呼ばれる、その企業を知人に推薦したいかどうかを10点満点で回答してもらった平均値の例です。

NPS結果平均

A社　7・5

B社　8・2

C社　6・1

D社　3・2

E社　7・3

この表を円グラフにしてしまうと、上のようになります。

みなさんお気づきだと思いますが、このグラフの使い方は間違っています。円グラフは「全体の中での比率」を表すために使います。何となくB社が高そうだとはわかるかもしれませんが、各社どのくらいの値なのか、A社とE社ではどちらが高いのかパッと見ではわかりません。

では、左ページの図の上のグラフのようにするとどうでしょう？棒グラフにすると、値での比較がしやすくなったのではないでしょうか？　さらに、下のグラフにあるように大きい順に並べ替えてみるとどうでしょうか。A社とE社の差のような、少しの違いもわかりやすくなります。

≫グラフの使い方

このように、何を表現したいのかによって選ぶグラフは変わってきます。ここからいくつか種類を紹介していきます。

▼構成要素の比率、シェアを比較する

全体の構成要素の比率、シェアを比較する際には帯グラフ、円グラフを使います（２１５ページの図を参照）。

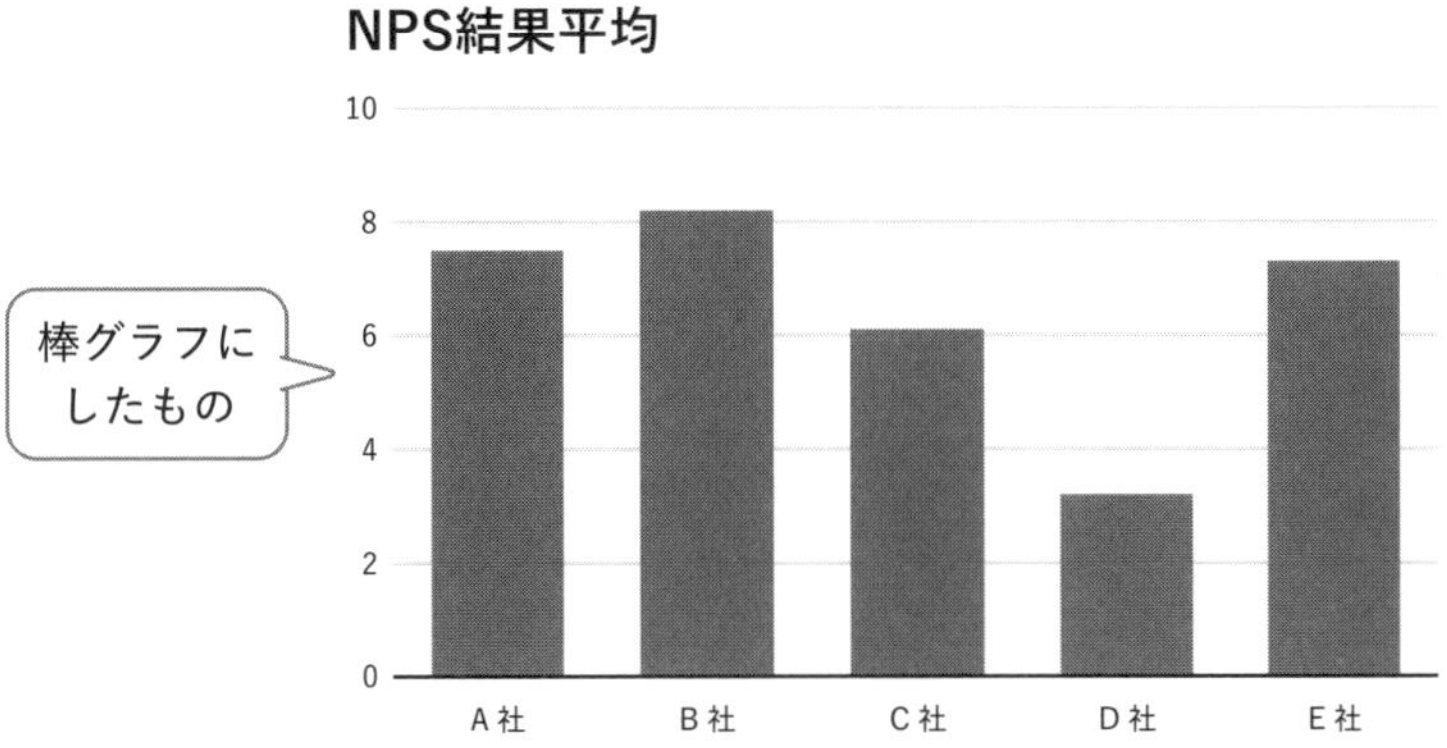

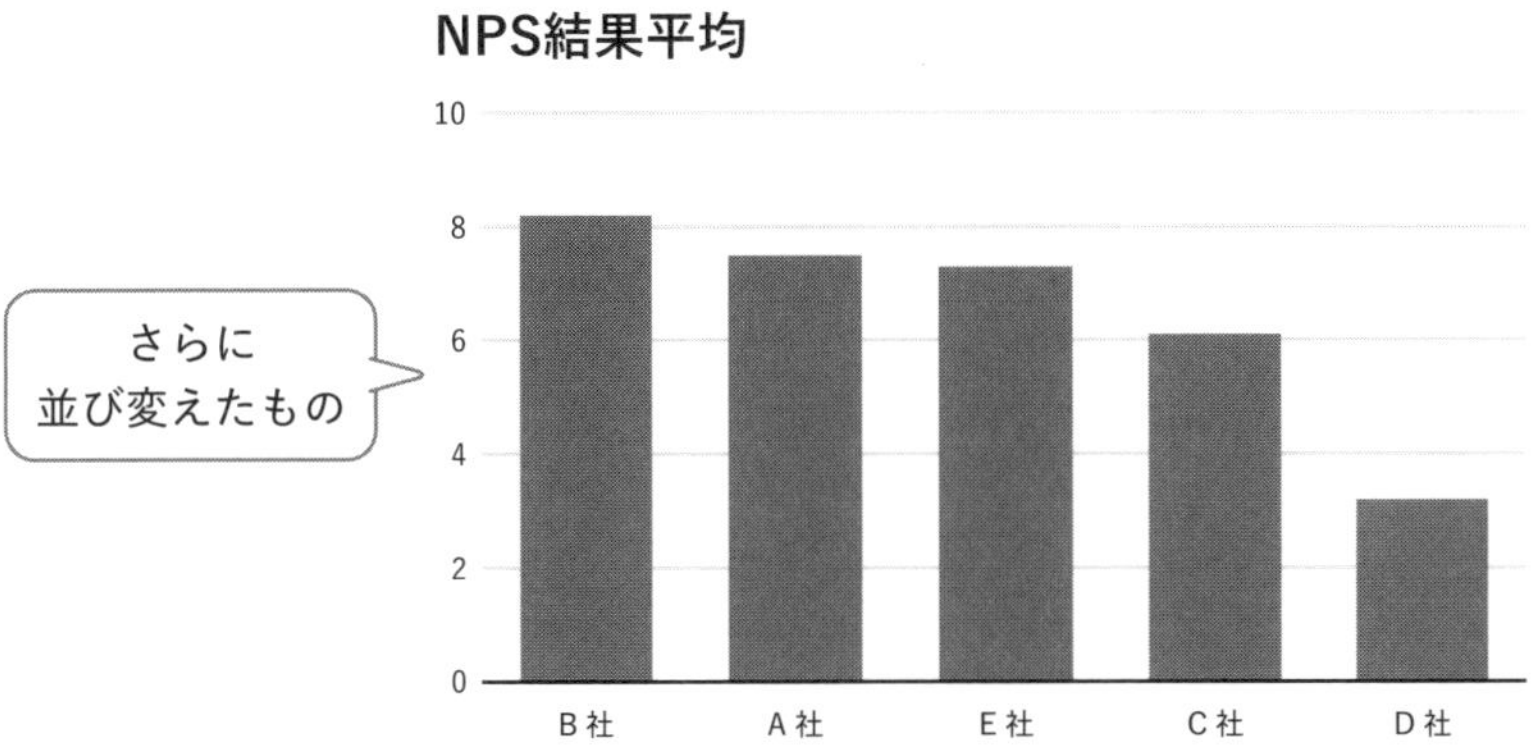

帯グラフは長さによって直観的に比率を判断できるので非常に使いやすいグラフになります。

また、円グラフも比率を表すために使います。

ただし、前述のように円グラフの場合は使い方に注意が必要です。円グラフは角度で判断しますが、項目が増えてくると角度での面積判断が難しくなります。

長さのほうが判断しやすいため基本的には帯グラフを使ったほうがわかりやすくなります。

円グラフには100%の内訳を表しているというのが、

グラフの形状から一目でわかるというメリットがあります。２つの項目の比較など項目数が少ない場合には使っても問題ありません。

また多くの項目を表示する場合には、前述のツリーマップも使えます。

項目が多い場合、帯グラフだと縦か横どちらかを固定しているため、面積が小さくなりわかりにくくなってしまいますが、ツリーグラフだと縦横双方の長さにバランスを持たせた形で表示できるため項目が多くても見やすくなります。

▼値の大きさを比較する

値の大きさの比較には横棒グラフが適しています。

縦棒グラフでもいいのですが、項目名が長い場合縦棒グラフでは表示がしにくくなります。

また項目を見てからデータを見るというように、視点の動きが左↓右、上↓下とZ形の動きになり、理解がしやすくなります。

▼時系列での変化を見る

時系列での変化を見るには折れ線グラフや縦棒グラフが適しています。

時系列に合わせて視点が左↓右と自然に動くので、時系列の変化が追いやすくなります。折れ線グラフの場合は複数のグラフを重ねて配置できるので、推移の競合比較なども行いやすくなります。

比率を比較する

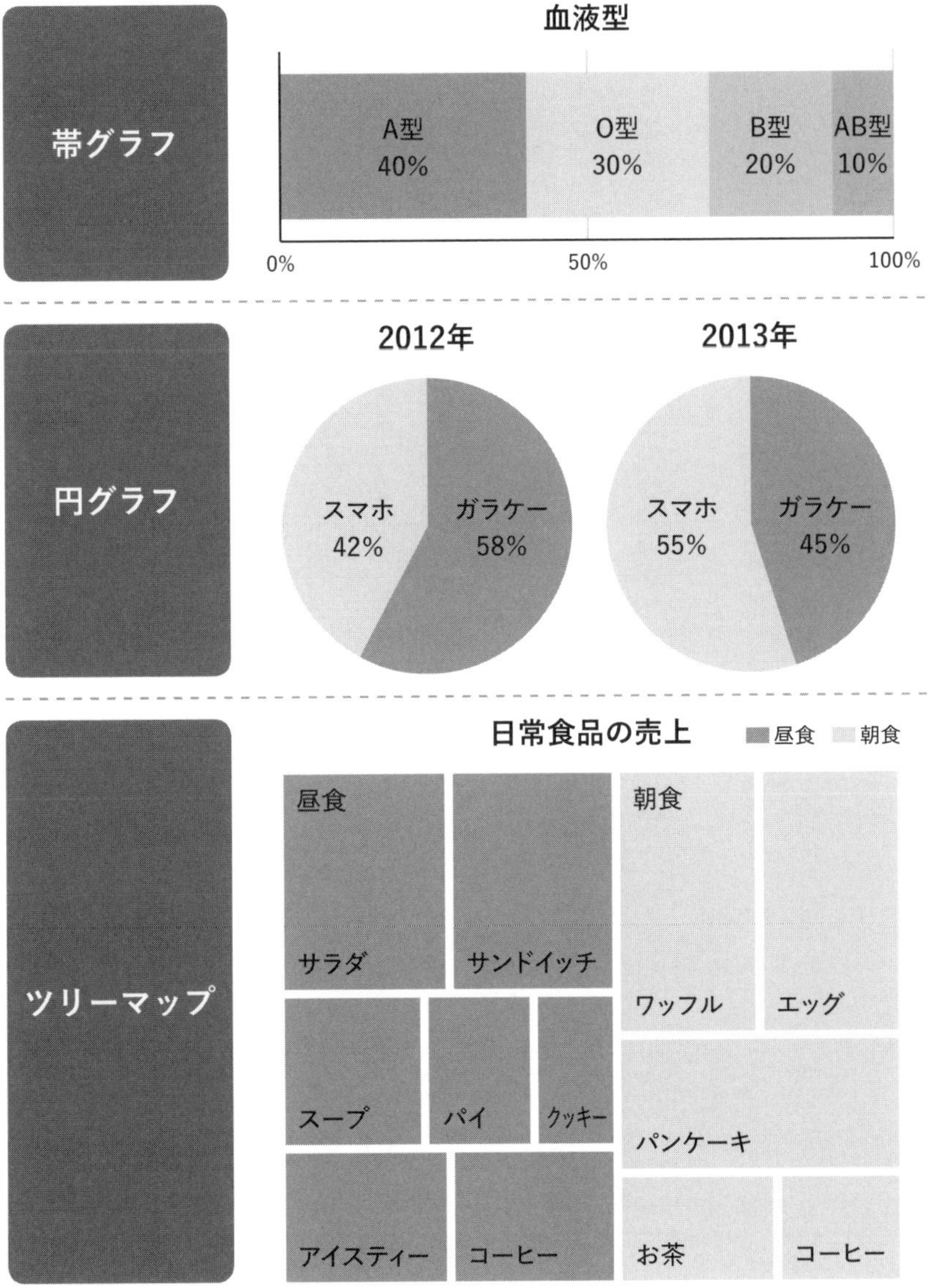
帯グラフ
血液型
A型
40%
O型
30%
B型
20%
AB型
10%
0%
50%
100%
円グラフ
2012年
スマホ
42%
ガラケー
58%
2013年
スマホ
55%
ガラケー
45%
ツリーマップ
日常食品の売上
昼食
朝食
昼食
サラダ
サンドイッチ
スープ
パイ
クッキー
アイスティー
コーヒー
朝食
ワッフル
エッグ
パンケーキ
お茶
コーヒー

▼相関関係を見る

2つの項目の相関関係を見るには散布図が適しています。

縦軸横軸の値でプロットした点の配置の偏りから、視覚的に2つの項目の関係性を見つけやすくなります。

▼累積データの大きさと内訳を見る

累積のデータの大きさと内訳を両方見たい場合は「積み上げグラフ」が適しています。

棒グラフで合計値の比較や変化を見ながら、内訳の比較も行うことができます。

▼3つの項目を見る

3つの項目をかけ合わせて見たい場合にはバブルチャートが適しています。

縦横2軸の値とバブルの大きさで3つの項目の関係性を視覚的に認識できます。

以上のように、何を表現したいかによって使うグラフを選びますが、そうして作ったグラフは、自分が気づきを得るためだけではなく、データをもとにした根拠を相手に伝えたいときにも使います。

その場合は、相手に伝えたいことは何か、それを正しく伝えるためにはどのような表現がよい

値の大きさを比較

横棒グラフ

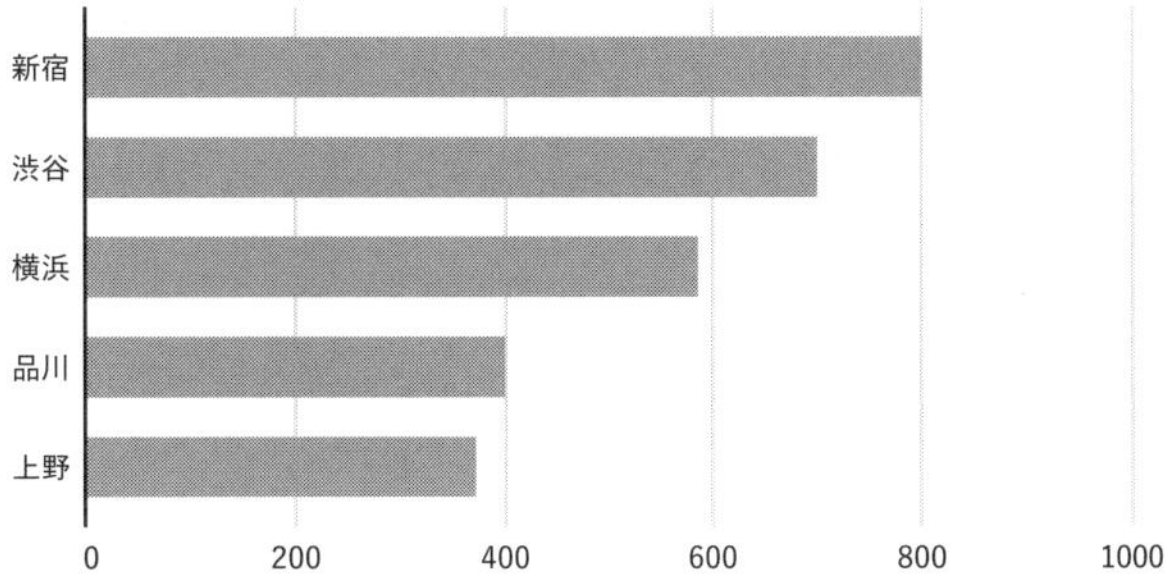

時系列での変化を見る

縦棒グラフ

折れ線グラフ

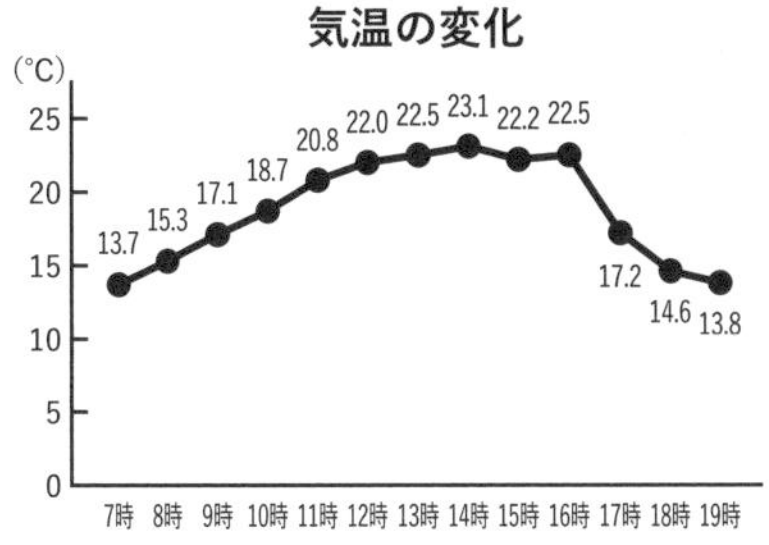

相関関係を見る

散布図

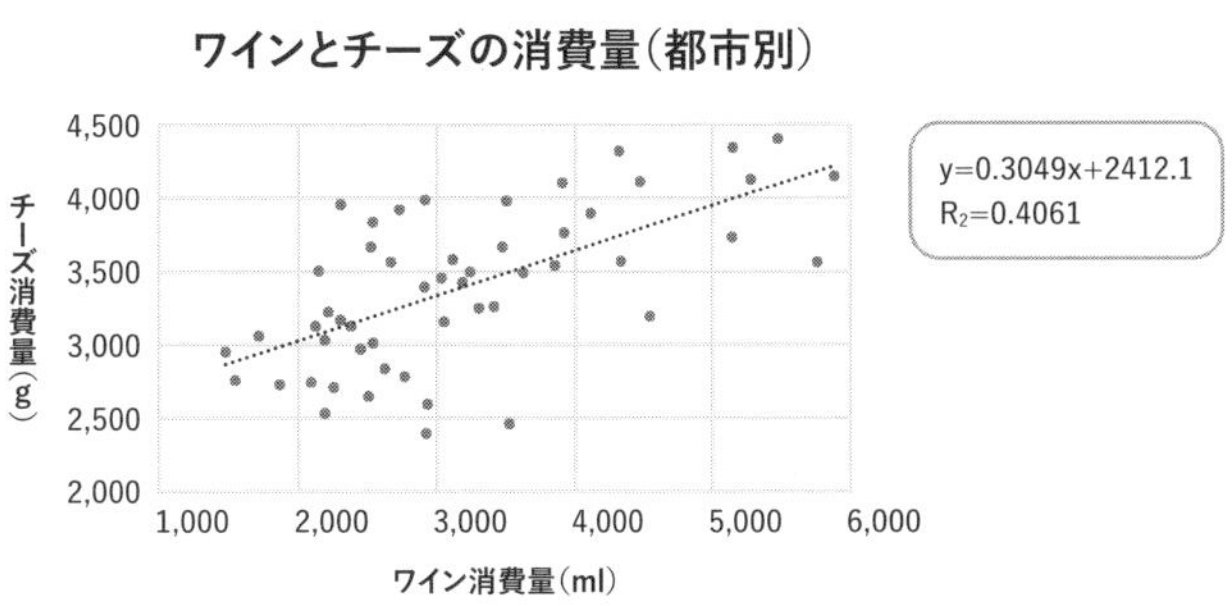

累積データの大きさと内訳を見る

積み上げ
グラフ

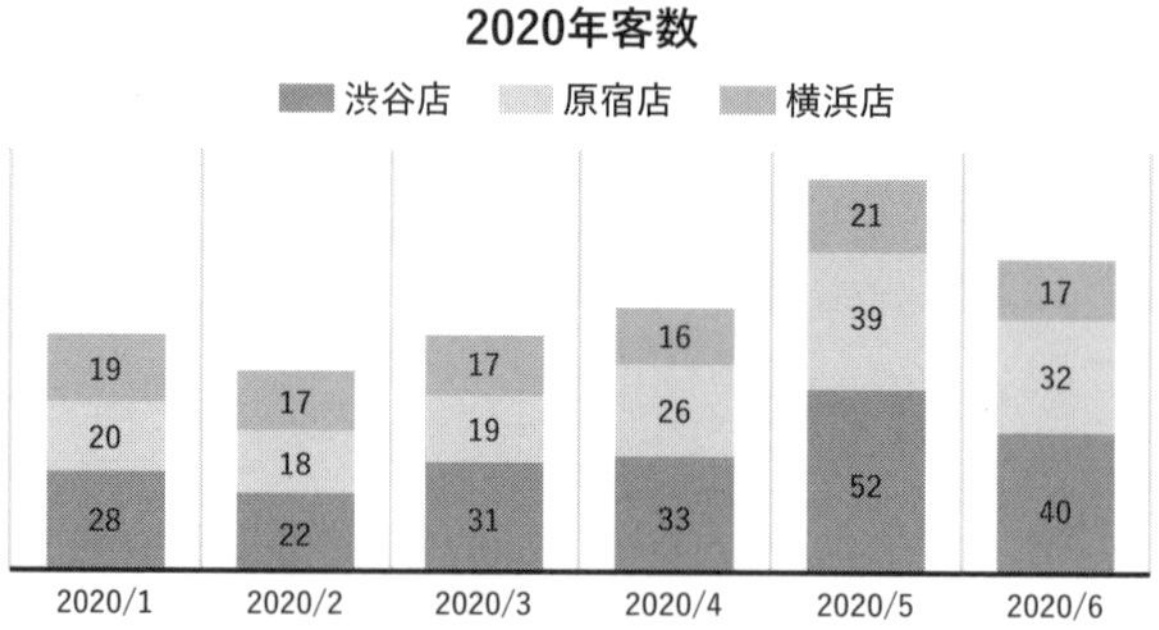

3つの項目を見る

バブル
チャート

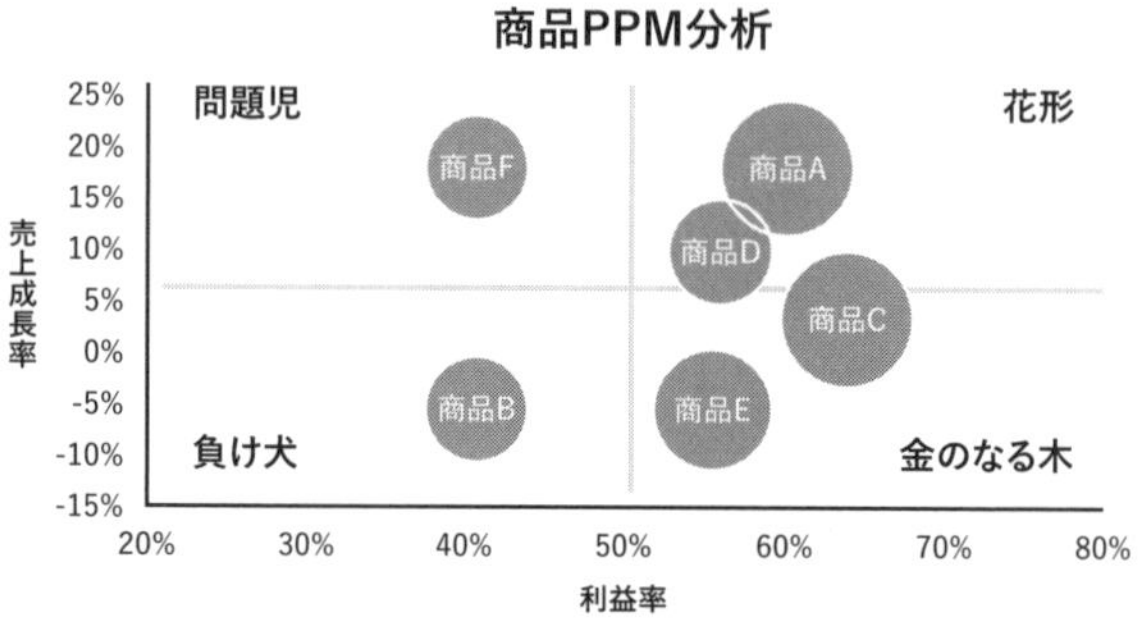

データを根拠として伝えたい場合

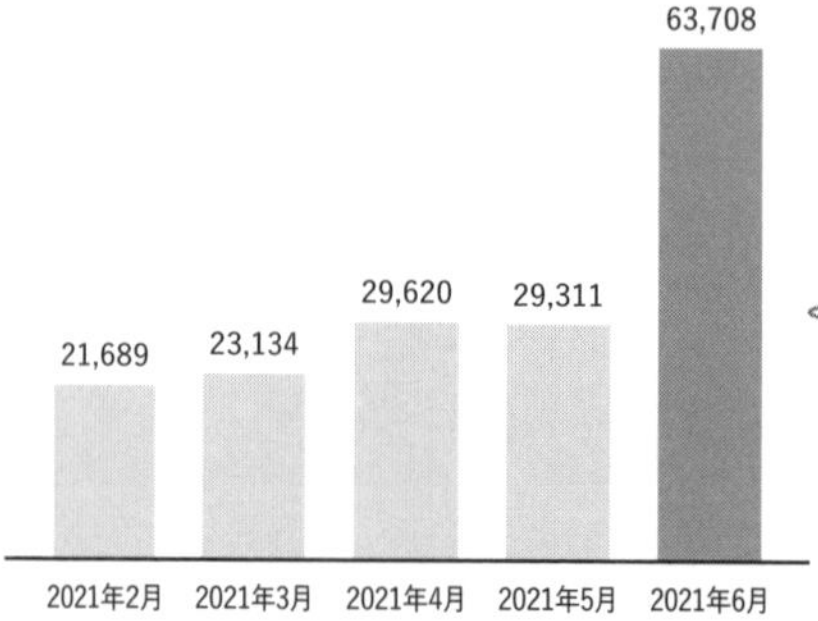

伝えたいデータの部分だけ、
同系色のまま
色味（濃度）を変えるか、
違う系統の色に変える

のかを考えるようにしましょう。

例えば、伝えたいデータだけ色を変えて目立たせれば、顧客は何を見ればいいのかすぐに判断することができます。

また、グラフを正しく使うことも重要です。

たまに0を起点としていないグラフを見かけますが、このようなグラフは顧客に誤解を与えますし、顧客が気づいた場合には騙《だま》そうとしているのではないかと疑われることもあります。

誰かに伝える際にグラフを使う場合は、相手にわかりやすく、かといって誤解を与えないように気をつけましょう。

図解の使い方

▼関係性を図解する

グラフ以外に、図もうまく使うことで、全体像や構造からボトルネックが見つけやすくなります。文章だけだとイメージがしにくいですが、**図解することで自分自身でも気づきを得られる**ことがよくあります。

顧客のビジネスモデルにおいて「どのような関係者がいてどのような価値を提供しているか」を図にしてみることで、自分がどんな価値を提供できるのかを発見することができるようになるのです。

また、商談中に図を描きながら話すことで、相手との認識ズレが発生することを防ぐことにもつながります。

キーエンス時代にノートに図を描いて顧客に見せながら商談するように教えられたのですが、当時の私のつたない説明でもしっかり伝えることができたのはこのおかげだと思います。今でもホワイトボードが借りられるときには図を描きながら打ち合わせをしています。

図解する際に、デザイナーであれば凝ったデザインをすることがあるかもしれませんが、営業の場合は、「自分自身が気づきを得る」「顧客に気づかせる、認識を合わせる」ということが目的なのでできるだけシンプルにしたほうがよいでしょう。

基本は四角形と矢印の組み合わせで表現すると、「どんな図形を使おうか」など余計なことを考える時間が削減できるのでいいと思います。

よく使う関係性の図を次ページからあげますので参考にしてください。


また、顧客に見せる資料、プレゼン資料などは、図形や矢印に意味を持たせることで文字の説明が不要になるケースがあります。このような場合は四角と矢印だけではなく、ピクトグラムやアイコンなどシンプルな図を積極的に使ってください。矢印は太さにより重要度や分解した際の量を表すこともできます。

顧客が視覚的に理解できると文字を読むより印象に残ります。

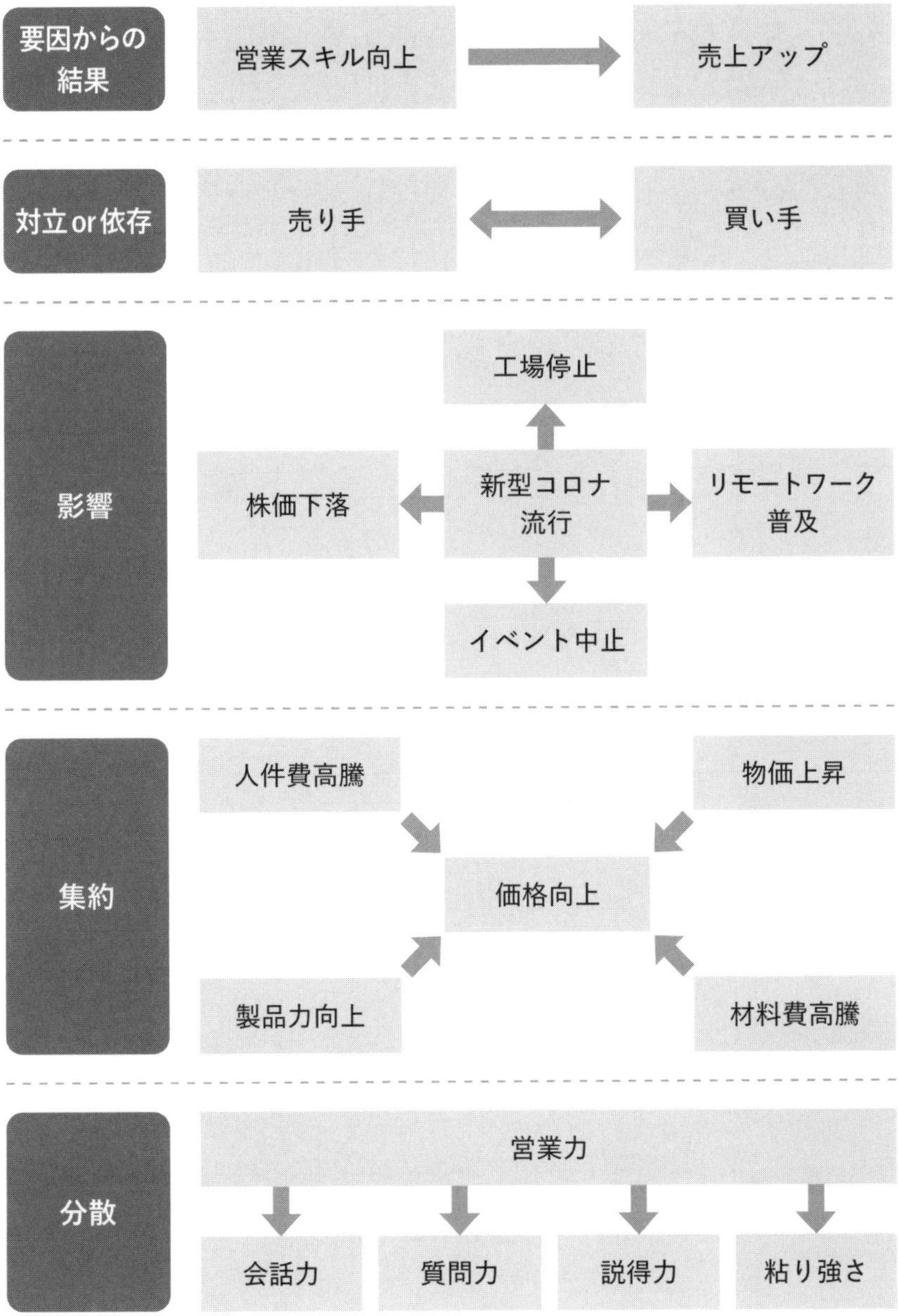
要因からの結果
営業スキル向上
売上アップ
対立or依存
売り手
買い手
影響
工場停止
株価下落
新型コロナ流行
リモートワーク普及
イベント中止
集約
人件費高騰
物価上昇
価格向上
製品力向上
材料費高騰
分散
営業力
会話力
質問力
説得力
粘り強さ

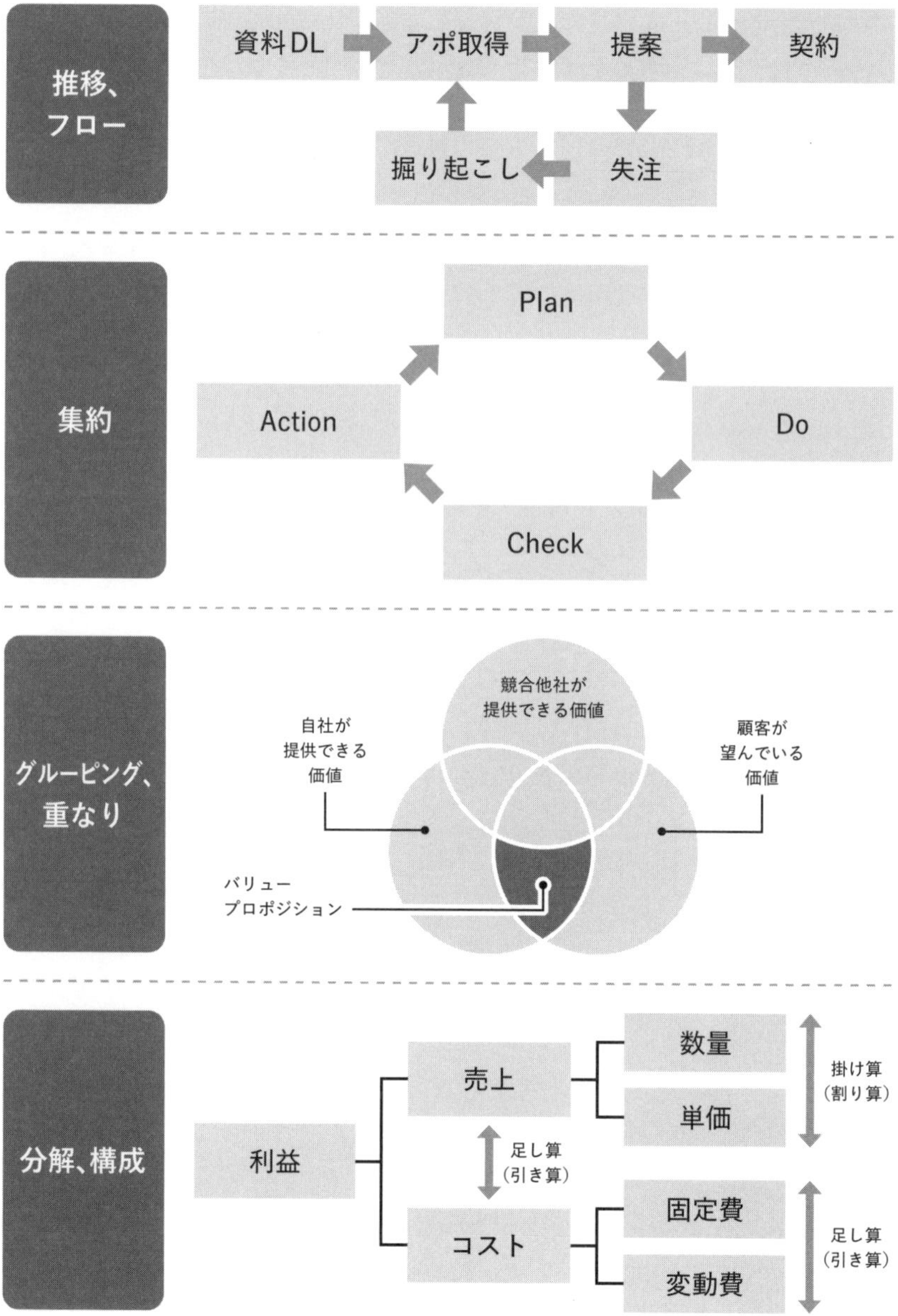
推移、フロー
資料DL
アポ取得
提案
契約
先注
掘り起こし
集約
Plan
Do
Check
Action
グルーピング、重なり
競合他社が提供できる価値
自社が提供できる価値
顧客が望んでいる価値
バリュープロポジション
分解、構成
利益
売上
コスト
数量
単価
固定費
変動費
掛け算（割り算）
足し算（引き算）
足し算（引き算）

矢印に意味を持たせる

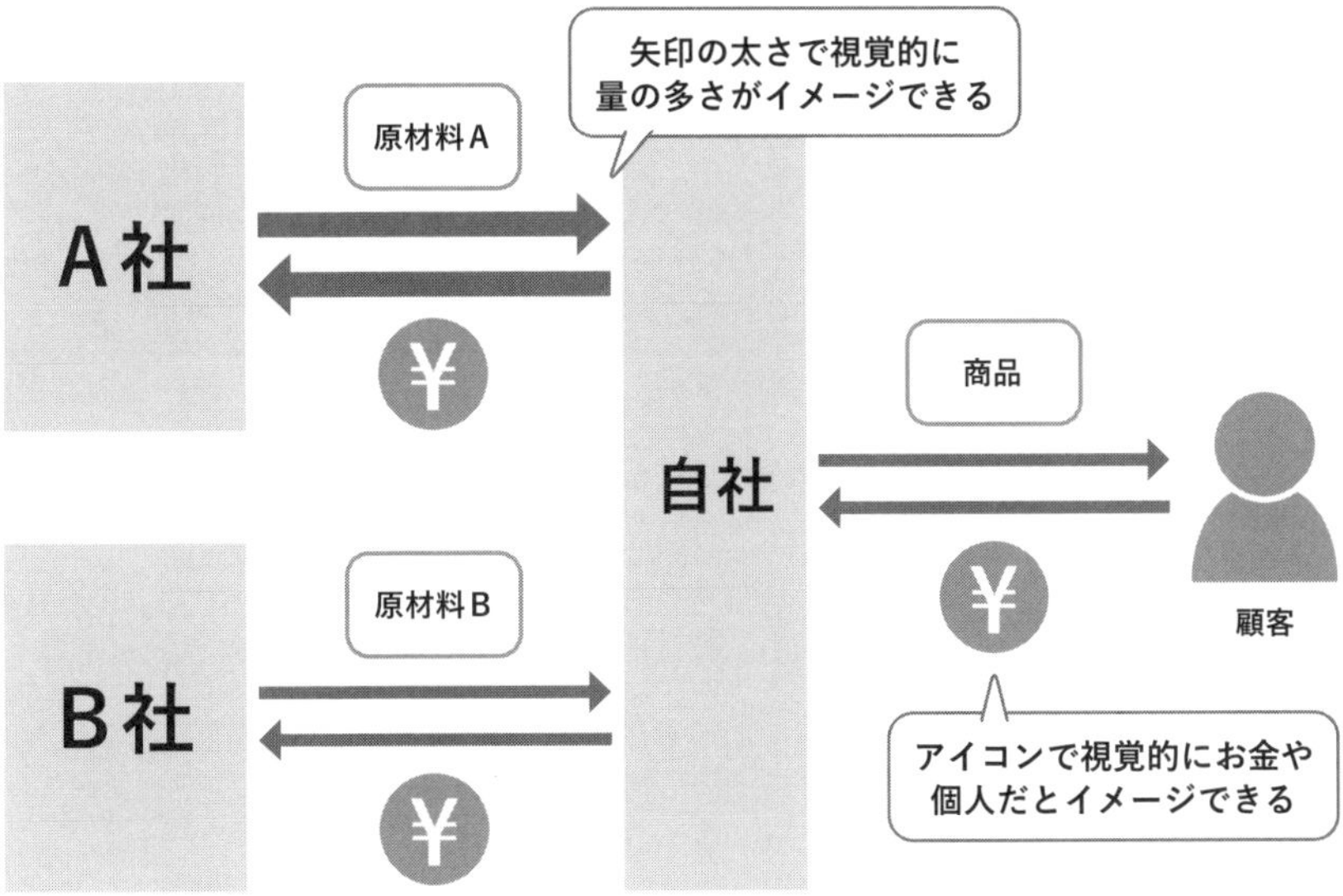

ビジネスモデルや業務フローを図解する

ビジネスモデルや業務フローを図解すると、全体の関係性の把握ができ、どこでボトルネックが発生しやすいか、どこに改善のポイントがあるのか発見しやすくなります。

ビジネスモデルは、どのような登場人物が登場するのかを考え、「ヒト・モノ・カネ・情報・時間・知的財産、ブランド」といった経営資源でつながりを考えると、どんな価値を提供しているのかがわかりやすくなります。

例としてキーエンスのＦＡ（機械の自動化）部品の部門を図解してみましょう。

まずは登場人物を書きます（225ページ図①）。

次にこの登場人物がどのような関係で繋《つな》がっているのかを矢印で描きます（②）。

モノとお金の関係だけだとこのような図に

なりますが、他にも提供している価値があります。図に書き加えていきましょう。

例えばキーエンスは全商品を当日出荷していますが、これは顧客にとって大きな価値になります。工場は装置が壊れると生産ができなくなるので大きな損失が発生します。もちろん装置の部品在庫は持っているのですが、在庫を多く持ちすぎると保管場所を取るうえに、新商品の登場などで保守期間が切れて廃棄することになり、ムダなコストが発生します。工場としてはできるだけ在庫を減らしたいので、トラブル時に当日出荷してもらえるのは非常に助かります。

また装置メーカーとしても、納品した装置にトラブルがあると、すぐに修理をしなければなりません。顧客である工場の信頼を失いますし、場合によっては損害を賠償させられる可能性もあります。そんなときに部品が当日出荷で翌日には届くというのは非常に安心感があります。

また、工場は装置メーカーに装置を発注する際に使用部品を指定することがあります。営業や企業が工場に信頼を得られていれば自社の部品を指定してくれるようになります。

そして、工場が装置を発注する際に得意な装置メーカーを探していることもあります。このような時に装置メーカーを紹介すると、感謝されるので、今後別の装置でも自社の商品を使ってくれるようになります。

このように、モノとお金のやり取りだけでなく、どのような情報や価値の交換があるかを考えることで、そのビジネスモデルの強みや改善できるポイントが理解しやすくなります（③）。

またアナロジーについての説明でも述べましたが、ビジネスモデルを図解しておくと別の業界、顧客における類似点を発見しやすくなるので、アナロジーで考えやすくなります。

ビジネスモデルを図解する

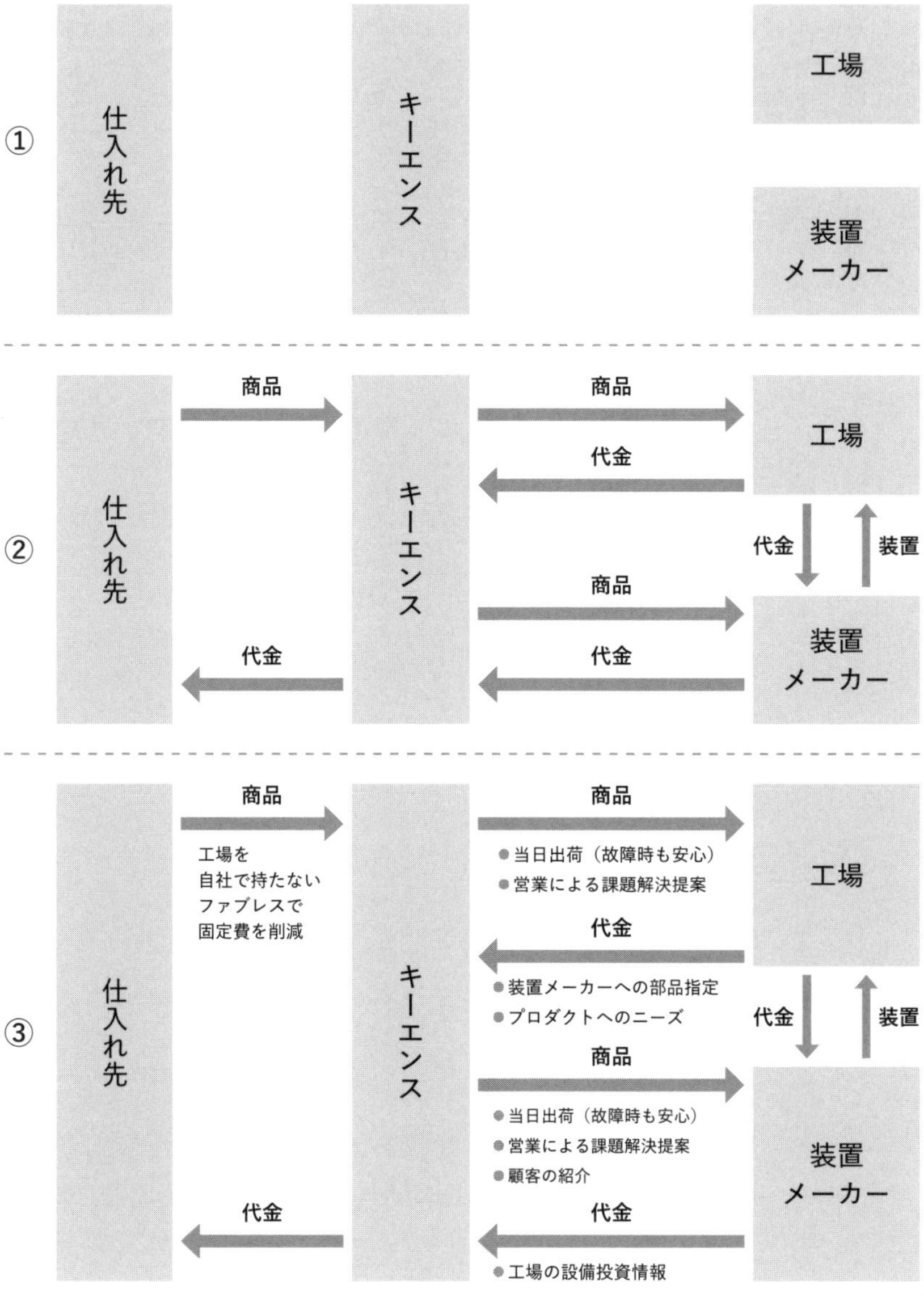

陥りやすい仮説の罠

人は合理的に判断しない

仮説を作る場面においては、過去の経験からくる直感は重要です。特に最初の仮説においては、直感を使うことで仮説を作るための調査時間を大幅に減らすことができます。

一方、注意しなければいけないポイントがいくつかあります。意識しておくことで、仮説を作る際に大きく方向性を間違ってしまう可能性を減らせるので本節に書いておきます。

1つ目は、人は「必ずしも合理的に判断しない」という点です。

昔の「経済学」は、ホモ・エコノミクス（経済人）という「自分の経済的な利益を最大化することを判断基準に行動を取る」人間をモデルにして理論が構築されてきました。

一方「行動経済学」は、現実の人間は必ずしも合理的な行動をするわけではないことを、実験してデータで証明することにより、経済学をより現実に即したものに進化させています。行動経済学には様々な理論がありますが、仮説構築の際のバイアスを防ぐために役立つ理論をいくつか紹介します。

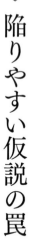

【プロスペクト理論】

プロスペクト理論はノーベル経済学賞を受賞したダニエル・カーネマンとエイモス・トベルスキーが唱えた行動経済学の代表的な理論です。人は情報から、期待値に比例して物事を判断するのではなく、状況によってその期待値を歪《ゆが》めるバイアスがかかってしまうという理論です。以下の3つの心理作用をおさえておきましょう。

▼損失回避性

利益から得られる満足より、損失から得られる苦痛をより大きく感じるため、同量の利益より損失を評価してしまう心理です。例えばコインを投げて表だったら1万円をもらえ、裏だったら1万円を失うギャンブルがあった場合、多くの人は損失を重視して参加しません。損失のほうを利益の1・5~2・5倍評価すると言われています。

▼参照点依存性

ある数値を基準として、その基準値からの変化量で損得を判断するという心理です。0から判断するのではなく、参照点からの変化量で判断するので、90万円の商品を買う際に、ただ90万円と伝えられるより「100万円を値引きして90万円」と伝えられたほうがお得に感じます。

▼感応度逓減性

利益と損失が大きくなるほど、満足や苦痛の感覚が鈍っていくという心理です。例えば所持金が0円のときに50万円もらう喜びより、所持金が50万円のときに50万円もらって100万円になる喜びのほうが小さく感じます。同じように0円だったときに50万円の借金を背負うのと、元々50万円の借金があるときに50万円を失って100万円の借金を背負うのでは、後者の苦痛のほうが小さく感じます。そのため、得をしているときには「リスク回避的な行動」をし、損している時ほど「リスク追求的な行動」をしてしまいます。

【サンクコスト】

サンクコストは日本語では埋没費用といわれる、既に払っていて回収することのできないコストです。

例えばソフトウェアの開発プロジェクトで、途中でビジネスとして成り立たないことがわかったとします。合理的に考えると、その時点でプロジェクトを終了するのが一番損失が少ないですが、そこまでにかかっている費用や時間を惜しんでプロジェクトを継続してしまうようなケースはサンクコストの影響を受けています。

【現在志向バイアス】

将来得られる大きな価値と、今得られる小さな価値を比較した際に、今得られる小さな価値を選んでしまうというバイアスです。

今すぐ100万円をもらうか、1年後に200万円をもらうか選べる際に、今すぐ100万円を選ぶ人が多くいます。もし、年利6％で運用できたとしても100万円を200万円にするのには12年かかるので、実際には1年後に200万円をもらうほうが得になることが多いです。

【ハロー効果】

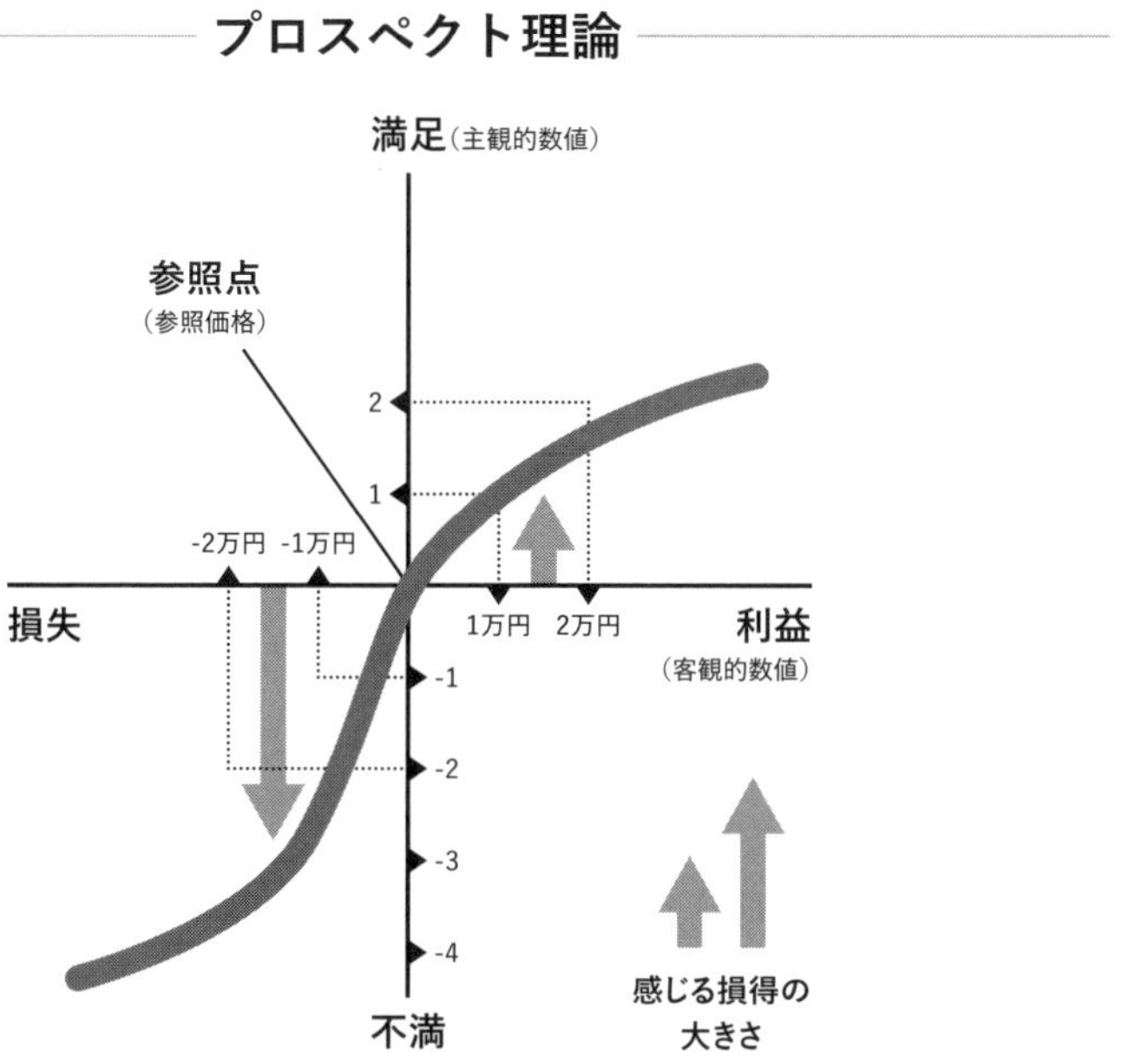

何かを評価する際に、目立ちやすい特定の能力の評価に他の能力の評価も引っ張られてしまう現象をさします。

例えば学歴が高い人はそれだけで能力が高い人だと思ってしまったり、だらしない格好をしている人はそれだけで能力が低そうだと先入観を持ってしまったりするようなケースがあります。

【極端性回避】

いくつかのグレードがあった際に真ん中を選ぶ傾向をいいます。

例えば1000円、5000円、10000円のコースがあった際に5000円のコースを選ぶ人が多くいます。アンケートで「どちらでもない」を選んでしまうのも極端性回避です。

【認知的不協和理論】

人間は自分自身が認知していることに、矛

盾する行動や考えがある際にストレスを感じます。これを「認知的不協和」と呼びますが、自分の都合の良いように解釈して認知的不協和を解消しようとする現象について、心理学者レオン・フェスティンガー氏が提唱した理論です。

例えば、タバコ好きな人にとって「タバコは健康に悪い」という認知と、「タバコを吸いたい」という認知は矛盾するのでストレスを感じます。これに対して「タバコを吸うと気持ちがリフレッシュする」と認知を変えることで「タバコを吸いたい」という認知との矛盾がなくなります。

他にも「努力している同僚が活躍している」「努力は大変だからしたくない」という矛盾する認知があった際に、「同僚は元から才能がある」と認知を変えることで、努力しないことを正当化するというのも当てはまります。

このようなバイアスを意識すると、仮説の誤りに気づくことができるのでぜひ取り入れてみてください。

≫因果関係と相関関係を間違えないための因果推論

もう1つ、仮説を作る上で知っておいたほうがいいのが「因果推論」です。

このような言葉を聞いたことはありませんか？

「統計は嘘をつかないが、嘘つきは統計を使う」

「世の中には3つの嘘がある、嘘、見えすいた嘘、そして統計だ」

相関関係と因果関係

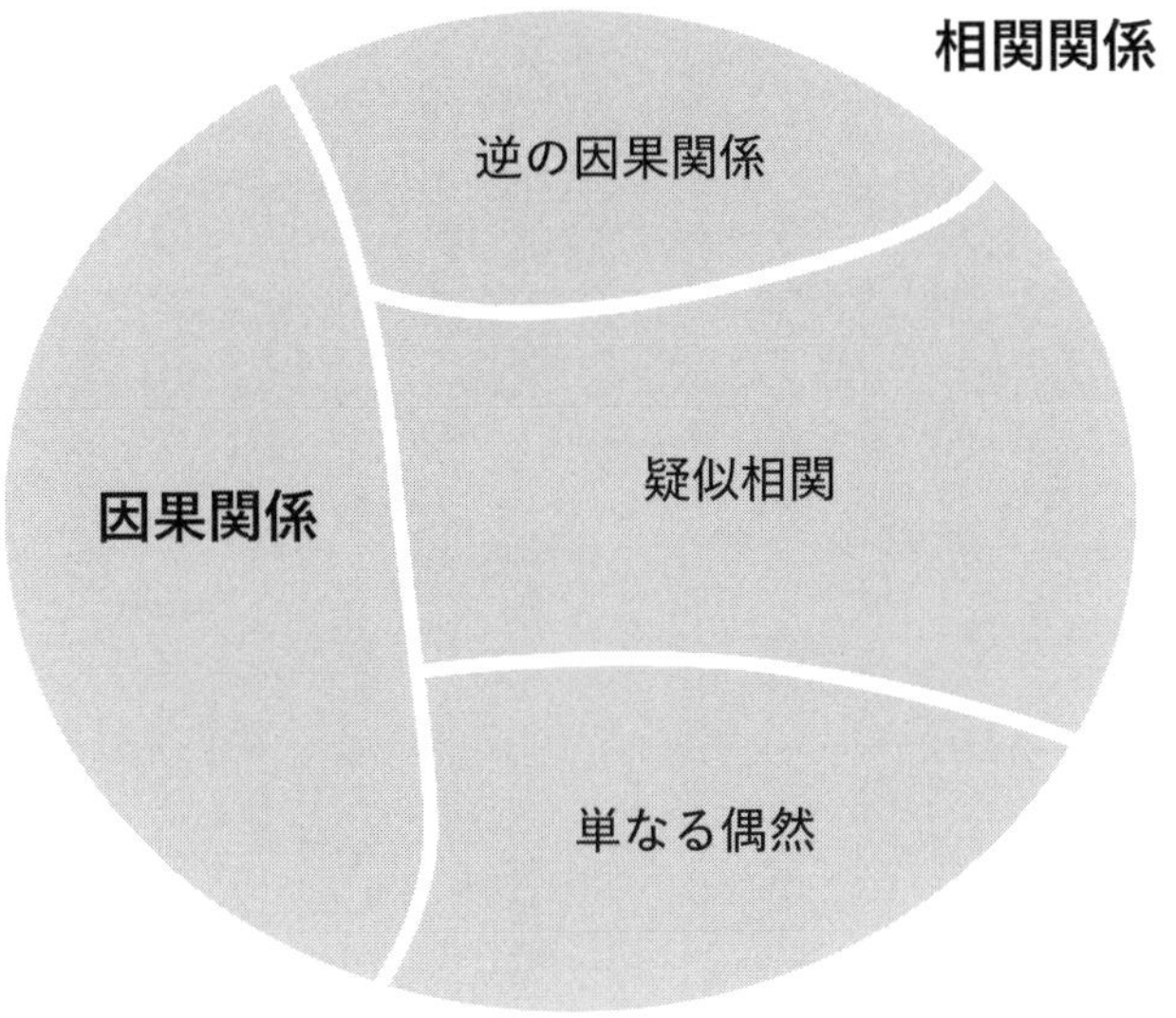

統計、データ、数字はインパクトがあり説得力が増すので、嘘をつく人は自分に都合のいい部分を切り取って使うという意味です。

統計、データ、数字は意図的に嘘をつこうとしていなくても、間違った解釈をしてしまうことがあります。そのように間違った解釈をしないために役に立つのが「因果推論」です。

ポイントだけでも押さえておきましょう。

まず、みなさんは相関関係と因果関係の違いを明確に説明できますか？　それぞれ、

相関関係：Aが増減したとき、Bも増減する

因果関係：Aが増減したとき、Aが原因でBも増減する

ということを意味する言葉です。

因果関係は相関関係に含まれており、相関関係には「逆の因果関係」「疑似相関」「単な

る偶然」も含まれるので、図にあるような関係になります。

仮説を作る際に、因果関係であれば「Bになったのは Aだから」と説明できますが、相関関係だけでは「Bになったのは Aだから」とは説明ができません。

例を挙げてみましょう。

2023年1月22日現在の新型コロナウィルス感染症の累計患者数のトップ5は1位東京都、2位大阪府、3位神奈川県、4位愛知県、5位埼玉県です。ではゴミの排出量はどうかというと、1位東京都、2位大阪府、3位神奈川県、4位愛知県、5位埼玉県です。順位は一致しており、この2つの数字には相関関係があります。

では、「ゴミが多いと新型コロナウィルス感染症の患者数が増える」と言えるでしょうか?

もちろん言えません。

新型コロナウィルス感染症の患者数が多いのはゴミが多いからではありません。ゴミを触って感染することもあるかもしれませんが、全体への影響は一部です。

新型コロナウィルス感染症の患者数は「人口、人流」に合わせて多くなります。そしてゴミが多いのも「人口、人流」が多いからです。

2つのどちらにも影響する「人口、人流」という別の項目が存在することで相関関係が生まれていますが、新型コロナウィルス感染症、ゴミの量は一方が一方の要因となるような因果関係はない、ということです。

エアコン出荷数と８月の平均気温に相関関係はあるか

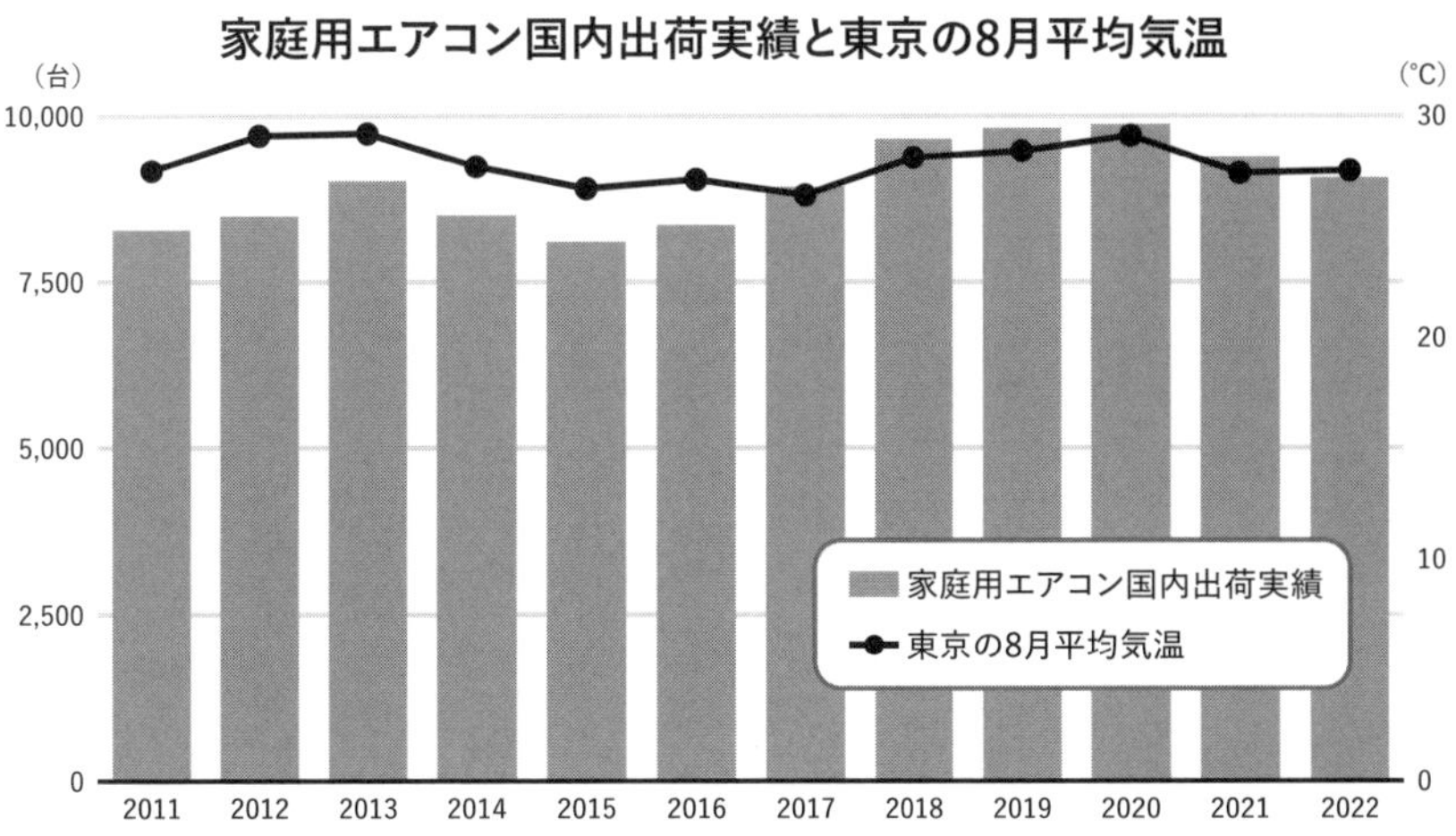

データ出所：「家庭用（ルーム）エアコンの月別出荷台数と金額」（一般社団法人日本冷凍空調工業会「自主統計」内）および「過去の気象データ検索」（国土交通省気象庁ホームページ「各種データ・資料」内）より作成

その関係が因果関係かどうかを判断するためには、因果関係以外の3つのパターンに当てはまらないかをチェックする必要があります。

まずは「単なる偶然のパターン」です。

「少子化が進むと、温暖化が進む」というのは単なる偶然の例です。

現在、少子化が進んでいます。一方、温暖化も進んでいます。この2つは同じように進んでいるのでデータで見ると相関関係がありますが、温暖化が進んでいるのは温室効果ガスの増加などが理由で、少子化が進んでいるからではないですよね。少子化にも、温暖化とは別の理由があり、それぞれ進んでいるだけで因果関係はありません。

次に、「逆の因果関係」です。

「夏にエアコンが売れると暑くなる」

この文章を読んでおかしいと思いませんか？

確かに、エアコンの売れ行きと夏の暑さは相関関係がありそうです。

しかし、これはエアコンが売れたから暑くなったのではなく、暑かったからエアコンが売れたのです。このように「逆の因果関係」がないかを考えてみてください。


最後に、先ほど例にも出した「第3の変数が影響」するパターンです。

新型コロナウィルス感染症の患者数が多いのも、ゴミの量が多いのも、人口、人流という「第3の変数」が生み出した相関関係であり、因果関係ではありません。この「人口、人流」のような第3の変数を「交絡因子」と呼びます。「交絡因子」による相関関係は3つのパターンの中で一番見落としやすいので注意が必要です。

「交絡因子」と間違えやすいものに「中間因子」があります。

「中間因子」の例を挙げます。

2020年、2021年と新型コロナウィルス感染症の患者数が増えた期間のインフルエンザの患者数のデータを見ると、減っています。

では、新型コロナウィルス感染症にかかることと、インフルエンザにかからないことに直接的な因果関係があるかというとそうではありません。

新型コロナウィルス感染症にかかっている人はインフルエンザにかからなくなるわけではなく、実際に新型コロナウィルス感染症とインフルエンザに同時にかかっている人も増えてきています。

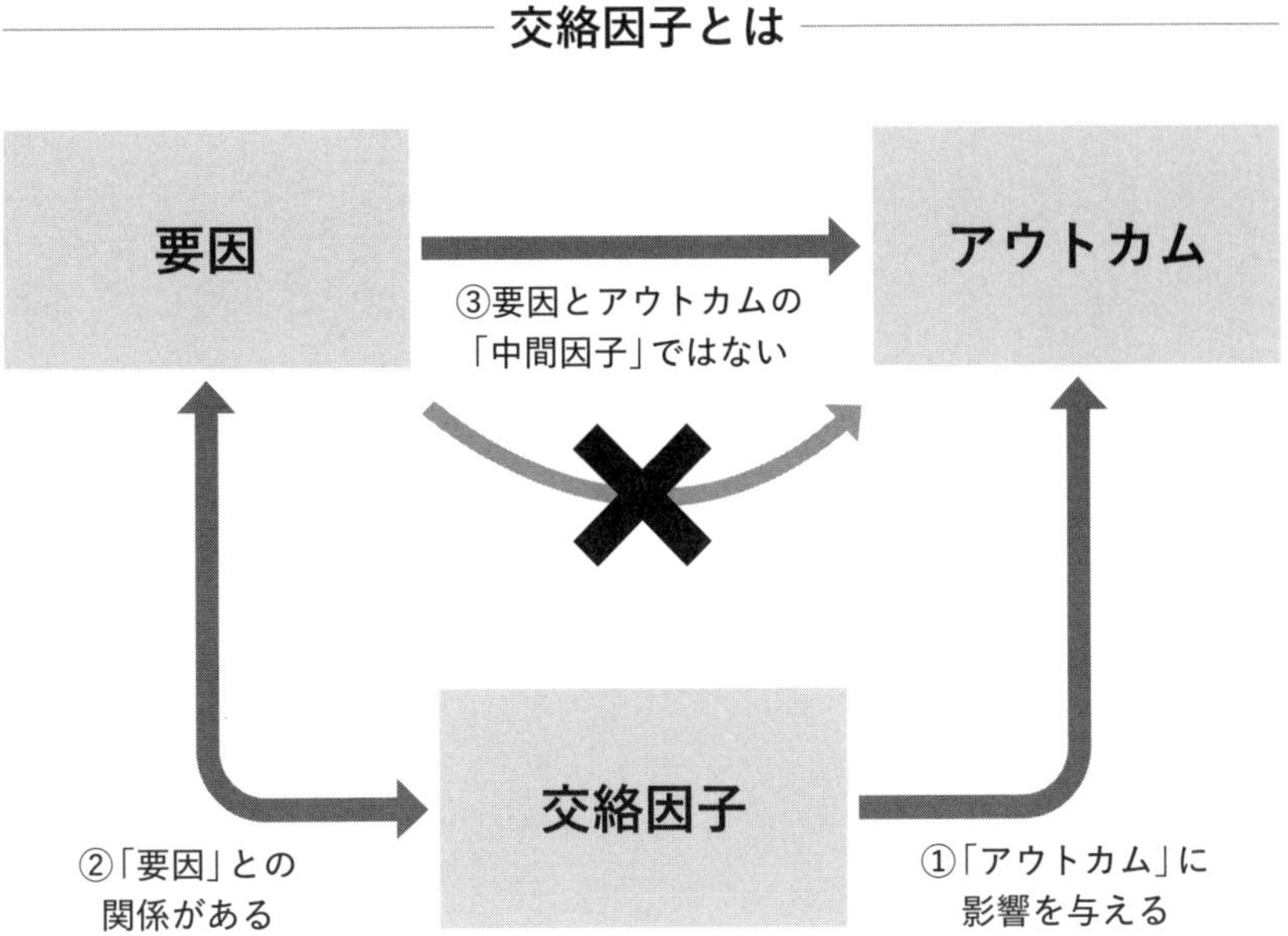

新型コロナウィルス感染症が流行したことにより、「うがい、手洗い、マスクといった感染予防対策」を行う人が増えたことによってインフルエンザにかかる人が減ったのです。

この場合の「うがい、手洗い、マスクといった感染予防対策」を「中間因子」と呼びます。

「新型コロナウィルス感染症の患者が増えた」→「うがい、手洗い、マスクといった感染予防対策をする人が増えた」→「インフルエンザの患者が減った」というように、それぞれに因果関係があり、新型コロナウィルス感染症の患者が増えたことは、インフルエンザの患者が減ったことに影響を与えています。

交絡因子であるかを判断するためには、

①結果（アウトカム）に影響を与えるか
②要因との関係があるか
③中間因子ではないか

をチェックしましょう。

さて、このような3つのパターン（偶然／逆の因果関係／第3の変数）ではなく、因果関係があるということは、「反事実」の結果が成り立たないことで証明できます。

「反事実」とは実際に起こった事実の反対を意味します。

例えば、あなたが会計ソフトを販売しているとします。

資料ダウンロード数を増やすために、広告の内容を変えました。

結果として資料ダウンロード数が増えました。

この場合、「広告の内容を変えた」ことと「資料ダウンロード数が増えた」ことの因果関係は、この事実だけでは証明ができません。そのタイミングで税制改正が発表されたかもしれませんし、確定申告の時期が近づいたので増えたのかもしれません。

この因果関係を証明するには「反事実」の結果と比較しなければなりません。「広告の内容を変えなかった」場合にどうなるかとの比較が必要だということです。

もちろん、全く同じ条件で「反事実」を証明することはできません。同じ顧客に対して同じタイミング、同じ条件で広告を出した場合と出さなかった場合を比較することは、パラレルワールドが存在し両方の結果を知るようなことなので、現実的には不可能です。

とはいえ、「反事実」の完全な比較はできませんが、可能な限り条件を近づけて比較することで因果関係の証明はできます。

例えば、ウェブマーケティングでよく行うA／Bテストで検証が可能です。先ほどの例でいうと、今までの広告が表示される顧客と新しい広告が表示される顧客をランダムに分け、新しい広告のほうが資料がダウンロードされた率が高ければ、「広告の内容を変えた」ことと「資料ダウンロード数が増えた」ことの因果関係が証明できます。

この際、「今までの広告が表示される顧客」と「新しい広告が表示される顧客」の属性が同じであることが重要です。特定の地域だけ新しい広告が表示され、今までの広告が表示されるその他の全国の顧客と比較してしまうと、別の要因の可能性が生まれてしまいます。

またサンプル数が一定以上あることも必要です。数が少ないと1件の差による影響が大きくなってしまうため比較ができません。

ここまで因果推論において、営業が仮説を作るに当たって最低限押さえておいたほうがいいポイントのみを述べました。

研究の場では様々な実験が行われているので、精度を高めたい方は是非、専門書を読んでみてください。

仮説を検証する

仮説は作るだけでは意味がありません。

実際に顧客に対して説明したり、交渉する場で活《い》かすことになりますが、その時に仮説と対になって重要になってくるのが「根拠」です。根拠がない仮説を伝えても、顧客は何も判断ができません。その仮説を信じるかどうかを判断する材料が根拠です。

また、「仮説」は限られた情報から結論を導き出す手法なので、その仮説が正しいのかの「検証」も必要です。最初の情報だけでは根拠が不十分であるため、検証することによって根拠を補強していきます。

仮説に対して、根拠のつながりと根拠の内容を検証して、論理的におかしなところがないかを考えていく必要があるわけです。

ここで一点意識してほしいのが、営業において仮説を使う場合には検証に時間をかけすぎないことも大切だということです。

キーエンスでは「コンサルティング営業」という言葉をよく使っていました。物を売ることが目的ではなく、課題を解決することを目的とした営業というニュアンスの言葉です。

ではコンサルタントとコンサルティング営業の違いは何でしょうか？

私は「スピード」と「決断」だと思います。

コンサルタントの友人に聞くと、仮説を考えること自体にはそれほど時間がかからないケースも多く、それを説明するための情報収集やレポート作成に多くの時間がかかると言います。コンサルタントは顧客と契約したうえで、コンサルティングをしており、コンサルティングと成果物に対して費用が発生しています。

一方、コンサルティング営業においては、顧客はコンサルティングに対して費用を払っているわけではなく、解決手段として提供しているソリューションや商品に対して費用を払っています。

「調査、思考、決断」について述べた項で、孫正義さんの「10秒考えてもわからない問題は、それ以上考えても無駄だ」という言葉を引きましたが、選択肢AとBがあり、Aを選択した時の成功率が70％で失敗率が30％のようなときに、どんなに考えても成功率は変わらないということがあります。このようなケースは答えが存在しないので、「考えている」と思っているのが実は「迷っている」だけであり、決断こそが必要です。

コンサルタントであればそこに費用が発生しているため70％という根拠やそれを説明するための成果物をしっかり作る必要があります。しかし営業は顧客に決断して行動してもらうことが目的です。検証して根拠や資料を作ることに時間をかけすぎず、早めに顧客に初期仮説をぶつけてディスカッションしながら進めたほうがうまくいくことが多くあります。

演繹法と帰納法とアブダクション

根拠を効率的に考えてわかりやすく説明するには、「推論」の手法が役に立ちます。

この推論には、演繹《えんえき》法、帰納法、アブダクションという3つの手法があります。

根拠を説明するときに演繹法と帰納法、仮説を作るときにはアブダクションの手法を使うので、この関係性を整理しておきましょう。

これらは3つの要素の関係性で表すことができます。

・大前提、ルール……一般的で普遍的な法則などの前提
・小前提、ケース……具体的な事柄
・結論、結果……前提から導き出される答え

▼演繹法
演繹法は「一般的で普遍的な前提条件（大前提）」に対して、「具体的な事柄（小前提）」を当てはめて「結論」を導く方法です。

代表的なものとしては「アリストテレスの三段論法」があります。

演繹法・帰納法・アブダクション

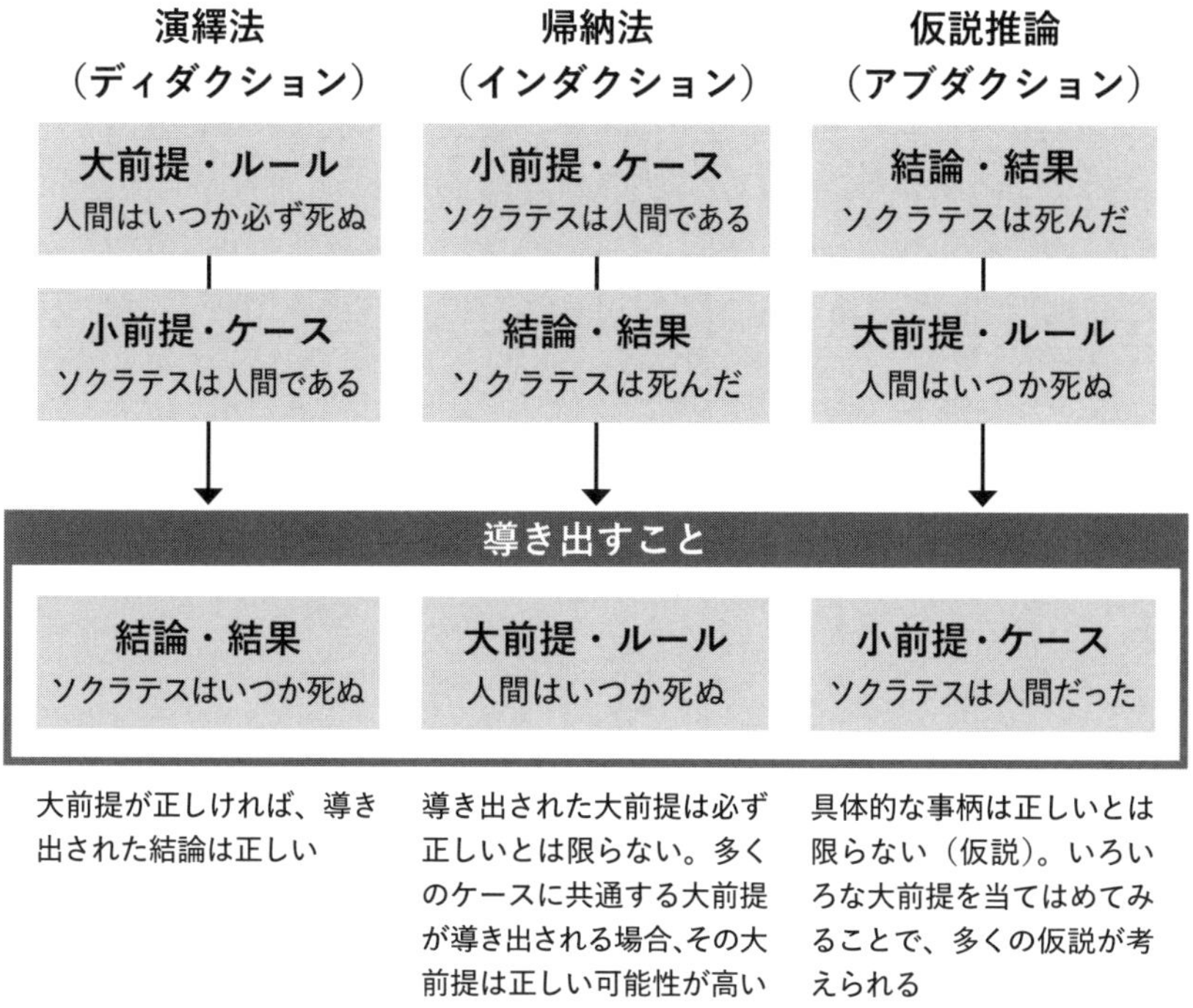
演繹法
（ディダクション）
大前提・ルール
人間はいつか必ず死ぬ
小前提・ケース
ソクラテスは人間である
帰納法
（インダクション）
小前提・ケース
ソクラテスは人間である
結論・結果
ソクラテスは死んだ
仮説推論
（アブダクション）
結論・結果
ソクラテスは死んだ
大前提・ルール
人間はいつか死ぬ
導き出すこと
結論・結果
ソクラテスはいつか死ぬ
大前提・ルール
人間はいつか死ぬ
小前提・ケース
ソクラテスは人間だった
大前提が正しければ、導き出された結論は正しい
導き出された大前提は必ず正しいとは限らない。多くのケースに共通する大前提が導き出される場合、その大前提は正しい可能性が高い
具体的な事柄は正しいとは限らない（仮説）。いろいろな大前提を当てはめてみることで、多くの仮説が考えられる

人間はいつか死ぬ　（大前提、ルール）

ソクラテスは人間である　（小前提、ケース）

↓

ソクラテスはいつか死ぬ　（結論、結果）

「人間はいつか死ぬ」という一般的な前提と「ソクラテスは人間である」という前提が絶対に正しければ、「ソクラテスはいつか死ぬ」という結論も絶対に正しくなります。

演繹法で注意しなければならないのは、「一般的で普遍的な前提条件（大前提）」が本当に正しいか

ということです。例えば、

人間は肉を食べる（大前提）
ソクラテスは人間である（小前提）
↓
ソクラテスは肉を食べる（結論）

こちらはどうでしょうか？　一般的には人間は肉を食べます。しかし、ベジタリアンの人など肉を食べない人もいます。そのため、ソクラテスも肉を食べる可能性は高いですが、ソクラテスが人間であることは絶対に肉を食べる理由にはならないということになります。

ビジネスの例に置き換えてみましょう。

ある会計ソフトを販売している会社の売上が低迷しています。認知が低くウェブで会計ソフトと検索した際に上位に表示される回数が低いのが理由だとします。その際に、

1．特定のワードに広告費を払えば検索結果の上位に表示される（大前提、ルール）
2．会計ソフトのワードに広告費を払う（小前提、ケース）
↓
3．会計ソフトと検索した際に上位に表示される（結論、結果）

と導かれます。この場合に1、2ともに正しければ、検索結果の上位に表示されるためには「会計ソフトのワードに広告費を払う」ということで求める結果が得られます。

一方、認知が低いのが課題だということしかわかっていない場合に、

1. 特定のワードに広告費を払えば検索結果の上位に表示される（大前提、ルール）
2. 会計ソフトのワードに広告費を払う（小前提、ケース）
↓
3. 認知が上がる（結論、結果）

とは言えません。既に検索結果の上位に表示されているのに、認知が低い可能性もありますし、検索以外の認知が重要なのかもしれません。1、2から導き出せるのは、会計ソフトのワードに広告費を払えば上位に表示されるという予測ができるということだけです。

一般的な既知のルールは限られるため、演繹法は要因を絞り込んだ限定的な状況でしか使うことができません。一方、確実性が高いので演繹法で説明できる場合、根拠を証明するのに有効です。

▼帰納法

帰納法は「具体的な事柄（小前提）」から、一般的な法則、原理を導き出す方法です。

先ほどのアリストテレスの三段論法を帰納法に当てはめてみると以下の関係になります。

ソクラテスは人間である（小前提、ケース）

ソクラテスは死んだ（結論、結果）

↓

人間はいつか死ぬ（大前提、ルール）

帰納法の場合、1つの例だけでは根拠として説得力がありません。

ソクラテス1人が死んだからといって、人間全てが死ぬとは言えませんよね。

「ソクラテスは死んだ」「プラトンも死んだ」「アリストテレスも死んだ」「ソクラテス、プラトン、アリストテレスはみんな人間だ」、であれば「人間はいつか死ぬ」ということの説得力は増します。とはいえ3人だけでも説得力は低く、帰納法を根拠として説得力を増すには、全体の中で多くの比率でいえることが必要です。

先ほどの会計ソフトの例で考えてみましょう。

1．会計ソフトのワードに広告費を払った（小前提、ケース）

2．会計ソフトと検索した際に上位に表示された（結論、結果）

↓

3．特定のワードに広告費を払えば検索結果の上位に表示される（大前提、ルール）

帰納法でいうとこのような関係になります。

1、2から3という法則があるかもしれないと考えることはできますが、この一例だけでは確実とはいえず他の法則かもしれません。

しかし、「スマートフォンというワードに広告費を払ったら、スマートフォンと検索した際に上位に表示され」、「コーヒーというワードに広告費を払ったら、コーヒーと検索した際に上位に表示され」たらどうでしょう？　「特定のワードに広告費を払えば検索結果の上位に表示される」（大前提、ルール）という法則は正しい可能性が高いと思いませんか？

このように帰納法は、複数の「小前提、ケース」と「結論、結果」の組み合わせから、共通する部分を抜き出して「大前提、ルール」を見つけ出すことができます。

ここで見つけ出された「大前提、ルール」は演繹法の場合と違い100％正しいわけではありませんが、多くの例に共通する場合は正しい可能性が高くなります。

▼アブダクション

もう1つ、アブダクションという推論方法があります。アブダクションはリトロダクション（遡及《そきゅう》推論）とも呼ばれ、結論、結果から原因についての仮説を見つける方法です。

ソクラテスは死んだ（結論、結果）
人間はいつか死ぬ（大前提、ルール）
↓
ソクラテスは人間だった（小前提、ケース）

この場合、「ソクラテスは死んだ」というのは事実です。ただ、「ソクラテスは人間だった」というのはその可能性もありますが、本当にそうなのかはわかりません。「人間はいつか死ぬ」は正しいですが、「鳥は死ぬ」「馬は死ぬ」も正しいので、ソクラテスは人間だったかもしれませんが、鳥だったかもしれませんし、馬だったかもしれません。

このようにアブダクションから導かれる「小前提、ケース」は正しいとは限りません。当てはまる「大前提、ルール」が複数あるので様々な可能性が考えられます。

こちらも会計ソフトの例で考えてみましょう。

1. 会計ソフトと検索した際に上位に表示された（結論、結果）
2. 特定のワードに広告費を払えば検索結果の上位に表示される（大前提、ルール）
↓
3. 会計ソフトのワードに広告費を払ったのかもしれない（小前提、ケース）

このように「会計ソフトと検索した際に上位に表示された」ことの原因を「会計ソフトのワードに広告費を払ったのかもしれない」と推測することができます。

しかし、「特定のワードに広告費を払えば検索結果の上位に表示される」という大前提、ルール以外にも「優良なページからリンクを張られている数が多ければ上位に表示される」という大前提、ルールもあるかもしれません。その場合には「会計ソフトのワードに広告費を払ったから検索結果の上位に表示されたのかもしれない」「優良なページからリンクを張られている数が多いから検索結果の上位に表示されたのかもしれない」という2つの仮説を導き出すことができます。

先ほどの例を悪い結果の例に変えてみると、より問題解決においてアブダクションで仮説を作るイメージが湧くと思います。

1．会計ソフトと検索した際に上位に表示されない（結論、結果）
2．特定のワードに広告費を払わないと検索結果の上位に表示されない（大前提、ルール）
←
3．会計ソフトのワードに広告費を払わないから上位に表示されないのかもしれない（小前提、ケース）

というように、問題解決方法についての仮説を考えることができます。

この場合、まだ広告費を払っているわけではないので、事実として観察できない段階で仮説を立てることができます。

このようにアブダクションは、仮説を作る際に役に立ちます。

演繹法では「大前提」と「小前提」からは決まった「結論、結果」しか導き出せません。帰納法は「小前提」と「結論、結果」から、法則性を抽出することにより、同じような「小前提」と「結論、結果」の関係である「大前提」を見つけることができます。

一方、アブダクションは「直接観察できる」目の前の事実に法則を当てはめて考えることで、「直接観察できない」原因を推測することができます。また、様々な法則（大前提）を当てはめることにより、様々な仮説を考えることができます。

PREPで主張と根拠、実例をわかりやすく伝える

根拠をわかりやすく伝える方法としてPREP法と呼ばれる方法があります。私はキーエンス時代に教えてもらったのですが、順序立てて根拠を伝えられるので今でも使っています。

Point（結論）
Reason（理由）
Example（例）

Point（結論）

の頭文字をとった言葉で、最初に結論を話し、次にその結論の理由、その次に実際の具体的な例を話し、最後にもう一度結論を話すことで印象づけるという話法です。

最初に結論を言うことで、何についての話なのかわかりやすく、その後に続く根拠や例を聞き手が理解しやすくなります。

上級者のプレゼンでは、相手の心を動かすためにあえて最初に結論を言わずにストーリーで盛り上げたり、サプライズを入れるケースもありますが、相手に正確に理解してもらい納得させるためには、ＰＲＥＰが一番適している順番になるので、まずはこの順番で話せるように意識しましょう。

例をあげてみます。

Ｐ：営業マンは筋トレをすべきです。

Ｒ：なぜなら、筋トレをすると自分に自信が持てるようになるからです。自信なく話していると聞き手もその通りに行動していいのか不安になりますし、自信を持って話すだけで人の心を動かす可能性は高くなります。営業は人の心を動かす仕事なので筋トレが役に立ちます。

Ｅ：実際に筋トレをしている○○さん、××さんも成果を上げていますし、うちの会社で成果を上げている営業マンは体育会のラグビー部、アメフト部出身が多いです。

P：なのであなたも営業マンなら筋トレをしましょう。

いかがでしょうか？　筋トレしたほうがいい理由がスッと入ってきませんか？

また、実際に具体的な事例があることで、本当にそうだという説得力が増しますよね。

これが、「営業マンは筋トレをすべきです」だけで終わっていたら、「なんで？」となって、「じゃあ筋トレをしようかな」とは思いませんよね。

「筋トレをすると自分に自信が持てるようになります。自信なく話していると聞き手もその通りに行動していいのか不安になりますし、自信を持って話すだけで人の心を動かす可能性は高くなります。営業は人の心を動かす仕事なので筋トレをしましょう」

という話の順番だったらどうでしょう？

なぜ営業マンは筋トレをしたらいいかはわかります。でも、「営業マンは筋トレをしたほうがいい」という話をしているのだとわかるのは最後ですよね。

前半は筋トレをするとどうなるかという話をしていますが、なぜその話をしているのかわからないまま聞いているので、どこが重要なのかわかりにくくなっています。

事前に「営業マンは筋トレをしたほうがいい」ことについて話すのだなということがわかっていれば、聞き手はどこに注意して聞けばいいのかわかり、話を理解しやすくなります。その上で最後に「営業マンは筋トレをしたほうがいい」と締めることで、結論が記憶に残ります。

ＰＲＥＰは結論を最初に話して、その後に根拠として理由、例を話し、最後に結論を話すことで、言いたいことが伝わりやすく、説得力も持たせることができます。また、先ほどの「演繹法・帰納法」と組み合わせることで、ロジックの通った根拠を考えることができます。例も「帰納法」を使って考えることができるので組み合わせて使ってみてください。

ＰＳＳで順序を踏んで進める

商談の構成には様々な型がありますが、その中の1つＰＳＳ（Professional Selling Skills）という手法を紹介します。

私が入社した当時のキーエンスはこのＰＳＳを取り入れており、仮説と相性がいいのでこちらも今でも意識しており、この構成をベースに商談を組み立てることが多いです。

ＰＳＳは大きく4つのステップに分かれています。

オープニング：面談の目的や有益性を伝え商談を開始する
プロービング：ニーズを深掘りして本当のニーズを見つける
サポーティング：本当のニーズを満たすために最適な情報を提供する
クロージング：次のステップへの合意を得る

この4つのステップを進める中でどれが一番重要だと思いますか？

もちろん全てのステップが重要ですが、私はオープニングとクロージングが非常に重要だと感じています。

プロービングは、ここまでも繰り返し書いてきた「本質的な課題」を見つけるステップなので重要ですし、サポーティングではその解決策を提示するステップなので、商談のメインになり、ここに中身がない提案は意味がありません。

しかし、オープニングとクロージングが悪いとせっかくの素晴らしいプロービングとサポーティングもムダになります。

なぜだかわかりますか？

例えば、あなたが軽自動車が欲しいと思って、車のディーラーに行ったとします。

その時、ディーラーの営業マンが自社のスポーツカーのスペックの説明をはじめて、いかに加速が素晴らしいかを力説してきたらどう思いますか？　一部のスポーツカー愛好家をのぞくと多くの人は、「私が聞きたいのはこの話じゃない」と思うのではないでしょうか。

オープニングは顧客との論点を合わせるために行います。

論点がズレた話をされると顧客はストレスを感じます。私はマネージャーとして多くのクレーム対応をしてきましたが、営業マンのスキルに対してクレームを受けるケースは、理由を解明していくとほとんどが論点が合っていなかったからでした。

オープニングでは論点を合意し、顧客が話を聞いてくれる態勢を作ります。顧客が話を聞く態勢になって初めて、仮説構築力や提案力が生きてくるのです。

論点を合わせるという以外にもう1つ重要な要素があります。それは、顧客の論点に合わせにいくのではなく、何を論点にすべきかを自ら考えて合意を取りにいくということです。

どういうことか、オープニングの例でみてみましょう。

〈前提〉

インサイドセールス（内勤営業）が顧客に電話をかけ、あなたが提案するアポイントを取得しました。インサイドセールスからの話によると、顧客はとりあえず製品の説明とデモをしてほしいということです。

〈オープニング〉

本日はお時間いただき有難うございます。

～アイスブレイク～

営業：◯◯について説明してほしいとご依頼いただいたとお伺いしておりますが、認識合っておりますでしょうか？

顧客：合っています。

営業：それでは本日は◯◯について説明させていただきますのでよろしくお願いします。

このオープニングはいかがでしょう？　論点である商談の目的は「◯◯について説明する」ということで顧客と認識が合っており、一見良さそうです。

ではそのまま商談が終盤に差し掛かり、説明が終わりました。

営業：いかがでしょうか？
顧客：説明有難うございます。持ち帰って検討します。
営業：検討とはどのような検討をされるのでしょうか？
顧客：それも考えます。

こんな感じで商談が終わってしまったことはありませんか？
ちょっと変えてみましょう。

〈オープニング〉
本日はお時間いただき有難うございます。
～アイスブレイク～
営業：○○について説明してほしいとご依頼いただいたとお伺いしておりますが、認識合っておりますでしょうか？
顧客：合ってます。
営業：かしこまりました。御社と同じような××業界のお客様で多くの成果を出しているので、本日はそういった事例も交えながら、製品の説明だけでなく、具体的にどのような点で御社にお役に立てるのかという点についてもお話しさせていただければと思います。
顧客：有難うございます。
営業：また、御社でも同じように成果が出ると思っておりますので、説明を聞いていただきメリットがありそうだと感じられましたらぜひ導入をご検討いただきたく、後半に今後どのようにご検討を進めていただくかについてもご相談させていただければと思いますが、よろしいでしょうか？
顧客：わかりました。いいですよ。

このオープニングだといかがでしょう？

顧客の説明してほしいという要望に対して、そこにとどめずに「メリットを感じたら導入を検討していただく」「今後の検討の進め方について相談する」というところまで合意しています。これであれば説明後、「持ち帰って検討します」で終わらずに、どのように検討するのか具体的に話すことができます。

また、顧客が説明を聞いたあとに、その場で「検討するかの回答をしなければいけない」ということが合意されているため、説明の聞き方も漠然と聞くのではなく検討すべきか判断しながら聞くという姿勢に変わってきます。

仮説作りの視点で「ゴールから見る」という視点について書きましたが、その日の商談のゴールをどうするのかから考え、それを最初のオープニングで合意することが大切です。

》クロージングは契約をせまることではない

次にクロージングについても考えたいと思います。

クロージングというと、「契約を合意すること」というイメージを持つ人もいるかと思いますが、それだけではありません。

「次のステップに進める」ということに対して合意することを指します。

オープニングとクロージングはともに顧客と合意を得るという目的を持っています。

オープニングではその日の商談の論点について合意しますが、クロージングはそこまでの話に対して合意を取り、その前提で次の話に進めるという合意を取ります。

「ゴールから見る」の節で「問題」と「課題」の違いについて書きましたが、「問題」の状況があり、取り組むべき「課題」があり、それを解決するための「解決策」があります。

もし、「問題」「課題」の認識がズレたまま話が進んでいたら、「解決策」を提案しても、違う問題に対しての解決策になってしまうので意味がありません。

先ほどの例とは反対に、あなたが自動車を販売する立場で考えてみましょう。顧客が自動車を買う目的は左記のように人によってさまざまです。

機能面：速いスピードで走りたい or 高級車に乗ってモテたい or 都内の細い道でも安心して運転したい or 荷物をたくさん運搬したい

感情面：自分の欲しかった車を買って所有欲を満たしたい or 費用対効果が高い車を買って得したという気分で満足したい

社会面：高級車を買ってリッチな人だと見られたい or よくある車を買って目立ちたくない or 玄人好みの機能性の高い車に乗ってこだわりの人だと見られたい

独身の人が車を買う目的と、子供がたくさんいる人が車を買う目的は異なります。その人の置かれている「特定の状況」から認識を合わせていく必要があります。

だからといって、「モテたいから車を買いたい」という目的の認識が一致したとしても、いきなり高級車の提案を始めるのは早計です。

「モテたい」のが、「あまり車に詳しくなく派手な女性」に対してであれば高級車の素晴らしさを提案すればいいかもしれませんが、「家庭的で堅実な結婚後の家計まで考えている女性」であれば軽自動車のほうがモテるかもしれません。こうした認識も一致させ、さらにその前提で次のステップに進む合意を得る必要があります。

そして、顧客の目的が「家庭的で堅実な結婚後の家計まで考えている女性」にモテることだと認識が一致しても、いきなり軽自動車の説明を始めてはいけません。

もし顧客がスポーツカーを買おうと思って来ていたとしたら、なぜ軽自動車の話をするのか伝えて納得してからでなければ、軽自動車の説明をされても頭に入ってきません。

営業：〇〇さんは「家庭的で堅実な結婚後の家計まで考えている女性」にモテたいから車を購入しようと考えてるんですね。

「家庭的で堅実な結婚後の家計まで考えている女性」であれば、初期費用、燃費共に安い「軽自動車」を好きな女性が多いので、「軽自動車」がいいと思いますがどうですか？

というように一度「軽自動車」の話をすることに対して合意を取ってから進めるべきです。

このように次のステップに進むための「テストクロージング」を細かく挟みます。

一方的に話を進めるのではなく、そこまでの話に対して認識がズレていないことを確認し、合意してから次の話に進めるということです。

実は**「仮説」と「テストクロージング」は発想が似ており、仮説を使った営業においてはテストクロージングを多用します。**

「仮説」は「情報が不十分なうちに結論を立ててから検証する」ことにより、結論を導くためのスピードを上げます。一方、「テストクロージング」も、決断するための情報が揃っていないうちから「クロージング」することで、「何が必要なのか」が絞り込めます。

導入に必要な検討項目、優先順位、情報は顧客によって異なります。完全な提案をして最後にクロージングをかけようと思うと、膨大な情報と時間が必要になり、認識がズレていたときには自分だけでなく顧客の時間もムダにしてしまいます。

また、初期段階では顧客自身も検討軸が定まっていないことがよくあります。

早めにテストクロージングをかけると、顧客も導入に対して何が足りないのか、何を検討しなければいけないのか、具体的に考えることができるので、顧客にとっても効率的に検討することができます。

私はメンバーにもこのようなアドバイスをしてきましたが、たまにテストクロージングをかけるのが苦手な人がいます。そのような人は、人に嫌われたくないと思っていて、顧客に断られることを苦手としている人が多い傾向があります。

しかし、顧客に断られることは、そのテストクロージングを断られているだけで、自分が断られているわけではありません。

そもそも、テストクロージングの段階では、情報が足りていないので断られるのは当たり前です。テストクロージングは断られる前提で、検討に必要な項目を絞り込むために使うと思って商談を組み立てていくと、断られることへの恐怖がなくなるのではないかと思います。

テストクロージングをうまく使うことで、自分も顧客も効率的に検討を進められるのでぜひ取り入れてみてください。

第5章

実践！「仮説構築から交渉まで」の営業論

初回提案前の初期仮説を作る

本章ではこれまでに解説した仮説の立て方や、検証の方法、伝え方を活《い》かし、実際の営業の場面に即しながら「実践編」として解説していきます。

初回提案前にどのレベルの仮説を作ればよいのか？

営業における仮説構築で、活用イメージが一番湧くのが初回提案前の事前準備だと思います。仮説は情報が不十分な段階で結論を立てる手法なので、情報が少ない初回訪問前の事前準備は、ほぼ仮説の構築に時間を使います。

では、どのくらい時間をかけて情報収集をして仮説を立てるといいのでしょうか？

浅い仮説では顧客の心を動かすことは難しく、場合によっては心証を悪くします。一方、1つの商談の事前準備に時間をかけすぎると、対応できる商談数が少なくなってしまいます。

仮説構築にかけるべき時間は、営業の場合基本的に商材の価格に比例するのですが、検討するにあたっては次の2点を前提とします。

1つ目の前提として、顧客は何かを得るために費用を払います。

現在の問題を解決してマイナスからゼロにするペインポイントの解消か、よりよくしてゼロからプラスにしていくゲインポイントの価値、どちらかに対しての対価として費用を払うのです。「現在車を持っていないために移動が大変」や「車が小さくて荷物が運べない」ために車を買うのはペインポイントの解消が目的です。「高級車に乗って注目を集めたい」「キャンピングカーにして週末車中泊を楽しみたい」というのは、より充実した生活を送るのが目的なのでゲインポイントです。

次の前提として、顧客が払う費用は、顧客にとって解消できるペイン、得られるゲインの価値より小さくなります。

2万円を払えば、1万円だけがそのまま返ってくると言われて払う人はいないと思います。顧客はペインの解消やゲインを得るために対価を払いますが、結果として自分にとっての得られる価値がその費用より大きいから払うのです。もし「2万円を払って1万円が返ってくる」と言われて払う人がいるとすると、それは返ってくる1万円の他に、「払った相手からの好意」「ムダにお金を使うことでのストレス発散」など何かしらの価値を感じているからです。

厳密に価値を計算しているわけではありませんが、感覚的にその合計の価値が自分の中で2万円失うということを上回るから支払っているのです。

さらに、前述のプロスペクト理論の「損失回避性」にあるように、人には損失をより大きく評価する傾向があります。ほとんどの人は失う価値と得る価値が同等であれば費用を払って購入しません。プロスペクト理論を基にして考えると、購入してもらうためには、その人にとっての価値が1・5〜2・5倍ほど必要です。

このような前提をふまえると、価格が高い商材を購入してもらうためには、より大きなペインを解決するか、大きなゲインを得ることができる必要があります。

そして、多くの費用を払って価格が高い商材を購入するということは、失敗して期待した価値が得られなかった際の損失がより大きくなるので、検討が慎重になります。

個人でも自転車を買うときと、家を買うときとでは、検討にかける時間は違うはずです。自転車であれば、もし購入後失敗したなと感じても、失ったお金はそこまで多くないですし、最悪また買い替えれば済みます。一方、家を買って失敗すると失うお金も多く、気軽に買い替えるということは考えられません。

また、自転車は多くの場合自分だけが乗るので、失敗しても自分だけの損失で済みます。ところが、家族で暮らしている人が家を買うという話になると、損失が自分だけでなく家族という周囲に及びます。このようなケースでは失敗したときに家族から責められるのでより慎重になります。このように、**かかる費用が大きくなればなるほど決断に慎重になり、ステークホルダー（利害関係者）からの影響も受けやすくなります。**

そして、企業におけるペインを解消したときに得られる価値の大きさや、ゲインで得られる価値は、個人を対象にしたときより大きくなり、さらには企業規模が大きくなるとより大きくなります。

もちろん、家や車など個人でも投資額が大きく得られるゲインも大きなものもあります。しかし、価値を得る人が多いほど得られるゲインも大きくなるため、個人の住居より大企業のオフィ

ペインとゲイン

ペインポイント解消、ゲインポイント獲得したときの価値の大きさ

個人対象のビジネス ＜ SMB対象（中小企業）のビジネス ＜ エンタープライズ対象（大企業）のビジネス

	投資額	効果	課題の複雑さ	ステークホルダー
個人	少ない	小さい	小さい	少ない
中小企業	中間	中間	中間	中間
大企業	多い	大きい	大きい	多い

スのほうが費用が大きくなり、支出を平均してみると大企業のほうが大きくなります。
そして、得られる価値が大きい分、個人よりも中小企業のほうが費用を出しますし、より大きい大企業はもっと多くの費用を支出します。

一方、投資金額が大きくなると大きな価値を創出しなければならないので、1つの小さなペインを解消したり、ゲインを得るだけでは投資額に見合いません。

大きなペインやゲイン、複数のペイン、ゲインを対象にする必要があります。すると、取り組む課題が複雑になっていき、ステークホルダーが多くなります。

ある人にとっては大きなメリットがあるけれども、ある人にとってはメリットがない、もしくはデメリットになるということが増え

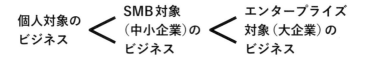

てきます。

そのため大企業が決断するためには、成功確率が高くてステークホルダーの合意がとれる、十分に時間をかけて検証した仮説が必要になります。

もちろん中小企業においても成功確率が高い仮説のほうがいいと思うでしょう。しかし、検討に時間をかけるということは、それだけ顧客にも人件費などのコストが発生します。100万円の費用がかかって150万円分の効果が見込める設備投資に対して、月の人件費50万円の人が1カ月かけて検討してしまうと、100万円の費用＋50万円の人件費で150万円のコストがかかっており、150万円の価値に対して投資する意味がなくなってしまいます。

これに対して1億5000万円の効果が見込める設備投資に対して1億円の費用でできるのであれば、1人月の時間を検討にかけても4950万円のリターンが見込めます。そのため、それだけ検討に時間をかける価値があります。

このように、価格に応じてリスクの許容度や検討にかけられる時間が変わります。

相対的に価格の安いプロダクトの営業であれば時間をかけずに仮説を立てることが重要になり、価格の高いプロダクトの営業では多少時間をかけても仮説の根拠を多くそろえることが重要になります。

ヒューリスティックをもとに短時間で仮説を作る

商材の価格が安かったり、SMB企業が顧客層だったりする場合は、短時間で仮説を作って事前準備をする必要があります。

これは先ほど書いたように顧客も検討に時間をかけるべきではないケースが多く、また自社としても商材の価格が安いのにそれを上回る営業コストを1案件にかけてしまうと原価割れしてしまい、ビジネスとして継続性がないからです。

では、短時間で仮説を作るにはどうすればいいかというと、まずはヒューリスティック（発見的手法）をもとに仮説を立てます。

ヒューリスティックとは、経験や先入観によって直観的に仮説を立てる思考法です。必ずしも正解とは限らないですが、正解に近い答えをスピーディーに得ることができます。

例をあげてみましょう。

私が現在行っているビジネスのメイン顧客はSaaS（Software as a Service：ソフトウェアをインターネット経由でサービスとして提供している）企業です。

SaaS企業は月額課金モデルが多く、何年間か継続利用してもらわなければコストが回収できません。そのため、Churn（チャーン：解約）されないことが重要で、反対に継続してもらえばもらうほど初期にかけたマーケティングコスト、営業コストに対して利益率が上がっていき、さらに利用拡大してもらうことで1社から得られる収益も増えていきます。

これらは私がＳａａＳ企業のビジネスモデルについて過去の経験から知っていることの一部で、これから商談する目の前の顧客に必ずしも当てはまるとは限りませんし、先入観があります。しかし、この経験をもとに仮説を立てるのには時間がかかりません。

1. この顧客もＳａａＳビジネスなのでChurnされないことを重視しているはず。
2. この顧客のChurn Rate（解約率）はどのくらいなんだろう？　競合と比べ高いだろうか？
3. 高いとすると、何が悪いのだろう？　ここに課題があるかもしれない。Churn Rateを下げるための取り組みはどんなことをしているんだろう？
4. Churn Rateが低い場合は、受注後の顧客対応や受注時の期待値調整にしっかり取り組んでいるのかな。受注時の期待値調整でリスクを抑えるほうに傾きすぎていて、本来はもっと受注できる顧客からの新規契約を取りこぼしていることはないだろうか？　新規受注率はどれくらいなんだろうか？
5. 新規受注率も高いとすると、もっと商談数を増やせば受注も増えるんじゃないかな？　営業を増やしたほうがいいのかな？　その場合必要なリード数も確保できるかな。

というように、経験から仮説が一瞬で生まれます。

この仮説は正しいとは限らないので、事前に調べたり、商談中に顧客に質問して検証する必要がありますが、何も手掛かりがないところから調べていくのと比べると、かかる時間はずいぶん減らせます。

そして、ここまでにも述べてきたように仮説は間違ってもいいので、「顧客がChurnされないことを重視」していなくてもいいのです。もし仮説と違い、「ＳａａＳなのにChurnされないことを重視していない」とすれば、そこに違和感が生まれます。違和感の理由がどこにあるのかを深掘りしていくと、この顧客と他のＳａａＳ企業との違いが浮き彫りになり、新たな仮説が生まれます。

また、その違いは新たなケースとして自分の中の経験則になり、今後の商談で使えるヒューリスティックとして蓄えられていきます。

営業経験が浅い人は、私がＳａａＳビジネスを知っているからヒューリスティックで仮説が作れると思うかもしれません。そして、そうした経験がないとヒューリスティックは使えないと思うかもしれませんが、それは違います。

どんなに営業経験がなくても、少なからず一般的な前提知識はあるはずです。

例えば、「企業は利益を求めており、収入を増やして、支出を減らすことで利益を伸ばす」という知識からも、ヒューリスティックで仮説を考えることができます。

1．この企業は売上は大きいのに利益が少ない。コストをかけすぎているのが問題ではないだろうか。

2．何にコストがかかっているんだろう？　内訳を見たときに同業他社と比べて、比率が大きいコストはないだろうか？

3．人件費が大きいけど、人が余っているんだろうか？　生産性が悪くて多くの人手が必要になっているんだろうか？

というように考えて調べていくことができます。ヒューリスティックで仮説を何も立てずに調べ始めてしまうと、1つの企業に関する情報は膨大にあるため情報の重要度も判断できず、調べきれません。ヒューリスティックを使うことで調べる時間を短くすることができます。

また、**自分ができる範囲でヒューリスティックを使って仮説を立てると、何がわからないのかが明確になります**。自分で考えて調べたことは、漫然と調べたことと違って記憶に定着するので、自分の引き出しに蓄えていくことができます。

ヒューリスティックでの仮説は経験をもとにしているので、経験を積むほど蓄積され、仮説構築のスピード、精度が上がります。しかし漫然と仮説を立てていてもなかなか活用できるようにはなりません。

ヒューリスティックでの仮説構築力を上げるには、経験を抽象化して整理したうえで自分の引き出しに入れておくことが大切です。これには、前述の「帰納法」を使います。

・ＳａａＳ企業Ａ社はChurn Rateの改善を気にしていた
・ＳａａＳ企業Ｂ社はChurn Rateの改善を気にしていた
・ＳａａＳ企業Ｃ社はChurn Rateの改善を気にしていた

この3つの経験から帰納法的に共通点を抜き出すと「ＳａａＳ企業はChurn Rateの改善を気にする」という大前提が導き出せます。頭の中の引き出しに「ＳａａＳ企業」というラベルを貼って保存しておけば、ＳａａＳ企業との商談の際には「Churn Rate」という論点をすぐに取り出すことができます。

帰納法なのでサンプリングが少なければ確実なものではありませんが、もしこの大前提に当てはまらないケースがある場合は、その理由を深掘りしていくことで、新たな大前提を生み出すことができます。

・ＳａａＳ企業Ｄ社はChurn Rateの改善を気にしていなかった。Ｄ社のプロダクトはスイッチングコストが高かった
・ＳａａＳ企業Ｅ社はChurn Rateの改善を気にしていなかった。Ｅ社のプロダクトはスイッチングコストが高かった

このような仮説が外れた経験からは、「ＳａａＳ企業でもスイッチングコストが高いプロダク

トを扱う企業は Churn Rate を気にしない」という、新たなヒューリスティックに使える大前提が生まれます。

ヒューリスティックをうまく使えば短時間で仮説を作ることができ、さらに検証して外れた仮説は次に仮説を作る時の新たな引き出しになるわけです。

一方ヒューリスティックにも注意しなければいけない点があります。

行動経済学の理論について紹介した項で書いたようなバイアスの影響を受けやすいのです。ヒューリスティックを使って仮説を作った際には、必ずバイアスがかかっていないか考えてみてください。

経験を積むと、調べるべき情報の見当もついてくるので、事前準備の調査時間も短くなります。ここで、私が事前準備の際によく見るポイントを挙げておきます。仮説の材料として使える情報ばかりなので、事前準備の際には意識的に見てみるようにしてください。

▼決算書、中期経営計画

決算書が公開されている上場企業の場合は、企業の全体像を把握するのに非常に役立ちます。競合と比較することで競争力がない、過年度の推移を見ることで何が伸びているか、落ち込んでいるかなどから、問題についての仮説を立てることができます。

中期経営計画が公開されている場合は、企業がどんな戦略をとっているのか、何を重視しているのかがわかるため必ず目を通します。

▼ミッション・ビジョン・バリュー

その企業が何を目指しているかがわかります。

事業の目的でもあるので、理想とのギャップである問題や取り組むべき課題を考える際に役に立ちます。

▼提供サービス

顧客を主語にして話すためには、顧客のビジネスについて理解が欠かせません。提供サービスには顧客のビジネス内容が書いてあるので、1、2を争うほど重要な情報です。私は一番初めに見ることが多いです。

▼採用ページ

採用候補者向けに顧客の紹介が書いてあります。応募者のために基本的にはわかりやすく詳細に書いてあることが多いです。

求人職種や内容から力を入れている項目がわかることもあります。例えば、「売上が急激に伸びており営業マネージャーを募集しています」「IPO経験のある管理部門責任者を募集しています」といった内容から、顧客の状況がわかります。

▼求人サイト

採用ページと同じです。企業のサイト内に採用ページがない場合も外部の求人サイトで募集していることがあるのでチェックします。

▼**被保険者数**

日本年金機構のウェブページ（https://www2.nenkin.go.jp/do/search_section/）では、被保険者の人数を調べることができます。スタートアップなどで全く情報がない企業については被保険者数を調べることで正社員の数、規模を推察することができます。

▼**業界団体サイト**

業界のトレンドがわかります。業界の統計情報が掲載されているサイトもあるので、仮説構築だけでなく、顧客との会話にも役に立ちます。

例）一般社団法人日本自動車工業会　https://www.jama.or.jp/

▼**同業他社サイト**

同業他社の情報を比較することで、業界共通のトレンドや、顧客の業界内での立ち位置、競合との違いを知ることができます。

▼**その他メディア**

『日本経済新聞』

その企業の最近のニュース

人事異動情報

「INITIAL」（顧客がスタートアップの場合）

資金調達時期、金額

その企業のプレスリリース

「PR TIMES」
その企業のプレスリリース

▼**顧客のSNS**
Facebook
Twitter
（顧客個人の趣味、出身地など共通点を見つけたり、投稿から思考がわかることがあります）

≫大企業向け営業に求められるAPS（アカウントプランセッション）

大企業を顧客とする場合には、1件の商談に時間をかけてより深い仮説を作る必要があります。深い仮説を作るには、アカウントプランを作って網羅的に顧客を理解していくのがおすすめです。

アカウントプランは一度作って終わりというものではありません。足りていない情報を顧客にヒアリングすることでブラッシュアップしていきます。

顧客と信頼関係を作り、仮説として見てもらいながら、一緒にディスカッションできる状態になっているのが理想です。

IT業界でのアカウントプラン作成時には左記の項目は最低限含めるべきです。

1. 顧客の置かれている市場動向

企業の業績は業界や世の中の動向に大きな影響を受けます。業界自体が衰退して縮小している場合、業界内でのシェアが変わらなければ業界と共に縮小していくことになります。競合のシェアを奪わなければ、ビジネスを維持、拡大していくことができません。反対に市場が急拡大している業界であればシェアを維持するだけで業界と共に成長することができます。

個社の独自の状況を考える前に、まずは影響を受ける上位のマクロ環境から考えます。PESTやファイブフォースといった外部環境を考えるためのフレームワークを使い、業界団体のウェブページ、統計情報などを整理してみてください。

2．顧客の財務状況

上場企業の場合、財務情報が公開されているので、何で収益を上げているのか、何に支出しているのかを定量的に知ることができます。

さらには過去の推移をグラフにすることで「何が伸びていて、何が落ちているのか」、競合と比較することで「何が強みになっているのか、どこが弱みなのか」を知ることができます。

3．顧客の戦略、取り組んでいるプロジェクト

中期経営計画や顧客から聞いた情報を基に、中期的な計画、現在取り組んでいることとその優先順位を整理します。

提案内容が現在取り組んでいることに直接関連していれば、企業としてその提案に取り組む価値を理解しているので、不要の壁は簡単に突破することができます。直接関連していない場合は、「企業の目指すところに対してどう役立つことができるのか」「財務情報から見えた課題に取り組むべきであり、その課題解決に自身の提案が役に立てる」などのロジックを考える必要があります。

4. 自社とのビジネス履歴

既存の顧客の場合は過去にどのような取引があったかは、整理しておきます。既存顧客でなかったとしても、過去の提案やその際に顧客から聞いた課題を整理することで、顧客自身も忘れていた課題を思い出すことができます。

5. ホワイトスペース（未開拓の空白地帯）マップ

ＥＲＰのようなカバー範囲が広いソリューションの場合、顧客の企業全体でどの領域に自社プロダクトが使われているか、どの領域では競合プロダクトが使われているかを明確にすることも大切です。自社がどこで価値を発揮できる可能性があるのかがわかります。具体的な製品名までおさえることが重要です。

6. 顧客内のパワーストラクチャー

顧客内の組織構造を明確にしておくことは、誰がステークホルダーとして関わってくるのかを知るために必須《ひっす》です。

現在の部署だけでなく、過去どんな部署や役職を担ってきたのかなど経歴も確認してください。

大企業が顧客の場合、１人で意思決定することはなく、複数人が関わります。過去同じ部署や上司・部下の関係だと、仲が良かったり、情報交換をして意思決定に影響力を持っていることがよくあります。それを知ったうえで双方とコミュニケーションを取ると、話が盛り上がり多くの情報を聞けることがあります。最近は少なくなりましたが、出身大学の派閥があるような歴史ある企業であれば出身大学も調べておくとより良いでしょう。

7．顧客のパートナー企業

ITであれば、基幹システムはこのパートナー企業（SIer）、情報分析基盤であれば別のパートナー企業といったように、システムの領域ごとに付き合いのあるパートナー企業が分かれていることがよくあります。パートナー企業が保守も行っていることが多く、業務、課題について多くの情報を持っていることが多いので、組むことができるのかを考えるうえでも整理が必要です。

8．プロジェクト案のロードマップ

最後にどのタイミングでどんなプロジェクトに取り組むのかについての案も作ります。いきなり導入を始めることはできず、企業ごとに情報収集、予算取り、検討、稟議《りんぎ》といった自社特有の検討プロセスがあります。「予算を取得するためにはいつから動かないといけないのか？」「関連する人のリソースは空いているのか？」など、複数のプロジェクトが動く中で、それぞれのスケジュールがわかる表を作ります。この表をもとにマイルストーン、タスクを明確にして合意を取ることで具体的に進めることができます。

左図にいくつか例を載せますので、参考にしてみてください。

アカウントプランの資料例

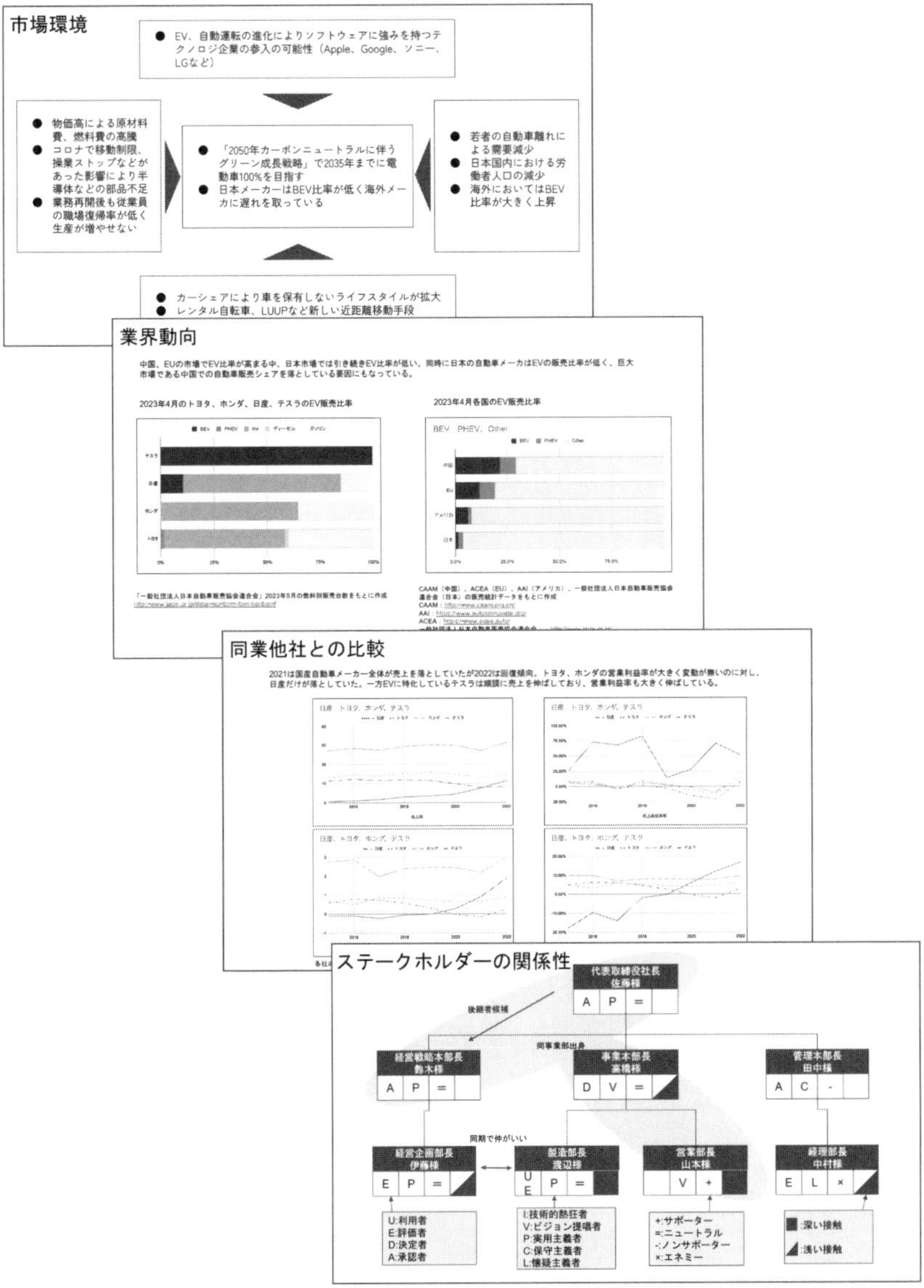

仮説ヒアリングで尋問から抜け出す

営業における「質問」の重要性はみなさん理解されていると思います。

質問せずに一方的に話しているとしたら、それは相手を理解していないということであり、そのような場合はどうしても自分を主語とした話が多くなります。

顧客も聞いているだけだと集中力を維持するのが難しくなります。時折質問があるほうが、顧客にも「自分も話すかもしれない」という緊張感が生まれ、話を聞くときにも身が入ります。

さて、営業には「質問が重要」だ、ということでたくさん質問をしようと思うものの、質問というより尋問のようになっている営業をよく見かけます。

営業：何か課題はありますでしょうか？
顧客：今使っているシステムが古くて使いにくいんです。
営業：予算は取得してますか？
顧客：いいえ。
営業：いつ頃導入予定で検討してますか？
顧客：決めてません。

営業：契約いただける場合どなたが決裁されるんですか？
顧客：金額によって違うのでなんとも言えません。
営業：……。それでは弊社の製品の特徴をご紹介させていただきます。

なぜ尋問になってしまうのか？

極端な例をあげましたが、実際に似たような商談を見たことが何度もあります。

なぜこのようなヒアリングになってしまうのでしょうか？　原因は様々あるでしょうが、もしあなたの会社にヒアリングリスト（質問表）のようなものがあるとしたら、実はそのリストが原因になっているかもしれません。

ヒアリングリストをもとに質問することには、いくつかの問題点があります。

まず、ヒアリングリストがあると、それを全部聞かなければという気持ちが働きます。

普通に会話していれば、質問に対して「今使っているシステムが古くて使いにくいんです」と回答をもらったら、「どんなところが使いにくいんですか？」などと、回答に対しての質問が続くはずです。

しかし、ヒアリングリストに基づいて「聞かなければ」と思うと、次の質問の「予算は取得していますか？」という唐突な質問をしてしまうのです。すると顧客としても、先ほどの質問はなぜ聞かれ、何のために回答したのかわからないまま次の質問にいってしまうので、〝尋問〟されているように感じます。

また、ヒアリングリストとしてまとめられる質問はたいてい、どんな顧客にも使える汎用《はんよう》的な質問になっており、それも顧客に〝尋問〟かと思われる原因になります。

『大型商談を成約に導く「SPIN」営業術』（海と月社）では、営業で使用する質問を次の4つに分類しています。

・Situation　状況質問
・Problem　問題質問
・Implication　示唆質問
・Need-payoff　解決質問

このうち、状況質問は「見込み客の現状に関する事実、情報、背景的データを収集」するための質問で、どんな顧客にも使える汎用的な質問になります。

この状況質問は、顧客を知るためにもちろん重要なのですが、多用すべきではない質問です。SPINには、状況質問について調査した結果、以下が明らかになったと記載されています。

・「状況質問」自体は商談の成否に関係しない。成功例の方が失敗例よりも状況質問の数は少なかった。
・経験の乏しいセールスパーソンはベテランよりも多く「状況質問」をする。
・重要な質問ではあるが、使い方は慎重に。業績のよいセールスパーソンはこれを多用しない。彼らが「状況質問」をするときには、必ず目的がある。
・「状況質問」を連発すると、見込客は商談に飽きてイライラし始める。
まとめると、「状況質問」を多用すると、顧客をイライラさせ、商談が失敗することが多くなります。「状況質問」の多用は経験が浅い営業がやりがちだということです。

ヒアリングリストは汎用的な質問である「状況質問」を中心に構成されているケースがよくあります。そしてこの**「状況質問」は、営業都合の質問が多くなりがち**です。

「BANT」という言葉を聞いたことがありますか？　インサイドセールスなどで商談を見極めるためによく使われるヒアリングのフレームワークです。

・Badget　予算
・Authority　決裁権
・Needs　必要性
・Time frame　導入時期

の4つの頭文字をとった言葉ですが、これをいきなりヒアリングするのは好ましくありません。なぜなら、これは商談を見極めるための質問であり、完全に営業都合の質問だからです。

他にも、競合についての質問なども営業都合の質問ととられがちです。

自分が営業を受ける立場になって考えてみてください。自分としては問題を解決したいのに、問題を解決できるのかわからない段階で、営業が自分が受注するための質問ばかりを連続でしてきたらどう思いますか？　イライラしますよね。

「問題を解決するための質問をしてくれ」と思うのではないでしょうか。あなたが「問題を解決してくれる」人だと信頼されて初めて、このような質問にも気持ちよく答えてくれるのです。

とはいえ「状況質問」は完全に悪というわけではありません。

導入時期が決まっていない案件の情報収集にずっと付き合って、ずるずると情報提供し続けてしまうのは、自分の人件費を負担している会社（自社）に損失を与えます。その時間は本来はあなたの提案を待っている緊急性の高い別の顧客に使うべきです。導入時期が決まっているか、本気で考えているのかは、商談初期に把握すべきです。他のＢＡＮＴに関しても営業が把握しておいたほうがいい情報であるのは間違いありません。

また、顧客としても導入時期が未定のまま情報収集をし、どのように検討するかも定まっていないのであれば時間をムダにしています。顧客を雇用している企業が顧客に求めているのは、問題を解決することであり情報収集をすることではありません。

導入時期が決まっていないのであれば、検討の進め方やいつまでに結論を出すかをヒアリングして明確にしていくことは顧客にとってもメリットがあるのです。

なぜ導入時期を聞いているのか、目的が営業都合だけではなく顧客のためでもあり、それを顧客も認識しているのであれば、イライラさせることなく聞くことができます。

もしどうしても「ヒアリングリスト」が必要な場合は、質問一つひとつに対してその質問を聞く目的、それも営業都合だけではなく答える顧客のメリットとセットで準備することが重要です。

質問は仮説から作る

ヒアリングリストがないと何を質問すればいいのかわからなくて不安だという人がいます。

定型ではない、問題解決につながる質問をするにはどうすればいいのか？

これの答えも、「仮説」にあります。

「仮説」は情報が少ない中で、仮の答えを出して後から検証するという方法です。

情報が少ない中で顧客に合わせた「仮説」を考えると、正しいかどうかを検証するための疑問が必ず出てきます。この出てきた疑問を、顧客に質問すればいいのです。

「仮説」は顧客に合わせて作るので、質問も定型的なものにはなりません。また、問題を解決することを目的とした仮説を作っているのであれば、質問も自《おの》ずと問題解決に直結するものが多くなります。

例を挙げて考えてみましょう。

例えば、自動車業界の顧客と商談するにあたって左記のような仮説を持ったとします。

〈仮説〉

若者の自動車離れや国が脱炭素社会を目指す中で、ガソリン車市場は縮小していく。

現在のガソリン車市場でシェアを持つ日本の自動車メーカーも電気自動車などクリーンエネル

ギーの自動車に力を入れるはずだが、電気自動車に特化したソフトウェア開発力の高いメーカーも参入してきており、売上台数、シェアを維持していくのは難しいはず。

このままだと売上が落ちていくのは明白なので、今持っている経営資源を活かせる相性のいいビジネスでの新規事業を作ることが取り組むべき課題なのではないか。

このような仮説を立ててみると、質問がたくさん浮かびませんか?

「若者の自動車離れや国が脱炭素社会を目指すという話を聞きますが、ガソリン車市場は今後どうなりそうですか?」

「電気自動車が伸びてきていますが、御社も電気自動車は投資して伸ばしていく領域なのでしょうか?」

「テスラのような会社が売上を伸ばしていたり、Google、アップルなども自動車に参入するという話も聞きますが、警戒してますでしょうか?」

「(右記の質問などで自動車業界での売上維持が難しいと顧客との認識が合った上で)今のお話ですと自動車だけだと今後厳しくなっていきそうですが、新規事業への取り組みも始めてらっしゃるのですか?」

「新規事業はどのような判断軸で市場を選定されようと思ってらっしゃるんですか?」

どうでしょう、検証するための質問がたくさん出てきませんか?

そして、仮説から出てくる質問は基本的に顧客のビジネスを伸ばすための質問が中心になり、定型的で退屈な質問ではないですよね。

SPINでは「状況質問」の次には「問題質問」をします。「問題質問」は顧客に問題点、支障、不満といった潜在ニーズを語らせるための質問です。調査によると、**経験豊富な営業ほど「状況質問」ではなく「問題質問」の比率が高い**ということがわかっています。

営業にとって一番重要な不要の壁を突破するには、まずは顧客の潜在ニーズを見つける必要があり、そのためには「問題質問」をしなければなりません。

経験の浅い営業はこの「問題質問」を苦手としている人が多いですが、実は「問題質問」の多くはここまで述べてきたような仮説から生まれます。「問題質問」を苦手だと思っている人はぜひ、問題についての「仮説」を考え、その「仮説」を検証するための質問をしてみてください。

投資する価値があると考えてもらうための「示唆質問」と「解決質問」

SPINには、「状況質問」「問題質問」の他に「示唆質問」と「解決質問」があります。「仮説」は「示唆質問」「解決質問」を考える上でも役に立ちます。

「示唆質問」は「問題質問」で浮かんできた「潜在ニーズ」を「顕在ニーズ」に変えるために使います。「潜在ニーズ」の段階では、多額のコストを支払ってもメリットがあると認識されていないケースが多いです。投資金額が小さければ、決断されることもありますが、投資金額の大きな解決策を提案する場合には「潜在ニーズ」を顕在化させ、投資する価値があると思ってもらわなければなりません。

例えば会計ソフトの場合「システムの操作性が悪くて入力しにくいな」ぐらいの潜在ニーズのままでも、月額1000円ぐらいのソフトであれば購入されます。しかし、月額100万円するようなソフトだと、漠然とした潜在ニーズのままだと購入されません。

顧客に購入してもらうには月額100万円の投資をしても解決すべき明確な問題があるということを認識してもらわなければなりません。

さらに、行動経済学の理論について書いた項で紹介した通り、人間には現状維持バイアスがあります。利益より損失を大きく感じるので、リスクをとって今のやり方を変える場合には投資額の2倍近いメリットを顧客が感じる必要があります。

このような時に**漠然とした問題をはっきりさせ、実は大きな影響があることに気づいてもらうために使うのが示唆質問**です。

示唆質問で見えていなかった問題の大きさに気づいてもらうからこそ、投資金額に見合う投資だと感じて購入されます。問題より投資金額のほうが大きい場合は、関係性など費用対効果以外の理由がなければ購入されません。

示唆質問を考える際には、「遠くから引いて見る」「分解して見る」という2つの視点を使います。先程の会計ソフトの「システムの操作性が悪くて入力しにくいな」という話で考えてみたいと思います。

課題を顕在化する「示唆質問」

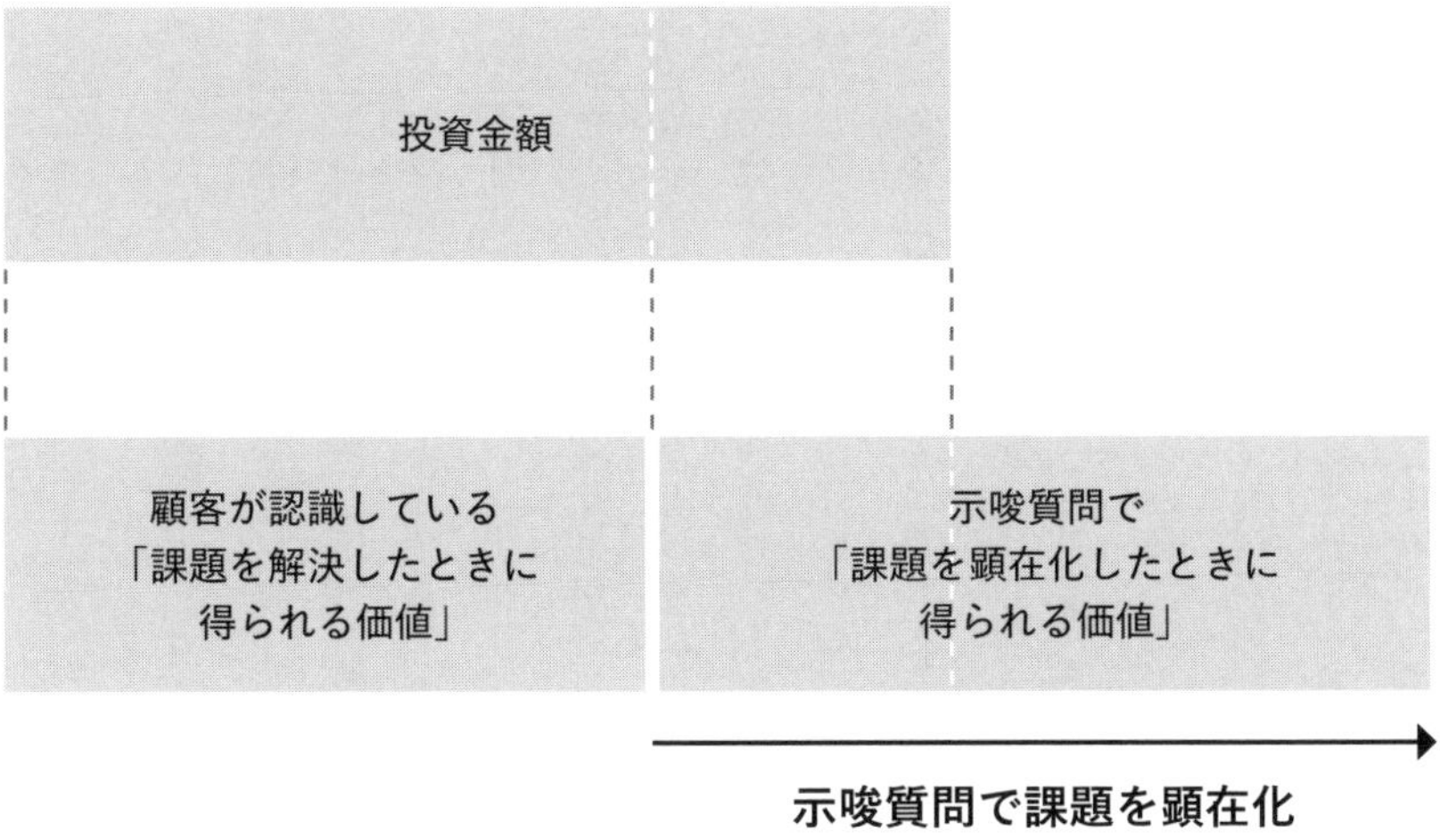

「システムの操作性が悪くて入力しにくいな」という潜在ニーズをどのように顕在化させ、月100万円を支払う価値がある課題だと認識してもらえるのでしょうか？

「システムの操作性が悪くて入力しにくい」と何が問題なのでしょうか？ So whatで深掘りしていきます。

「システムの操作性が悪くて入力しにくい」

So what → 「入力に時間がかかる」

So what → 「残業が増える」

So what → 「退職者が増える」

というように、「それって何がまずいのか」を考えていきます。

そして、「入力に時間がかかる」ことは「残業が増える」以外にも「決算が遅れる」という問題にもつながりますし、「残業が増える」ということは「退職者が増える」以外にも「残業代がかさむ」「36協定違反になるリスク」にもつながります。

このように、ニーズが顕在化してくると、「システムの操作性が悪くて入力しにくい」という問題だけの時より、費用をかけてでも取り組むべきだと思えてきませんか?

残業代だけを見ると、例えば人件費が1人当たり月40万円の場合、1時間あたり2500円です。5人の経理が1日1時間残業を減らせるだけの効率化が見込めるなら、2500円×20日×5人＝25万円です。

毎月25万円のコスト削減効果があるなら、月10万円ぐらいは払ってもいいと思いませんか? でも月100万円は払おうとは思いませんよね。

ただ、残業が多すぎて3カ月に1人やめてしまい採用コストが年間400万円かかっていたら30万円払ってもいいかもしれません。さらに、36協定違反になるほど残業が常態化しているのであれば、企業名がインターネットに公表されることのレピュテーションリスクや、上場準備企業の場合は審査への支障もあります。こうなってくると100万円払ってもメリットがあると感じるかもしれません。

ニーズが顕在化していない顧客は「システムの操作性が悪くて入力しにくい」とは感じているかもしれませんが、このように具体的にどんな影響があり、どのくらいの金額インパクトがあるかまではイメージできていません。その人にとって小さな投資金額であれば投資されるかもしれませんが、大きな投資をしてもらうためにはニーズを具体化して顕在化する必要があります。

ニーズを顕在化させる示唆質問を考える

●システムの操作性が悪くて入力しにくい

○入力に時間がかかる

■残業が増える

- ●退職者が増える
  - ○採用コストがかかる
- ●残業代がかさむ
- ●36協定違反になる
  - ○上場準備に支障がある
  - ○労基

■決算が遅れる

- ●経営判断が遅れる
  - ○競合に後れをとる
- ●45日ルールに抵触する
  - ○証券取引所から監理銘柄に指定される
  - ○投資家からの信頼を失う

○入力ミスをする可能性がある

■チェックにリソースが必要

■間違えた決算書を出してしまうリスク

そして、**このニーズの顕在化はこちらから説明してはいけません。**

リスクの大きさを営業が説明すると、顧客は「営業が売るためにホラーストーリーを話しているのではないか」「必要以上にリスクを大きく伝えようとしているのではないか」と受け取ります。だから、あくまで顧客に自分で気づいてもらう必要があるのです。顧客に自分で気づいてもらうためにする質問が「示唆質問」です。

「示唆質問」は先程の思考プロセスのところで書いたように質問してください。「それってどうなるんですか？」ということを聞いていくと顕在化してきます。「今はシステムの操作性が悪くて入力がしにくいんですね。それってどんな問題があるんですか？」というように「So what」で質問していくのです。

ただ、「So what」で深掘りしていって、最後に先程の「残業代がかさむ」のように、1つの「顕在ニーズ」を解決するだけでは費用対効果が見合わないケースがあります。

その場合は、「遠くから引いて見る」の視点で、「顕在ニーズ」である「残業代がかさむ」から「Ｗｈｙ」で遡《さかのぼ》ります。潜在ニーズである「システムの操作性が悪くて入力がしにくい」まで遡って「残業代がかさむ」以外の横方向に広げるようにロジックツリーで構造化してください。

そうすれば「退職者が増える」や「36協定違反になるリスク」といった別の「顕在化ニーズ」が見つかり、費用対効果に見合うことがあります。

顕在ニーズと潜在ニーズはどちらかだけでは不十分です。繋《つな》がっている双方のニーズそれぞれを行き来することで、費用対効果に見合う大きなニーズを顕在化させることが重要です。

また、「So what」を聞いていくときに顧客から出てこないケースがあります。

その場合は、「他のお客様ではこういう問題があるとおっしゃってましたが、御社はどうですか？」と他社の例を話してイメージの手助けをしてあげる方法もあります。営業が説明するより、他社の話をもとに自分でイメージしてもらったほうが納得感があります。

基本的には、投資額に対して改善効果のほうが大きくなければ、顧客は投資する理由がありません。投資額に見合うまでニーズを顕在化して広げるためにも「示唆質問」は重要なのです。

そして、「示唆質問」の後に組み合わせて使うのが「解決質問」です。

「示唆質問」は問題を顕在化して認識させるので、基本的にネガティブな話になります。ネガティブな話ばかりされると気持ちが沈んでモチベーションが下がりますよね。しかし、積極的にアクションを起こしていくには高いモチベーションが必要ですので、ここで「解決質問」の出番ということです。

あなたが家を買う時を想像してみてください。

「年を取ると家を借りにくくなるので若いうちに買っておいたほうがいいですよ」とか「壁が薄い賃貸だと子供が生まれると近所からクレームが来るので家を買ったほうがいいですよ」と言われて、家を買いたいというワクワクした気持ちになりますか？

それより、「新しい家はリビングが広くて家族が集まりますよ」とか「屋上では友達呼んでバーベキューできますよ」というような、買ったあとのポジティブな話をしてもらったほうがモチベーションが上がって買いたくなりますよね。

「解決質問」は「示唆質問」で問題が具体化し、重大性に気づいてしまって暗い気持ちになっている顧客に、解決したあとのポジティブなイメージを顕在化してモチベーションを上げてもらうために行うのです。

例えば「残業が減るとメンバーのみなさまは喜びますかね？」と聞くことで、顧客はメンバーが喜んで感謝していることをイメージして「そうですね」と回答します。

また「決算が早くなって経営判断が早くなると、○○様の業務にどのようなメリットがありますか？」と聞くと、「数字をもとに、現在の施策の効果が出てるのかが半月早くわかるようになるので、うまくいってなければ新しい打ち手を考えるとか、うまくいってればもっとリソースを投下するということを事業部に早急にアドバイスできるようになります」という回答から、ポジティブなイメージを持ってもらうことができます。

さらにこの「解決質問」の回答は顧客が社内のステークホルダーに説明するときにそのまま使うこともできます。

投資額が大きい商談においては、目の前の顧客が1人で判断できることはほぼなく、社内の他の人を説得する必要があります。

「解決質問」で問題が解決した姿を顧客自身が言語化しておくことで、スムーズに社内で説明ができるようになります。

ヒアリングも「ゴールから見る」

ヒアリングはそもそも目的があってするものです。

何を聞くべきか、ゴールから遡って考えることで失注を減らすこともできます。

提案して契約直前のクロージングの段階で、最後に「やっぱり今は導入するタイミングじゃないのでやめます」とか「上司にNGだと言われたので話がなくなりました」と言われた経験はありませんか？　こういった場合への対応として「反対処理」の回答リストを作っている会社もあります。

「反対処理」は保険業界などでよく使われていて「こう反論されたらこう切り返す」というパターンです。この「反対処理リスト」は法人向けの営業では使わないほうがいいと思っています。「反対処理リスト」も「ヒアリングリスト」と同じで、顧客に合わせて回答している訳ではなく、汎用的な回答を事前に作っています。個人の顧客であればその場で反論を封じ込めて、押し込めるかもしれませんが、法人の顧客の場合、社内でその顧客担当者が別の人を説得しなければならないので、その反論が本質的に解決していなければなりません。

では、「反対処理リスト」を使わずにどう対応するかというと、これも「仮説」を使います。

事前に顧客が気にするであろうポイントについて仮説を立てて、先回りして説明しておくことで反論が出なくなります。反論が出てきたことに対して反対処理をするのではなく、気にするポイントを事前にケアしておくことで反論自体を出ないようにするのです。

顧客の懸念ポイントに先回りする

顧客の導入までのステップ →

検討	予算取得	稟議	契約	導入
問題を解決するためにどのような課題に取り組むべきか？ 抱えている課題を解決するためにどんなソリューションがあるのか？ どのソリューションが成功の確率が高いのか？ ROIは？ 予算を取得して稟議を通すために必要な情報は？	ROIがどのくらいか？ 事業計画上いくらまで投資の可能性があるか？ 同じ予算枠（財布）から検討している他の投資にはどんなものがあり、投資規模は？	稟議の参加者には誰がいて、どんなことを気にするか？ どんなポイントを明確にしておかなければならないか？ そのポイントに対して実行すべきというロジックが作れているか？	サポートなどプロダクト以外の条件は？ 契約にどれくらい時間がかかるのか？ 社内で事前に根回しが必要か？	成功するためにどのくらいのリソースが必要か？ 具体的なタスクは？ どういうプロジェクトが失敗するか？

← **顧客の懸念点を考える順番**

このためには、「反対から見る」の節の「顧客の検討プロセスを考える」の項で述べたように、顧客がどのようなプロセスを辿《たど》って検討し、ゴールから遡ってどんな点を検討するのか考えます。その上で、自分が顧客の立場に立って考えた時に、個人としてどのようなところに懸念を感じるのかを考えていきます。

そのポイントを事前に顧客と話して解消しておくことにより、クロージングをした後に顧客からNOと言われることが減り、反対処理をする必要がなくなります。

仮説を使った交渉術

交渉は不等価交換

営業においては交渉の場面がよくあります。

いくらで提供するかの価格交渉もありますし、どのような導入支援を提供するか、クレームに対してどのような対応をして満足してもらうか、様々な場面で交渉が発生します。

交渉を成功させるために最も重要なスキルも「仮説」です。

交渉は一方的に何かを勝ち取るための手段ではありません。

交渉で押し切ることができて自分だけが目的を達成して満足しても、相手が納得していなければ成功とは言えません。

特に現代の営業においては、これまで何度も書いているように契約後の満足度が重要になります。不満が募るとサブスクリプションの契約であれば解約されてしまいますし、アップセル、クロスセルも見込めなくなります。悪い評判も口コミですぐ広まってしまいます。

では、相手にも満足してもらい、交渉を成功に終わらせるにはどうすればいいのでしょうか？

そのために必要なのは、**自分がしてほしいコトと、相手がしてほしいコトの交換**です。

いいかえると「自分にとって価値が高いコトを得るために、自分にとって相対的に価値が低いけれども相手にとっては価値が高いコトを提供」します。

例えば、「今ご契約いただければお値引きしますよ」というような値引き交渉が成立したとき、顧客は「安く購入できる」というコトを手に入れたくて、反対に自分は「今現在の確実な契約」を手に入れたいのです。

一方、失っているものもお互いにあります。

顧客は、契約書を締結したコトにより「今後懸念が発生した場合に取りやめる」という選択肢を失っています。自分は「値引きした分の金額」を失っています。

交渉は「お互い」が、「得るコト」と「失うコト」の大きさに折り合いをつけ、それであればメリットがあると認識したときに成立します。

顧客は、「取りやめる権利の価値」より「値引き分の金額の価値」のほうを高く評価し、自分は「値引き分の金額の価値」より「今契約を結んで取りやめにされないことの価値」を高く評価しているのです。

でも、値引き交渉をされたけど、値引きしなくても契約してもらえることってありますよね。

これも、先ほどの関係性で説明できます。

顧客は導入するコトに既に価値を感じており、「値引きの価値」が相対的に小さければ値引きなしでも導入されます。このような場合は、値引きはされなくても得たい価値を既に満たしており、値引きは得たい価値としてそこまで優先順位が高くありません。

さらに、自分は「今契約してもらう価値」より「値引き分の金額の価値」のほうが高いと思っているのであれば、「値引きをしてまで今契約してもらわなくてもいい」と考えるので、値引きがなくても契約されるのです。

交渉もまずは「ゴールから見る」

自分と相手の双方にとって納得できる交渉をするためには3つのステップが必要です。

1. 自分が交渉の結果として得たいコトが何なのかを明確にする
2. 相手が何を考えているのかを理解する
3. どうすれば相手の心が動いて、自分の目的が達成できるか考える

まずは、交渉においても自分のゴールである目的を明確にします。目的というのは交渉の結果何を得たいのかということです。あわせて交渉の結果「何を失ってもいいか」も明確にしておきます。

交渉の前には優先順位のリストを作っておくことをおすすめします。リスト化しておくことで、相手の条件に合わせてその場で交換条件を提示できるようになるからです。例えば、

1. 導入事例としてロゴを使わせてもらう

2. 今月中の契約締結
3. 契約後の導入支援サポート
4. 部長が権限を持っている30％までの値引き
5. 自分が権限を持っている10％までの値引き
6. 3カ月無償で利用してもらう

というように、自分が得たいコトと失ってもいいコトをリスト化しておくことで、「今月中の契約締結とロゴ利用の許諾をお願いします。代わりに3カ月無償でご利用期間を提供します」という交渉ができます。

この優先順位のリストは個人としての交渉であれば、感情のおもむくままに決めればいいですが、組織の人間として交渉するのであれば、**事前に組織内で優先順位の合意をとっておく必要**があります。

この合意がないまま交渉に挑んでしまうと、「その場で何も判断ができず交渉が進まない」「先方の条件を承諾したことに対して、後から決裁権を持つ上司から反対されてしまう」などのように、交渉相手に迷惑をかけるような状況が発生してしまいます。

すると、あなたは「交渉相手として適切ではない人」だと顧客に判断され交渉力を失います。このような事態を防ぐために、組織の優先順位について事前に合意をとり、交渉の場で使えるようにしておくことが重要なのです。

自分の優先順位リストの例

1. 今期中の契約締結
2. 導入事例の記事にさせてもらう
3. 30%（部長権限）の値引きまでに抑える
4. 導入支援を有償で提供する
5. 10%（自分の権限）の値引きまでに抑える
6. デモアカウントを無償で提供しない
7. この商談を受注するために3万円以内の経費を使う

では、どのように優先順位を考え、合意を取ればいいでしょうか？

決裁権を持っている人に「弊社としては何が重要ですか？」と聞けばいいのでしょうか？

そのような質問の仕方だと、決裁権者からのあなたへの信頼は落ちるでしょう。

まずは自分で仮説を考えたうえで、「私は〇〇という条件で交渉したいです。理由としては、弊社の戦略の△△を達成するために××が重要なので、これは絶対に外せないからです。先方としては、□□のような条件を出してくるリスクがあるので、その場合は交換条件として◎◎を提示したいです」というように相談しなければ、何も考えていない奴だと思われるでしょう。

組織としての目的を考えるためには、自社の戦略、現状を理解する必要があります。そのためには、決裁権を持っている人の目線になって仮説を考えなければなりません。

営業であれば売上を最大化させ個人目標を達成することに目線が行きがちになりますし、それは必ずしも悪いことではありません。しかし、「利益率の低下が問題になっており、投資家から利益率の改善を求められている」事業責任者であれば、大口顧客に対して原価近くまで値引きをすることはむしろマイナスになります。むしろ商談金額は小さくても利益率の高い受注を目指しているのかもしれません。

このような状況で自分がもう少しで目標達成しそうという理由で、事業責任者と事前に認識合わせをせずに「今月契約いただければお値引きしますよ」というような交渉をしてしまったらどうでしょう？　事業責任者から値引きの許可がおりないかもしれません。

この場合、「その顧客が業界内で大きな影響力を持っており、この案件を受注すればマーケティングコストをかけずに、同業界の顧客から受注できるので販管費を下げることができます。この顧客は原価割れギリギリの30％まで値引きをしてでも絶対受注したいです」という合意を事前にとっておけば、安心して顧客と交渉できます。

そのためにも、自分だけの優先順位だけではなく、決裁者の目線になると何が重要なのか考える必要があります。

そして、決裁者の優先順位、重視することもいつでも同じではなく、状況によって変わります。組織の戦略、現状をもとに決裁者は何を重視するだろうかについて仮説を立てて、リストを作り事前に合意を取ることが重要です。

》「反対から見る」ことで相手が得たいものを考える

自分のゴールが明確になったら、次は「反対から見る」ことにより相手の目的とその優先順位を考えます。

自分の優先順位を考えたときと同じように、相手が得たいものは何なのかリストアップします。このときは相手になりきってみて考えることが大切なので、自分の優先順位は一旦《いったん》忘れます。2つの優先順位が混ざると、複雑になってしまいます。一旦自分の思考から離れることが重要です。

相手の優先順位を考える際には、「企業組織としての目的」「企業の中で働く個人としての目的」「企業を離れた個人としての目的」という3つの視点から考える必要があります。

交渉の場にいない人が決定に影響力を持っているということはよくあります。企業として重視する項目を軽視して、目の前にいる交渉相手の目的だけを重視してしまうと、企業にとってメリットがないので稟議が通りません。

私も昔、仲の良い顧客担当者が製品を気に入ってくれて、「装置のデバッグが非常に楽になるからメリットある価格を提示すれば導入するよ」と言ってくれていたのに、競合他社の製品に負けてしまったことがありました。

それは、その顧客の工場に様々な部品を納入している競合の商社が、顧客担当者の上司である生産技術部長と仲がよく、今回の装置だけでなく他の装置で使う部品も値引きするという条件を提示していたためでした。組織としてはそちらのメリットのほうが大きかったので、競合の製品を導入することが決定されました。

交渉においては、目の前にいる交渉相手個人だけでなく、組織として何を重視するのか。また、意思決定者、影響を及ぼす人、他にどんな人が関わってくるのか、その人はそれぞれ何を重視するのかを考えることが重要です。

一方、会社としてメリットがあっても目の前にいる交渉担当者がメリットを感じなければ、熱意を持って社内を調整してくれることはありません。そのような場合、少しでも社内で反対があれば諦《あきら》めてしまいます。

組織に対するメリットが個人としてのメリットにも結びついており、それを交渉担当者自身に認識してもらうことが重要です。

例えば、相手の立場に立って考えたときに、このような目的があったとします。

1．製造スピードを上げて1・5倍のペースで製造ができるようになる
2．同業種の大手企業での導入実績が多く、失敗して効果が出ないリスクが低い
3．プロジェクトリーダーとして成功すれば評価が上がり出世できる可能性が高くなる
4．競合の製品より20％安い価格で同等のメリットが得られる

需要に対して供給が追いついておらず、せっかくの販売機会を逃しているのであれば、組織と

しての大きな課題は、製造ペースを上げるということです。

一方、製造スピードを1・5倍に上げることに対して、それにかかるコストが小さいのであれば、少しぐらい金額が上下しても価格についてはさほど気にしないかもしれません。むしろ確実に成果を出したいので、同業種での実績のほうが優先順位が高いかもしれません。そして、プロジェクトを成功させることが自身の評価や出世につながるのであれば、成功する可能性が高いことの重要性はさらに増します。

このように整理をしていくと、「スピードを上げるのが最優先だが、プロダクトのスペックに限界があり、競合に対してここで大きく差別化するのは難しい。一方、プロジェクトの成功に対しては導入支援、サポートのリソースを手厚く張ることで、確率を上げることができる。さらに導入事例記事を作成して成功事例として登場してもらうと、担当者個人の社内での評価やプラスイメージでの認知が上がる。価格が少し安いことよりそちらのほうが重要なので、値引きはしないがその分フォローを手厚めにしよう」というように、顧客の優先順位を考えることで、どの価値を提供して、代わりに何を得られるのかを考えることができます。

また、交渉材料になるものとしては、製品による課題解決や価格を思い浮かべやすいですが、今回の例でいうと「手厚い導入のサポート」や「事例に登場してもらう」など、それ以外にも提供できる価値があります。最近はガバナンスが厳しくなっているので効果を発揮しないケースも増えていますが接待やゴルフなどもそうですし、自動車メーカーに営業する際は車両紹介という車を買う人の紹介なども交渉の材料になります。

プロダクトやソリューションに直結することだけにとらわれず、担当者の立場になってみたときに、広い視点で何を提供されると嬉《うれ》しいかを考えてみてください。製品の機能や価格だけでは競合と差別化が難しい業界でも、多くの交渉材料があるはずです。

相手を動かすための「規範」と「コミットメントと一貫性」

自分の目的の優先順位、相手が求めるであろうことの洗い出し、優先順位について仮説を作れば、あとはその目的に向かってどのように合意を取るかです。

交渉において最悪なのはお互い感情的になってしまい、何も合意できないということです。

相手から舐《な》められないように高圧的な態度で交渉にのぞみ、喧嘩《けんか》腰になってしまう人もいますが、感情はブレないようにしたほうが冷静な判断ができ交渉がうまくいきます。

仮説を作ってしっかり交渉の準備ができていれば、相手に舐められることはありません。

相手が高圧的な態度で来たとしても、交渉材料の根拠がしっかり準備されていて、冷静に説明できれば対等に話すことができます。

「その仮説がお互いにとってベストであるという自信」と「相手と自分は対等なんだという意識」を持つことで、相手に何を言われてもビビることなく交渉ができます。そのためにも、しっかり仮説を作っておくことが重要です。

また、この節の冒頭でも述べたように、交渉は相手から何かを勝ち取るために行うのではありません。基本的には、相手にも納得してもらうのがゴールであり、お互いにとってのベストを探していく行為なので、対立するのではなく味方になってもらえるのが理想です。

交渉相手に味方になってもらうために一番重要なことは、**相手の規範を理解する**ことです。

相手の規範に沿って交渉を進めると、相手は非協力的な態度をとるのが難しくなり、味方になってもらいやすくなります。

例えば、「価値に対してはしっかりお金を払うべきだ。ただ安ければいいわけではなく、効果が重要」という規範を持っている人と価格について交渉するのであれば、価格に見合った価値をしっかり伝えたうえで、「値引きする場合には、その分原価を下げなければいけないので提供価値を削る必要がある」という話をするとよいです。

すると「価格に見合った価値を確実に実現するために、契約後どのようなサポートが必要か？」「価値に見合った費用を支出するために社内で承認を取るには、どのような論点が明確になればいいか？」というように、共通の目標を達成するための味方になってもらうことができます。

企業であれば、ミッション、ビジョン、バリューはその企業にとっての規範であり、矛盾した言動が取りにくくなります。

例えば、ソニーのバリューは、

「夢と好奇心　夢と好奇心から、未来を拓く。」

「多様性　多様な人、異なる視点がより良いものをつくる。」

「高潔さと誠実さ　倫理的で責任ある行動により、ソニーブランドへの信頼に応える。」

「持続可能性　規律ある事業活動で、ステークホルダーへの責任を果たす。」

となっています。例えば、「多様性」と言っているのに、もし特定の部署で「外国人は採用しない」という方針を打ち出したとしたら、言っていることと矛盾しているとなりますよね。「高潔さと誠実さ」をうたっておきながら、もし実際には役に立たないものを高値で販売するようなビジネスをしていたとしたら指摘されても反論できないですよね。こうした企業の規範に対しては、そこで働く担当者の判断基準にも影響を与えます。

また個人にとってもそれぞれ規範があり、それに反した行動は取りにくくなります。例えば、SNSで顧客への提供価値についていつも熱く語っている人が、実際の営業では自分の成績を最優先にして売り切ることしか考えていないような言動をしてしまうと、信頼を失うのでこのような行動は起こしにくくなります。

規範と近いのが「完璧《かんぺき》な仮説では顧客の心は動かない」の項で書いた、『影響力の武器』の「コミットメントと一貫性」という法則です。

これは「ひとたび何か決定を下して立場を表明すると、その立場と一貫した行動をとりたいと思うようになる」という心理法則です。

意見をコロコロ変える人より、一貫していてブレない人のほうが信頼されるイメージがありませんか？　人は他人から信頼される人でありたいと思うので、一度立場を決めてしまうと変更しにくくなります。また、一貫性を持った行動は、どう変えるのかを考える必要がなく楽だというのも、一貫性を保とうとする理由になります。

この「コミットメントと一貫性」を使った有名なテクニックに「フットインザドア」と呼ばれ

るものがあります。これは、最初に相手に小さな要求を承諾させ、段々と要求を大きくしていき最終的に目的である大きな要求を承諾させるテクニックです。

例えば、「3分でいいので時間をください」と言われ了承をした後に、「もっと詳しくご説明したいので、後日お時間をください」と言われた場合、最初から「後日お時間をください」とアポイントの打診をされたときより断りにくくなります。これは相手の要求に一度了承したことに対して一貫性を保とうとする力が働くからです。

要求を大きくしていくわけではないので「フットインザドア」とは少し違いますが、営業、交渉においては、そのような〝順序〟を踏むことも重要です。

例えば会ってすぐ「契約してください」と言われても契約しないですよね。まだ提案に価値を感じていないのに、商談の最初に「今なら値引きしますよ」と言われても、不信感が湧くだけです。

テストクロージングの話でも触れましたが、「あなたの課題は××ですね」と合意してから、「××の課題を解決するには△△の取り組みをすべきです」という話に進むべきです。さらには、それに合意してから「△△の取り組みをするには自社のプロダクトが一番です」という話をし、合意してから初めて価格や時期をどうしようかという話になります。

いきなり最終クロージングをかけてしまうのは、初対面の異性にプロポーズするようなものです。うまくいくこともあるかもしれませんが、ただの運になってしまうので、順序を踏むということを意識してください。

これは「コミットメントと一貫性」の観点からも説明できます。

「課題が××であり、その解決に取り組むべき」だということに合意すると、「課題の解決に取り組むべきだ」ということに一貫性を保とうという意識が生まれます。

「課題に取り組むべきだけど、実務担当者が変えるの嫌がるんだよな」という話が出てきたとしても、「先程おっしゃっていたように、課題を解決すべきだとは思っているんですよね？」という話をすることで論点を戻すことができます。すると「どのように実務担当者に納得してもらえるか」について、味方の立場になってもらって一緒に考えることができます。

また、話す順序も重要です。

顧客には自社プロダクトの利点だけ伝えて、欠点を隠したまま契約するのはもちろんよくありません。ここまで何度も書いているように、現代では欠点を隠したまま売り切るようなビジネスモデルは持続性がないので、長期的にはデメリットが大きくなります。

利点と欠点をセットで伝えて、欠点も理解していただいた上で「利点のほうが大きい」と思ってもらって導入するのが理想です。欠点も話してくれる営業は信頼され、導入後に期待値とズレることもなくなるので、きちんと伝えることをおすすめします。

このとき注意しなければいけないのは、話をする順番です。

先に欠点を伝えてしまうと、「導入しないほうがいいのではないか」という考えが生まれます。すると「コミットメントと一貫性」があるので、あとから利点を伝えても覆すのが難しくなります。せっかく顧客に対して価値を提供できるのに、先に欠点を話したことによりマイナスイメージの一貫性が生まれてしまい、導入されないということがあります。

反対に先に利点を伝えて「導入したい」という気持ちになってもらえれば、一貫性が働くので欠点でのイメージダウンの影響を小さく抑えることができます。

ただこの際にも、「利点だけを伝えたタイミングで合意をとって、その後に欠点を伝える」ということをしないように気をつけてください。

これはローボールテクニックと呼ばれる交渉テクニックで、「好条件だけを提示して、好条件に承諾してもらったあとに、悪条件を付け加えたり好条件を取り除く」手法です。例えば、「割引があるという話で契約して、あとからその製品は割引の対象外だと伝える」ようなケースがこれにあたります。

この手法を使われた顧客は騙《だま》されたというネガティブイメージを持ちます。その場で売ったら終わりということがない、現代のビジネスにおいてはデメリットしかありません。

順序としては利点を先に伝えるのですが、必ず利点と欠点の両方を伝えてから、合意を取るようにしましょう。

欠点を伝えるのと同様に、価格を伝えるタイミングも重要です。

顧客から「まず値段を教えて」と言われることがあると思います。

この際に、価値を理解してもらう前に価格だけ伝えることは大きなリスクがあります。最初に

「価格が高いので導入しない」と思われてしまうと、これも「コミットメントと一貫性」が働くので、その後どんなに価値を伝えても、「高いから導入しない」ということへの一貫性が働いてしまい、覆すのが難しくなります。

私は、どうしても先に価格を教えてほしいと言われた場合は、先に伝える価格は幅を持たせて伝え、「要件によって価格が変わるので、最後に要件を確認してから詳細な価格をお伝えさせてください」という話をします。

価値が伝わる前には具体的な価格が顧客の印象に残らないように注意しています。

この「規範」や「コミットメントと一貫性」を利用することは、相手のソーシャルスタイルが「ドライバー」の人や、FFSで「凝縮性」の因子が高い場合、特に有効です。このタイプの人は自分の意見にこだわりがあり主張も強いため、自分の「規範」や「コミットメントと一貫性」を貫いて矛盾を生みたくないという気持ちもより強くなります。

そして「ドライバー」や「凝縮性」が強い人は、周りへの影響力が強く、プロジェクトを決断して引っ張っていくタイプに多くいます。

重要な交渉相手になることが多いので、交渉においては「規範」や「コミットメントと一貫性」を意識することで成功に繋がる確率が高くなります。

おわりに――仮説を成果に繋げていく

仮説を使いこなして、成果に繋《つな》げていくイメージは湧きましたでしょうか？

繰り返しになりますが、ビジネスにおける仮説は、現状わかっている情報から仮の答えを定め、後から根拠を検証していく手法です。

もちろん、確実な答えを導き出すに足る正確な情報を事前に得ることができていれば、それに越したことはありません。しかし、多くの状況では確実な答えが存在せず、必要な情報が何なのかさえわかっていません。必要な情報を得るためにも仮説が必要なのです。

このような状況で、結論を導き出すスピードを上げるには常に仮説から始めることが必要です。実践編の第5章であげたような、情報が少ないなかで行う「初回商談」、顧客自身も課題がわからないなかで行う「ヒアリング」、答えが決まっていないなか、お互いの利益を最大化するために行う「交渉」などは特に仮説が力を発揮する場面です。

2023年3月15日にGPT4がリリースされ、回答精度の高さが話題になっています。

今後もパラメータ数がどんどん増加し、人間の脳のシナプスに追いつくのも時間の問題ではないかと思います。

では、ＡＩが人間と同等以上のレベルで答えを作り出してくれるようになったとき、営業はいらなくなるのでしょうか？

私はそうはならないと思います。

答えがないビジネスにおいて、いくつかの選択肢から選んで決断をする際に、「これを選んでおけば１００％成功する」という選択肢が存在しないケースがほとんどです。

ＡＩが全てを判断するのであれば、確率とリターンを掛け合わせて期待収益が大きいほうを機械的に判断するでしょう。しかし、リスクをとったほうがいいこともあります。

また、ＡＩは既にある大量の情報を基に判断ができますが、人がその後どのような行動をとるかまではわかりません。確率が低い選択肢でも、人が覚悟を持って行動することで確率を覆すこともあります。

この本で繰り返し述べましたが、営業の介在価値は顧客の心を動かし行動させることです。過去の情報から導き出したベストな選択は、顧客の行動が変わればベストではなくなります。

顧客の行動を変えるために必要なのは、理想から考えた仮説です。

そしてもう１つ重要なのが、営業という「人」が持つ情熱と覚悟です。

ＡＩには選択肢は提示できますが、情熱を持って顧客の変革を行うことはできません。これこそが、営業が存在し続ける理由だと思います。

多くの市場が成熟し顧客の課題が多種多様にわたる現代では、型通りに説明できるだけの営業、過去の大量データを分析して導き出せる最も確実性の高い当たり前な答えを出すだけの営業は価値が下がっていきます。

反対に、顧客も気づいていない課題を見つけて、変革への行動を起こさせることができるような営業の価値はどんどん上がっていきます。

成長している企業においては、毎年のように変化があり、対処すべき課題も変わります。伸びている業界においては、競争が発生するので状況の変化が激しくスピード感ある決断が求められます。仮説を使いこなして「顧客に利益をもたらせる」「顧客のスピーディーな決断を助けることができる」ような営業が増えることが、延《ひ》いては日本の国際競争力向上や人々のより良い生活につながると信じています。

読者の皆様がそのような営業になり、世の中に求められて市場価値が高まっていくことを願っています。

最後になりますが、この本が出版されるまでには多くの方々のご支援をいただきましたので、ここで改めて感謝を申し上げたいと思います。

今回、株式会社ＫＡＤＯＫＡＷＡの編集者である間孝博さんに書籍企画を提案いただくまでは、自分が本を執筆するなどとは考えたことがありませんでした。このような機会をいただき大変感謝しています。

その間さんが私を認知したきっかけとなったのは、株式会社セレブリックスの今井晶也さんにお声がけいただき出演したYouTubeチャンネル「2B Sales」でした。今井さんの日々の発信からは多くのことを学ばせていただいています。

Twitterやnoteでの発信を始めたのは田端信太郎《たばたしんたろう》さんのオンラインサロン田端大学に入ったことがきっかけです。私のＳＮＳのフォロワーが増えたのも、田端大学でＭＶＰをいただいたり、田端大学が法人化した際に取締役に就任したタイミングでした。営業ゼミの講師を担当し、人に教える経験をしたことは、自分の考えを整理する機会となりました。

書き方に迷ったタイミングでは、北野唯我《きたのゆいが》さんからアドバイスをいただいたことで、書き進められるようになりました。また主催されているオンラインサロンＳＨＯＷＳでは自分達で本を作るプロジェクトがあり、その過程を見ていたことも大いに助けになりました。

株式会社Well Directionの向井俊介《むかいしゅんすけ》さんからは、毎月自社の営業についてのアドバイスをいただく中で気づきを得ることが多く、私の営業論をアップデートしていただいています。

ゼンフォース株式会社ではＳａａＳ営業育成の講師として携わらせていただき、今回の内容の一部は教育コンテンツを作る過程で言語化されました。代表取締役ＣＥＯの荻野嶺《おぎのれい》さん、機会をいただきありがとうございます。

営業のコミュニティ「セールスギルド」では、営業スキルへの向上心が高い参加メンバーの発信から日々自分も頑張らなければとモチベーションをいただいています。今回の執筆に際し、「仮説を考えるにあたってどんなことに悩むか」についてフィードバックをもらったことで、本の目的がよりクリアになっていきました。代表の古瀬貴大《ふるせたかひろ》さん、いつもありがとうございます。

また、私の営業スキルは0から自分で作り上げたものではありません。株式会社キーエンス、SAPジャパン株式会社、オープンテキスト株式会社、freee株式会社で一緒に働いた同僚、礎を築き上げてきた先輩方、多くの気づきを与えていただいたお客様のおかげですので、この場を借りてお礼を述べさせていただければと思います。

株式会社Datableの皆様には、執筆に思考のリソースが割かれたことで、負担をかけてしまった点もあるかもしれません。皆様に助けていただいたおかげで無事書ききることができました。

最後に、4カ月近くの間、プライベートの時間をほとんど執筆に使わせてもらったことを、妻の理恵子、娘の逢理に感謝しています。

他にも私と関わっていただいている多くの皆様、ありがとうございます。

Twitterでも営業のナレッジを発信しています。ご興味いただけましたら是非@shinri_55をフォローしてください。

読者の皆様、最後までお読みいただきありがとうございました。

鈴木眞理

参考図書、サイト

・今井晶也『お客様が教えてくれた「されたい」営業』フォレスト出版
・内田和成『仮説思考 ＢＣＧ流 問題発見・解決の発想法』東洋経済新報社
・内田和成『論点思考 ＢＣＧ流 問題設定の技術』東洋経済新報社
・安宅和人『イシューからはじめよ――知的生産の「シンプルな本質」』英治出版
・バーバラ・ミント、山﨑康司訳『[新版] 考える技術・書く技術――問題解決力を伸ばすピラミッド原則』ダイヤモンド社
・ロバート・Ｂ・チャルディーニ、社会行動研究会訳『影響力の武器［第三版］：なぜ、人は動かされるのか』誠信書房
・米盛裕二『アブダクション――仮説と発見の論理』勁草書房
・新村出編『広辞苑　第七版』岩波書店
・ＩＭＤ（国際経営開発研究所）「世界競争力ランキング」「世界デジタル競争力ランキング２０２２」
・マシュー・ディクソン、ブレント・アダムソン、ニール・ラッカム序文、三木俊哉訳『チャレンジャー・セールス・モデル　成約に直結させる「指導」「適応」「支配」』海と月社
・「TECHNOLOGY AT WORK The Future of Innovation and Employment」Citi GPS, 2015.2
・クレイトン・クリステンセン、玉田俊平太監修、伊豆原弓訳『イノベーションのジレンマ』翔泳社

・クレイトン・M・クリステンセン、タディ・ホール、カレン・ディロン、デイビッド・S・ダンカン、依田光江訳『ジョブ理論 イノベーションを予測可能にする消費のメカニズム』ハーパーコリンズ・ジャパン
・三木雄信『孫正義「リスク」を「成功」に変える28のルール』KADOKAWA
・ニール・ラッカム、岩木貴子訳『大型商談を成約に導く「SPIN」営業術』海と月社
・ダニエル・カーネマン、村井章子訳『ファスト&スロー(上、下)あなたの意思はどのように決まるか?』早川書房
・リチャード・セイラー、キャス・サンスティーン、遠藤真美訳『NUDGE 実践 行動経済学 完全版』日経BP
・ダン・アリエリー、熊谷淳子訳『予想どおりに不合理――行動経済学が明かす「あなたがそれを選ぶわけ」』早川書房
・ジューディア・パール、ダナ・マッケンジー、松尾豊監修・解説、夏目大訳『因果推論の科学「なぜ?」の問いにどう答えるか』文藝春秋
・中室牧子、津川友介『「原因と結果」の経済学――データから真実を見抜く思考法』ダイヤモンド社
・ジェフリー・ムーア、川又政治訳『キャズムVer.2 増補改訂版 新商品をブレイクさせる「超」マーケティング理論』翔泳社

[装丁]田村梓(ten-bin)[図版]Isshiki [DTP]ニッタプリントサービス

鈴木眞理（すずき　しんり）
株式会社Datable　VP of Sales
1981年生まれ。早稲田大学教育学部卒。2005年株式会社キーエンス入社。工場、設備メーカー向けに制御機器の営業を行う。11年SAPジャパン株式会社入社。インサイドセールスを経て、化学・石油業界担当のエンタープライズ営業に従事。15年オープンテキスト株式会社に入社し、SAP経由のOEM販売を担当。16年freee株式会社入社。セールス、カスタマーサクセスのマネージャー、セールスイネーブルメントを担当。マネジメントするチームから全社売上１位メンバーを複数輩出。22年より現職。マーケティング、セールス、カスタマーサクセスなどGo To Marketに関わる領域全体の責任者を務める。
また、SNSやウェブメディアを通して営業についてのナレッジを精力的に発信し続けている（Twitter ID:@shinri_55）。

仮説起点《かせつきてん》の営業論《えいぎようろん》
セールス・スキルを磨《みが》くたった１つ《ひと》の方法《ほうほう》

2023年７月12日　初版発行

著者／鈴木眞理《すずきしんり》

発行者／山下直久

発行／株式会社KADOKAWA
〒102-8177　東京都千代田区富士見2-13-3
電話　0570-002-301（ナビダイヤル）

印刷・製本／大日本印刷株式会社

●お問い合わせ
https://www.kadokawa.co.jp/（「お問い合わせ」へお進みください）
※内容によっては、お答えできない場合があります。
※サポートは日本国内のみとさせていただきます。
※Japanese text only

定価はカバーに表示してあります。

ISBN 978-4-04-113539-6　C0030